성육신 목회 플랫폼 처치

4차산업혁명 시대의 교회 1

성육신 목회 플랫폼 처치

기획 | GM선교회
GM선교회 대표 | 박춘근
GM선교회 상임총무 | 이상달
GM선교회 홈페이지 | http://www.hanurich.org
GM선교회 편집위원장 | 안만호
GM선교회 편집위원 | 류명렬, 박주석, 윤광원, 이우승

지은이 | 장일권 외 14인
펴낸이 | 원성삼
책임편집 | 김지혜
본문 및 표지디자인 | 이세영
펴낸곳 | 예영커뮤니케이션
초판 1쇄 발행 | 2020년 9월 8일
등록일 | 1992년 3월 1일 제 2-1349호
주소 | 04018 서울시 마포구 동교로 55 2층(망원동, 남양빌딩)
전화 | (02) 766-8931
팩스 | (02) 766-8934
홈페이지 | www.jeyoung.com
ISBN 979-11-89887-28-5 (세트)
ISBN 979-11-89887-29-2 (94230)

값 17,000원

이 도서의 국립중앙도서관 출판예정도서목록(CIP)은 서지정보유통지원시스템 홈
페이지(http://seoji.nl.go.kr)와 국가자료공동목록시스템(http://www.nl.go.kr/
kolisnet)에서 이용하실 수 있습니다.(CIP제어번호: CIP)

모든 인간은 하나님의 형상을 닮은 존귀한 존재입니다. 사람은 인종, 민족, 피
부색, 문화, 언어에 관계없이 모두 다 존귀합니다. 예영커뮤니케이션은 이러한
정신에 근거해 모든 인간이 존귀한 삶을 사는 데 필요한 지식과 문화를 예수 그리스도
의 사랑으로 보급함으로써 우리가 속한 사회에 기여하고자 합니다.

4차산업혁명 시대의 교회 1

성육신 목회 플랫폼 처치

지은이 **장일권 외 14인** | 기획 **GM선교회**

세상이 많이도 변했다. 예전에는 사물에 이름 하나 지을 때도 이름에 그 사물의 본성이나 특성을 그대로 표현해 주었다. 그러나 오늘날은 이름도 뜻보다는 부르기 좋도록 짓는 경향이 있다.

'관점'이 중요시되는 것은 바로 이 때문이다. 어떤 사람의 어떤 주장이 그 자체로 옳고 그름을 묻기 전에 그런 주장이 어떤 시각에서 나왔느냐를 먼저 물어야 한다. 동일한 사실이라도 관점에 따라서 다르게 나타날 수 있고 다르게 주장될 수 있다.

목회도 예외는 아닐 것이다. 목회자가 어떤 목회 철학으로 목회하느냐에 따라 다양한 모습으로 주님의 몸을 이루어 간다. 이 시대의 주류 사상인 포스트모더니즘(postmodernism)은 다원주의와 감성주의, 혼합주의로 절대 진리를 거부한다. 동일한 시대에 함께 목양하며, 복음으로 교회 세워 가기를 몸부림치는 동역자들이 시대정신을 아파하면서 교회와 다음 세대를 어떻게 세워갈 것인가를 함께 고민하며 GM선교회가 시작되었다. 그리하여 회원 모두는 성육신하신 예수 그리스도의 낮아지심과 겸손의 모습을 그리며 동일한 마음으로 목양하기를 원하고 있다. 뿐만 아니라 성육신의 사상적 체계를 목회적 관점으로 삼고, 성육신을 상황화하기 위하여 정기적으로 실천적 포럼을 열고 있다.

기독교는 계시 종교로, 그 계시는 신자가 일관성 있게 생각하고, 행동하게 한다. 그래서 신자는 사물을 보는 시각이 계시의 내용과 일관성이 있어야 한다. 물론 우리 주위에 일어나고 있는 모든 것이 기독교적인 관점으로 이루어져 있는 것은 아니다. 그리고 어떤 그리스도인이나 목회자도 자신의 생각이 모두 다 기독교적이라고 주장하지는 못할 것이다. GM선교회는 긴 역사를 통하여 믿음의 선배가 형성해 놓은 관점과 현 시대에 살고 있는 많은 동역자 간의 끊임없는 대화를 계속하면서 성육신 목회의 길을 진행하고자 한다. 이번에는 성육신 목회의 적용과 대안으로 하나님의 사람들을 하나님 백성답게 세우는 정체성의 삶과 목회적 상황화에 대한 생각을 한 권의 책으로 엮게 되었다. 이 책은 GM선교회의 신학이고, 성경의 가르침과 일관성 있게 목양하는 원리와 실제를 모았다.

바라기는 수록된 글이 더 많은 목양자가 호응하여 동일한 관점이 되었으면 하는 욕심과 함께 조금이라도 목회에 도움이 되기를 바란다. 또 계속될 출판을 기대하며 집필자들과 GM선교회 모든 회원 목사님에게 감사드린다.

박춘근 목사_GM선교회 대표

오늘날 신령하고 거룩해야 될 신앙 공동체인 교회가 여러 문제로 몸살을 앓고 있습니다. 부흥 성장해야 할 교회는 침체를 거듭하고 있습니다. 목회자와 교회가 회복되어야 합니다. 하나님께서는 인간을 본래의 자리, 하나님 자녀의 자리로 회복시키려고 육신을 입고 세상에 오셨습니다. 주님은 구원받은 자들에게 자기 십자가를 지고 주님의 길, 성육신의 길을 따르라고 하셨습니다. 목회자는 예수 그리스도께서 본을 보이신 성육신 목회를 그대로 실천하는 제자들입니다.

GM선교회가 예수 그리스도의 성육신 목회 운동을 하면서 4차산업시대의 목회적 대안으로, 『성육신 목회 플랫폼 처치』를 책으로 발간하게 되어 기쁨을 감출 수 없습니다. 총회가 지향하는 회복, 개혁, 새 출발은 성육신 목회로 결실을 맺어야 합니다. 이 책이 한국 교회에 성육신 목회의 씨앗이 되어, 목회자가 성육신적 목회의 정체성을 회복하기를 바랍니다.

그리하여 교회가 새롭게 회복되어 세상에서 칭찬받고, 사회 곳곳에서 빛과 소금의 역할을 다할 수 있기를 바라며 기쁘게 추천합니다.

김종준 목사_꽃동산교회, 대한예수교장로회 총회장

코로나19의 위기가 전 세계를 강타했다. 한국 교회도 위기와 난관에 부딪쳤다. 앞으로 한국 교회는 한 번도 걸어가 보지 않은 길을 걷게 될 것이다. 이러한 때 『성육신 목회 플랫폼 처치』라는 책은 참으로 희망적인 일이 아닐 수 없다. 이 책은 한국 교회에 보내는 미래의 신학적, 목회적 시그널이 될 것이다.

코로나 이후 한국 교회의 생태계는 심각한 타격을 받을 것이다. 한국 교회는 성경적 신앙을 시대에 맞게 리포맷(reformat)해야 한다. 한국 교회가 지금까지 비난을 받은 것은 플랫폼, 공유, 나눔과 섬김이라는 현 시대 정신을 제시하지 못하였기 때문이다. 더 이상 우리만의 이너서클을 쌓고 종교적 카르텔에 갇혀 있으면 안 된다. 성육신 목회 플랫폼 처치를 통해서 시대적 사명과 사회적 책임을 감당해야 한다. 한국 교회를 향한 마음의 진정성과 숙의가 담긴 옥고들이 많은 목회자와 성도에게 읽혀져서 한국 교회의 미래를 밝히는 등불이 되었으면 좋겠다. 이 책이 어두운 시대의 밤을 밝히는 별이요 등대와 같은 책이 되기를 바란다.

소강석 목사_새에덴교회, 대한예수교장로회총회 부총회장

GM선교회는 창립 4주년을 맞아 탈현대주의 사상과 제4차산업혁명 시대가 맞물린 변혁의 시기에 '성육신 목회(Incarnation Ministry)'를 추구하며,

'플랫폼 처치(Platform Church)'라는 목회의 기반을 세우기 위해 연구한 논문을 모아 한 권의 책으로 세상에 내놓게 되었다. 전통적인 신학적 기반을 훼손하지 않으면서 새로운 신학적 패러다임을 제시하려는 목회자의 고뇌가 엿보이는 글이 이 책에 수록되어 있다. 성육신적 목회가 지향하는 바는 자기 부정과 헌신과 희생이다. 새로운 목회 패러다임과 일치하는 삶의 현장이 될 때 한국 교회가 만난 위기와 쇠락의 시기에 환호와 박수를 이끌어 낼 수 있을 것이다.

이 책이 한 교단뿐만 아니라 한국 교회 전체가 영적 목마름에 생수를 기다리는 시기에 영적이고 신학적 에너지를 공급하는 저술이 되리라 기대한다. 신학자와 목회자가 이 글을 읽는다면 도전과 기회를 동시에 얻게 되는 기쁨이 있을 것이다. 즐거운 마음으로 이 책을 추천한다.

배광식 목사_울산 대암교회, 전 총신대학교 신학대학원 실천신학, GM 멘토위원장

길을 잃고 헤매이는 한국 교회에 단비와 같은 글을 접하게 되었다. 언약 사상의 구속사적 전개를 따라가다가 성육신 목회가 교회 회복의 해답인 것을 인정하게 되었다. 예수 그리스도의 성육신 정신으로 목회를 하면 교회는 반드시 회복될 것이다. 교회의 본질을 회복하는 것이 성육신 목회이고, 이 책이 한국 교회 목회자에게 큰 호응이 일어날 것이라 믿으며 일독을 권한다.

이재서 박사_총신대학교 총장

본체에 있어 하나님이신 예수 그리스도께서 하나님 나라에서 파송되신 선교사로서 사역하셨다. 교회 회복을 위해 『성육신 목회 플랫폼 처치』라는 담론집에서 그리스도의 성육신 정신으로 돌아갈 것을 호소하고 있다. 이 책이 목회자에게 도움이 될 줄로 믿는다.

김근수 박사_칼빈대학교 총장

본서는 신·구약성경 전체를 관통하며 '왜 성육신인가?'에 대한 해답을 제시하고 있다. 왜곡된 인격과 욕심의 악순환적 사슬에서 벗어나 하나님과 이웃을 섬기는 선순환적 삶의 방식으로 십계명을 제시한 것이 인상적이었다. 많은 목회자에게 귀감이 될 것이다.

정규남 박사_광신대학교 총장

변화의 시대에 한국 교회의 존립은 그리스도의 성육신 사상의 본질을 강화하고, 가상과 현실의 상황이 하나의 플랫폼으로 융합되는 시대 상황에 발맞추어, 문화적 상황화를 이루어야 한다는 논거를 지지합니다. 많은 목회자에게 읽혀져서 한국 교회에 복음의 회복이 앞당겨지기를 바라는 바입니다.

최대해 박사_대신대학교 총장

신학은 현장에서 작동해야 한다. 이 책은 우리의 신학과 설교와 사역을 『성육신 목회 플랫폼 처치』라는 이름으로 소상하게 제시하고 있다. 역동성 있는 현장 목회를 원하는 목회자에게 탁월한 길잡이가 될 것이다.

정창균 박사_합동신학대학원대학교 총장

이 책을 통해 한국 교회가 상실한 예수 그리스도의 생명을 회복하여, 예수 그리스도가 내 안에, 내가 예수 그리스도 안에 사는 삶을 살아갈 때 하나님이 함께 하시는 목회가 가능할 것이다.

장종현 박사_백석대학교 총장

기독교에 있어 가장 큰 복음이 성육신이다. 성육신적 목회야말로 이 시대 가장 필요한 목회 패러다임이다. 온유하고 겸손하며 진실하신 예수님의 성품과 섬기고 발 씻기는 예수님의 행동을 본받으려고 힘쓰는 목회자에게 이 책은 좋은 길잡이가 되어 줄 것이다.

권혁대 박사_목원대학교 총장

하나님이 인류를 구원하기 위해 성육신하실 때 말할 수 없는 겸손으로 일하셨습니다. 여기에 실린 글을 읽으시고 이 일에 함께 동참하여 성육신적인 목회를 하므로 한국 교회와 한국 사회를 살리는 일을 할 수 있기 바랍니다.

서철원 박사_전 총신대학교 부총장, 조직신학

초대교회는 예수 그리스도의 성육신으로부터 출발했으며, 역사적 교회는 예수 그리스도의 성육신 정신을 따르는 교회를 통해 이어왔다. GM선교회의 성육신 목회 운동은 한국 교회에 새로운 성령의 바람을 일으킬 것으로 기대한다.

심창섭 박사_전 총신대학교 부총장, 역사신학

성육신 사건은 창조에서 종말로 이어지는 역사의 중심 사건입니다. 이 귀한 책을 통해 주님의 선교명령과 문화 명령에 더 잘 부응하기를 바랍니다.

김광채 박사_전 개신대학원대학교 총장, 현 명예교수

본서에는 성육신 목회의 본질, 신학적, 역사적 근거, 성육신 목회를 위한 구체적인 제안, 성육신 목회의 실제적인 모델 등을 포함하고 있다. 본서가 길을 잃고 정체성을 상실한 한국 교회에 도전하며 새로운 변화와 진정한 회복을 위한 조타수 역할을 감당할 수 있기를 바란다.

김창훈 박사_총신대학교 부총장, 신학대학원장, 설교학, GM 연구위원

본서는 교회의 현실을 안타까워하는 목회자의 신학적 혜안과 목회 방안을 외치고 있습니다. 한국 교회가 다시 '오직 성경(sola Scriptura)'의 기초 위에 서기를 소망합니다.

한천설 박사_前 총신대학교 신학대학원장 겸 부총장, 신약학, GM 연구위원

우리 시대에 어떻게 성육신하여 복음을 체현할 것인가를 고민하는 목회자의 글을 모아 구슬처럼 꿰어낸 보배와 같은 책의 출간은 고민을 나눌 목회자들과 성도에게 위로가 될 것입니다.

신현우 교수_총신대학교 신학대학원, 신약학, GM 연구위원

이 책은 예수님의 성육신을 목회 현장에 적용하려고 노력한 결과물이다. 성육신 목회에 대한 저자들의 고뇌가 많은 동료 목회자에게 목회의 한 방향을 제시할 것이다.

김영욱 교수_총신대학교 구약학, 은혜샘교회

4차산업혁명은 우리의 삶 전반에 걸쳐 새로운 도전과 기회가 되고 있다. 『성육신 목회 플랫폼 처치』는 선각적 이해와 방향을 제시한다는 점에서 매우 고무적이다. 특히 실전 목회 경험이 풍부한 목회자와 신학자가 함께 저술하였다는 점이 인상적이며, 독창적이면서도 실제적인 내용이 유익했다. 성육신적 목회를 구현하려는 하나 된 노력이 이미 성육신적이다. 아름답다!

강웅산 교수_총신대학교 신학대학원 조직신학

영원하신 성자의 성육신의 궁극성과 우선성은 그분의 신성이었다. 마찬가지로 성육신적 신학의 궁극성과 우선성은 성령이 기록하신 성경이다. 이러한 우선성을 유지하며 말씀과 실천의 균형을 담은 글이 이 책에 수록되어 있다. 성령께서 기록하신 성경을 어떻게 우리 삶에 적용시키는지를 알고 싶은 목회자에게는 단비와 같은 책이 될 것이다.

정승원 교수_총신대학교 신학대학원 조직신학

개혁 교회는 칭의론에 집착하다보니 성화론의 약화가 초래되었다. 이에 대해 목회의 방향성을 재정립하고자 하는 열망과 수고가 『4차산업혁명 시대의 교회: 성육신 목회의 원리와 실제』라는 계몽적인 귀한 글을 낳게 하였다고 믿는다.

장 영 교수_호주기독대학, 전 개신대학원대학교 대학원장, 신약학

GM선교회가 개혁주의 신학 입장에서 성육신 신학과 역사, 설교, 제자
훈련, 선교, 목회의 정치 방향까지 제시하게 된 것에 감사드린다. 이 책
은 한국 교회의 목회 방향에 좋은 지표를 제시해 주고 있다.

김선규 목사_대한예수교장로회(합동) 제101회 총회장

본서는 중심 글과 그 필요성, 신학적인 지지와 목회자의 목회적용으로
구성되어 있다. 이 책을 읽으며 목회에 적용하면 건강한 교회로 회복되
리라 확신한다.

이승희 목사_대한예수교장로회(합동) 제102회 총회장

세계적인 대재앙(Pandemic)으로 인하여 급변하는 이 시대에, 오히려 한국
교회 회복을 위한 방안으로 성육신하신 그리스도의 정신과 삶, 사역(섬김
의 도, 종의 도)으로 돌아갈 것을 호소하는 책이 출간됨을 기쁘게 여긴다.

조문휘 목사_미주한인예수교장로회 총회장

한국 교회가 처한 상황은 그 어느 때보다 심각하다. 포스트모더니즘으
로 인한 절대 진리 거부, 세속과 이념과 사상, 4차산업혁명과 코로나19
로 인한 온라인 예배의 편의주의에 빠진 성도, 영적 혼란기에 성경적 대
안을 제시하는 귀한 책이 출간되었다. 『성육신 목회 플랫폼 처치』를 통

해 "성육신 목회"라는 목회의 본질을 회복하여 새로운 영적 부흥의 기회로 삼기를 소망한다.

권성수 목사_대구동신교회, 전 총신대학교 교수, 해석학

GM선교회는 건강한 목회를 정착시키기 위해 2017년부터 열심히 달려왔다. 그리스도인다운 성품과 삶을 세상에 녹여 내기 위한 몸부림에 앞장 서 온 것이다. 그 일관된 섬김을 여기 모아 놓았다. 이 책을 통해 그리스도의 헌신을 깨우치게 되리라 믿는다.

김관선 목사_산정현교회, GM 멘토위원

급변하는 시대에 영속적 가치를 보여 줄 수 있는 유일한 이름이 예수 그리스도입니다. 목회 현장의 근본적인 해답을 예수 그리스도의 성육신에서 찾습니다. 이 책을 보약처럼 읽고 적용하면 목회와 목자의 삶에 거룩한 변화를 체험할 것입니다.

류응렬 목사_와싱톤중앙장로교회 담임, 고든콘웰신학대학원 교수

본서는 성육신의 본질과 상황화의 중요성을 알게 하고, 4차산업혁명 시대에 걸맞는 플랫폼 처치(platform church)에 대해 많은 호기심을 일으킨다. 하나님의 성육신이 교회로 상황화 될 때 본질과 상황화의 정확한 구별을 로고스 개념으로 밝혀 주고 있음 또한 흥미롭다. 목회에 많은 도움이 되리라 확신한다.

박성민 목사_한국대학생선교회(CCC) 대표

코로나19의 충격은 한국 교회에 엄청난 변화를 요구하고 있다. 빅데이터와 AI를 기반으로 4차산업 시대가 다가왔다. 본서가 제시하는 '성육신목회(Incarnation Ministry)'는 한국 교회에 커다란 변화의 물결을 일으키는 시작점이 될 것을 확신한다.

박재신 목사_양정교회 담임, GM 코칭위원

본서는 GM선교회의 중심을 이루고 있는 '성육신적인 목회'에 대해 다양한 각도에서의 고찰을 통해 목회 현장의 과제를 담아내고 있습니다. 부디 GM선교회의 이러한 수고가 한국 교회를 위해 귀하게 쓰임 받게 되길 기대합니다.

송태근 목사_삼일교회 담임

본서는 목회의 생태계가 급변하는 Post Corona 시대에 대한 목회적 통찰력을 제공하고 있습니다. 진정성 있는 목회를 추구하는 목회자의 반려 서적으로 추천합니다.

오정호 목사_대전 새로남교회 담임

예수님이 이 땅에 오신 '성육신' 사건이야말로, 이 땅의 모든 교회가 지향해야 할 가치가 아닌가? 많은 목회자가 이 책을 통해 시대를 꿰뚫을 영적 통찰력을 갖게 될 것으로 확신한다.

옥성석 목사_충정교회 담임

각종 위기에 처한 한국 교회를 건강하게 회복시키려는 목적으로 쓰인 본서는 예수 그리스도의 성육신의 원리와 정신에 근거하여 성육신적인 목회 사역 전체의 방향을 이론적으로, 실제적으로 진지하게 제시합니다. 이 책을 기쁨으로 추천합니다.

유상섭 목사_창신교회 담임, 전 총신대학교 교수

4차산업혁명과 코로나19로 한국 교회가 위기입니다. 이러한 때에 뜻이 있는 목회자들이 교회 회복을 위해 그 방안을 제시하였습니다. 이 책은 그리스도의 성육신 사상과 정신으로 돌아갈 것을 호소하고 있습니다. 이 책이 목회자에게 크고 선한 영향력을 끼치기를 바랍니다.

윤두태 목사_가성교회 담임, GM 멘토위원

한국 교회는 새로운 길을 가야 한다. 이 책은 한국 교회가 다시 성경으로, 본질로, 그리스도의 성육신 사상과 정신을 뒤따르도록 촉구한다. 많은 목회자가 이 책을 통해 새로운 길에 용기 있게 들어서길 바란다.

이규현 목사_수영로교회 담임

한국 교회의 자산은 성육신하신 예수님처럼 사셨던 목회자들과 성도의 헌신이다. 오늘날 한국 교회가 누리는 축복은 한국 초대교회 선배들의 성육신적 헌신일 것이다. 교회가 방황하는 이때에, 성육신 목회를 실천하고 있는 목회자가 있어 경의를 표한다.

이성화 목사_서문교회 담임, 전 기독신문 이사장

본서를 통하여 '성육신 목회'야말로 예수님께서 기뻐하시는 목회요, 한국 교회를 회복시킬 수 있는 길임을 깨닫게 되었다. 모든 목회자에게 영적 내비게이션과 같은 길잡이가 되리라 확신하며 추천한다.

이영신 목사_양문교회 담임

목회의 본질은 예수 그리스도의 성육신이다. 목회자들은 이 책을 통해 성육신 목회의 본질을 이해하고, 성육신 신학을 정립하여, 성육신 목회를 지향해 갈 수 있을 것이다. 성육신 목회를 통해 한국 교회가 새로워지기를 소망한다.

한기승 목사_광주중앙교회 담임, 숭일중고등학교 이사장, GM 멘토위원

한국 교회는 지금 코로나19의 충격과 성큼 다가온 4차산업혁명의 물결 앞에 마치 급류에 휩쓸린 거룻배처럼 허둥대고 있다. 차제에 GM선교회의 논집이 출간되어 쌍수를 들고 환영한다. 불변하는 복음의 진리를 새로운 시대 변화에 효과적으로 적용하는 성육신적 목회의 길잡이가 되리라 확신한다. 이에 한국 교회를 섬기는 모든 동역자에게 일독을 앙청하는 바이다.

홍문수 목사_신반포교회 담임

이 책은 GM선교회가 지향하고 있는 성육신 목회 사역에 대한 성경적
원리와 실제적 적용에 관한 회원의 결과물이다. 지금의 한국 교회는 사
회로부터 질타를 받는 안타까운 현실에 처해 있다. 그 이유는 교회가 세
속화되면서 그리스도인이 거룩한 삶을 살고 있지 않기 때문이다. 이에
대한 고민을 통해 성육신적 삶과 목회로 교회를 회복하자는 목회자가
2016년 5월에 성육신 목회를 꿈꾸며 GM선교회로 출발했다.

본서는 4차산업혁명 시대에 교회가 어떻게 대처할 것인가에 대한 논의
의 첫걸음이다. 다음에 발간하는 책에서는 플랫폼 처치에 대한 구체적
인 논의가 이루어질 것이다.
1부는 GM선교회의 핵심가치를 신학적으로 정립한 중심 내용이다. 장일
권 목사는 성육신 목회의 본질과 상황화를 통해 한국 교회의 회복을 논
했다.

2부는 성육신 목회의 가능성과 적용성이다. 박주석 목사는 포스트모던 사상과 4차산업혁명 시대에 성육신적 목회의 가능성을 제안했고, 윤광원 목사는 칼빈의 자기부정 사상과 성육신 목회를 논했으며, 장도선 목사는 교신(交信) 형태로 섬김의 본질로 돌아가자고 했다.

3부는 성육신 목회에 대한 신학자들의 신학적 관점이다. 정용신 목사는 성경신학 입장에서 로고스(λόγος)의 성육신을 연구했고, 류명렬 목사는 조직신학적 관점에서 성육신 목회 사상을 고찰하였다. 장 석 목사는 역사신학 입장에서 성육신 목회를 연구하였으며, 고광석 목사는 실천신학 입장에서 성육신 목회의 본질과 실제를 다루었다. 최병효 목사는 성육신 선교의 이해와 적용으로 선교의 패러다임 전환을 제안했다.

4부는 목회 현장에서 성육신 목회를 적용하고 있는 성육신 목회의 실제다. 최윤석 목사는 성육신적 제자훈련에 사역의 초점을 두고 있으며, 황유석 목사는 젊은 세대에 상황화(contextualization)한 성육신적 설교를 사역의 중심에 두고 있다. 안만호 목사는 목회자가 예수님처럼 공감하고 상담할 것을 요청한다. 고상석 목사는 전통적 청빙목회에서 성육신 목회를 적용하여 교회가 건강하게 부흥한 사례를 보여 주고 있다. 임홍길 목사는 교회 정치, 노회 정치, 총회 정치가 성육신 정치를 통해 회복할 수 있다고 주장한다. 이현호 목사는 성육신적 목회 영성으로 교회가 건강하게 회복되고 있음을 보여 주고 있다.

GM선교회 출발부터 지금까지 아낌없이 헌신해 주시고 발문을 써 주신

박춘근 회장님, 이 책을 읽으시고 흔쾌히 추천사로 함께해 주신 김종준 목사님(총회장), 소강석 목사님(부총회장)과 이재서, 김근수, 정규남, 최대해, 정창균, 장종현, 권혁대 총장님과 여러 교수님, 목사님께 감사드린다. 이 책이 나오기까지 수고해 주신 집필진과 편집진, GM선교회 동역자, 예영커뮤니케이션 관계자 분들께도 깊은 감사를 드린다.

이상달 목사_GM선교회 상임총무

목차

3부

성육신 목회의

신학적 관점

4부

**성육신 목회의
실제**

1부

성육신 목회의
원리

Incarnation ministry
Platform church

장일권 목사

장일권 목사는 고등학교 시절 위인전기를 읽다가 예수님을 만나려고 스스로 교회에 갔으며, 이중표 목사님 집회에서 부르심을 받아 전도 자로 헌신하고, 부모, 형제, 친구들을 전도하다가, 전도 목회를 하려고 신학을 하게 되었다. 개척 교회 시절 신도시 4만 2천 세대를 한 집도 빠짐없이 축호전도했다. 지금의 한우리교회 성도들과 성육신 관계 전도법을 개발하였고, 이 전도법으로 미자립 교회 살리기 운동을 하였다. 총신대학교 목회전문대학원에서 성육신 관계전도법으로 박사학위를 받고 총신대학교와 광신대학교에서 전도학을 가르쳤다.

한국 교회의 회복이 목회 본질과 교회의 상황화를 이루는 성육신 목회에 있음을 공감하는 목회자들과 GM선교회를 시작하였다. 26년 동안 동행해 오신 장로님들과 교우들에게 감사하는, 행복한 전도자다. 『탁월한 열매형 전도법』, 『탁월한 열매형 전도자』, 『하나님 나라의 회복』, 『요셉 프로젝트』 외 다수의 저서와 교재가 있다.

GM 연구위원. 한우리교회 담임.

성육신적 목회의 신학적 정립

-언약신학의 관점에서 본 성육신 목회-

목회 현장에서 전도하다가 성경에서 '성육신적 관계 전도법'을 발견하고, 수년 동안 중소형 교회와 성육신적 전도운동을 하면서, 교회가 쇠락하는 원인이 성화 부재임을 확인하고 '성육신적 목회'를 연구하기 시작하였다.

성육신하신 그리스도께서 우리를 십자가에서 구속하심으로 하나님 나라 백성의 삶(성화)이 시작되었다. '창조 언약—옛 언약—새 언약'으로 전개되는 성경의 맥을 따라 하나님의 백성으로 사는 성화가 그리스도의 성육신으로 연결된다.

거룩한 삶의 부재는 타락으로 인한 첫 언약 백성의 왜곡된 마음과 욕심이 악순환의 굴레가 되었기 때문이다. 이 악순환의 사슬에서 벗어나 선순환적 삶의 방식으로 성화를 이루는 해답이 십계명과 새 계명에 있다.

성육신하신 주님께서 성화의 삶을 실제적으로 적용하게 하시려고 교회에 주기도문을 가르쳐 주시고, 약속하신 성령을 따라 선교 · 문화명령을 행하게 하신다. 그 과정을 통해서 성령의 열매와 은사로 그리스도를 닮아 가며, 교회를 세워 하나님 나라를 이루게 하신다.

이같이 성경에서 보여 준 성화 매뉴얼을 적용하는 목회가 성육신적 목회라 하겠다.

코로나19 바이러스와 4차산업혁명의 조우로 전대미문의 위기에 놓인 교회를, 본질의 교회로 바르게 세울 수 있는 답이 '성육신적 플랫폼'에 있음을 전제하고 성육신 플랫폼을 구축하는 일은 다음으로 남겨 두었다.

I. 시작 글

1517년 마르틴 루터(M. Luther)에 의해 일어난 종교개혁은 예수 그리스도를 믿는 믿음으로 구원받는 '이신칭의' 교리를 세웠고 삼위일체 교리, 성육신 교리와 함께 개혁 신학의 3대 교리가 되었다. 그러나 종교개혁 500년이 지났음에도 여전히 이신칭의에 대한 논쟁은 계속되고 있다.

그 이유가 무엇인가? 그리스도인이 시대 정신을 좇으면서 거룩한 삶을 살고 있지 않기 때문이다. 오늘날 한국 교회가 세속화되어 성화의 삶을 소홀히 하고 있기에 불신자에게도 지탄의 대상이 되고 있으며, 교회조차도 스스로 부끄러움에 얼굴을 가릴 지경이 되었다.[1] 이로 인해

---

1 교회개혁실천연대는 2017년 10월 27일–11월 11일 인사이트 리서치와 공동으로 개신교계 인사 300명(설문의 응답자는 신학자와 목회자 등을 포함한 개신교인이며, 평신도가 56%, 목회자가 44%)

신학계에서는 종교개혁의 칭의론을 시비하며 '칭의 유보론'까지 주장하기에 이르렀다.[2] 이러한 때에 예수 그리스도께서 성육신하신 이유와 목적을 고찰하여 성화의 교회론적 이해와 성경적 목회론을 재정립할 뿐만 아니라, 4차산업혁명 시대에 대응하는 교회의 담론을 고민하며 한국 교회의 회복의 길을 마련하는 데 기여하고자 한다.[3]

1. 왜 성육신이 핵심인가?

성경은 성육신하신 하나님의 사역을 계시하고 있으며, 하나님의 성육신(incarnation)은 성경의 중심에 자리한다. 사도들의 증거는 예수 그리스도의 성육신으로부터 시작하고 있다. 특히 복음서 저자 중에 사도 요한은 성육신과 그 의미를 심오하게 다루고 있다(요 1:1-4; 요일 1:1-3).[4]

을 대상으로 "교회 본연의 모습 대비 현재의 한국 교회 평가"라는 설문조사를 실시한 결과 "하나님이 기대하는 교회 본연의 모습을 100점이라고 할 때 현재 한국 교회는 평균 몇 점도 되겠느냐?"는 질문에 응답자가 제시한 평균 점수는 43.9점이었다. 이들이 한국 교회에 대해 부정적인 평가를 내린 이유(복수응답)로는 한국 교회가 개교회주의적이고, 기복적이며, 물량주의, 사회권력 등을 대변하는 등 세속주의에 사로잡혀 있기 때문(29.4%)이라는 응답이 가장 많았고, 부패지수가 높아지는 등 자정능력을 상실했기 때문(12.4%)이라는 응답이 두 번째로 많았다(http://www.hani.co.kr/arti/society/religious/452882.html).

2 김세윤, 『칭의와 성화』(서울: 두란노, 2016), 78-80.

3 본 장은 GM선교회 4차 포럼에서 발제한 내용을 수정보완한 것임을 밝혀 둔다. 편집부 박주석 목사(철학 전공), 윤광원 목사(조직신학 전공), 이우승 목사(선교학 전공), 안만호 목사(상담심리학 전공), 장도선 목사(성경신학 전공)와 수차례의 토론으로 수정·보완하였고, 또 한천설 교수(총신대학교 신학대학원, 신약학), 신현우 교수(총신대학교 신학대학원, 신약학), 장 영 교수(전 개혁신학대학교대학원 원장, 신약학), 권혁성 교수(광신대학교 신학대학원 조직신학) 정용신 교수(총신대학교 신학대학원, 신약학)의 도움을 받았음을 밝혀 둔다.

4 김동수, 『요한복음』(서울: 도서출판 솔로몬, 2012), 45. 저자는 "사람이 하나님을 찾아가는 것이 아니라, 신성을 가진 예수가 스스로의 결단과 사랑으로 인간 세계 안에 거처를 정하셨다. 이런 의미에서 이 말씀은 빌립보서 2장 6-8절에 바울이 그린 성육신하신 그리스도 상과 일치한다."라고 하였으며, 이필찬은 "로고스의 존재 변화는 요한복음 전체의 근간을 형성하는 것으로 나타났다(이필찬, 『요한

또한 성육신 교리는 교의신학의 서론부터 종말론까지 이어지는 개혁 신학의 핵심주제다.

교의신학 서론에서, 특별계시의 내용 중에 예수 그리스도의 출생으로 성육신을 밝히고 있으며, 하나님론은 삼위일체 하나님에 대한 논의 중, 구속 사역의 수행으로 성육신하신 하나님의 아들이 구주이심을 밝히고 있고, 인간론은 새 언약의 성취자로 성육신하신 하나님이심을 말하고 있으며, 기독론 전체가 하나님의 성육신과 그의 구원사역을 다루고 있다. 또한 구원론도 성육신하신 하나님의 구속 사역을 그의 영인 성령께서 적용하시는 것을 다루며, 교회론은 성육신하신 하나님 곧 예수 그리스도의 구속으로 구원받은 자를 자기의 몸 된 교회로 가지셨음을 밝히고 있고, 종말론도 성육신하셔서 구속을 이루시고 승천하신 그리스도께서 영광의 몸으로 재림하심으로써 창조경륜을 완성하실 것을 밝히고 있다.[5]

따라서 교회 회복을 위한 목회적 해답도 성경의 핵심적 교리인 그리스도의 성육신에서 찾아야 한다.

복음』(경기: 엔크리스트, 2008], 77.)."라고 했다. 한규삼은 "그의 임재의 영광은 요한복음의 핵심적인 전제다. 이는 하나님 사랑의 극치이며, 인간이 회복될 수 있는 근거이며, 제자들이 증거의 삶을 살아야 하는 이유다(한규삼, 『요한복음 다시보기』(서울: 아가페출판사, 2002], 39.)."라고 했고, 조석민은 "'은혜'는 요한복음 전체에서 오직 세 번 사용되고 있는데, 요한복음 1장 14, 16, 17절에서 말씀이 육신이 되신 것과 관련해서 사용되고 있다. 이런 사실은 하나님의 은혜의 본질이 성육신하신 로고스로 말미암아 나타났다는 진리를 암시해 주는 것이다(조석민, 『요한복음의 새 관점』(서울: 도서출판 솔로몬, 2008], 63.)."라고 했다. 김세윤은 "요한복음의 머리말은 하나님의 창조와 계시와 구원의 수단(또는 일꾼)인 로고스가 성육신하여 하나님을 계시하고 그의 구원을 이루어, 우리가 이제 하나님을 알고(지식) 구원을 얻게 되었다고 선포하며, 이것이 이 복음서에 서술된 예수 그리스도의 사건과 의미라고 소개한다(김세윤, 『요한복음 강해』(서울: 두란노, 2001], 34–35.)."고 하였다.

5 서철원, 『서철원 박사 교의신학』(서울: 쿰란출판사, 2018).

2. 왜 성육신 목회가 해답인가?

한국 교회는 거룩한 삶 곧 성화의 부재와 성경적 교회론의 결핍 때문에 내재적 위기가 심화되고 있으며, 또 외적으로는 급변하는 4차산업혁명 시대에 대한 대비를 하지 못해 존폐의 기로에 서 있다. 과연 이 문제를 어떻게 헤쳐 나갈 수 있을 것인가?

필자는 성육신에서 그 해답을 찾고자 한다. 성육신의 목적은 십자가 구속으로 하나님 나라를 세우는 것이며, 하나님의 성육신을 두 가지 측면에서 이해하고 적용하려 한다. 첫째, 본질적인 측면에서 성육신은 인간의 신분과 삶의 회복을 목적으로 한다. 성육신하신 그리스도께서 십자가의 구속으로 신분을 회복시키며, 또 공생애로 본을 보여 주시어 삶의 회복을 제시하신 것이다.[6] 둘째 측면은 그리스도의 성육신이 구속역사 가운데 문화적 상황화로 주의 몸 된 교회를 세우심이다.

성육신은 하나님 나라의 상황화(contextualization)의 원형이다.[7] 하나님은 구약 이스라엘을 예표로 세워 하나님 나라의 상황화를 보여 주셨다.[8] 여호와 하나님은 온 인류 중에 이스라엘을 선택하여 하나님을 섬

---

6 "내가 너희에게 행한 것 같이 너희도 행하게 하려 하여 본을 보였노라(요 13:15)."
예수께서는 그의 공생애 삶을 세족식으로 마무리하시며 교회에 본을 보이시고 새 계명을 주셨다(요 13:34). 필자는 사도신경의 내용 중에 '그리스도의 공생애'에 대한 신앙고백의 내용이 빠져 있는 것을 보완해야 한다고 주장한다.

7 김승호, 『선교와 상황화』(서울: 도서출판 토라, 2009), 17-28.
필자는 '상황화'란 용어를 해방신학이나 민중신학에서 복음(text)보다 상황(context)을 우위에 두고 사회변혁을 목표로 하는 상황화 신학을 배격하고, '역사 가운데 복음이 문화적 상황으로 구현되어 교회에 적용됨'으로 재정의하여 사용하고자 한다. 그러므로 그리스도의 성육신을 상황화의 원형으로 제시하며, 무비판적 상황화(noncritical contextualization)를 거부하고 히버트(paul G. Hiebert)의 비판적 상황화(critical contextualization)의 방법을 취한다.

8 성육신 목회는 복음의 본질(text)을 교회 안에서 문화적 상황(context)으로 구현하는 것이다. 성경은

기는 백성으로 삼으셨다. 또 율법의 모체인 십계명을 적용하는 제사법, 시민법도 하나님 나라를 그들의 문화로 상황화하신 것이다.

그리스도의 성육신하심은 하나님을 왕으로 섬기는 하나님 나라의 상황화이기도 하다. 그리스도께서 성육신하여 세우신 그의 몸 된 교회가 하나님 나라를 상황화한 것이다. 주께서 재림하셔서 완성하실 하나님 나라를 지금, 여기에(here and now) 교회로 상황화한 것이다.

그러므로 성육신 목회는 십자가의 구속으로 하나님의 자녀가 된 성도의 신분(稱義)과 삶(聖化)을 회복하는 본질을 더욱 강화하고, 또 그 시대의 역사와 문화적 상황화로 교회를 세우는 것이다. 그러므로 성육신 목회만이 유일한 해답이 될 수밖에 없다.

II. 창조 언약에 근거한 성육신적 목회 사역의 필요성

성육신 교리를 삶에 적용하기 위하여 먼저 성육신적 목회 사역을 위한 성경적 근거와 필요성을 살펴본다.

첫째, 창조 언약 백성의 정체성과 그들의 삶을 살핀다.

둘째, 하나님과의 언약을 깨뜨리고 타락하는 과정에서 나온 인간의 악순환의 사슬을 주목하고, 또 바르게 이해하여 성육신적 목회 사역의 필요성을 밝힌다.

'하나님 나라'를 이스라엘(구약시대)과 교회(신약시대)로 상황화하고 있다.

1. 창조 언약 백성의 삶

창세 전에 하나님은 자기를 섬기는 백성을 가진 나라를 세우기로 경륜하셨다. 하나님께서 창조경륜에서 작정하신 대로 천지를 창조하시고, 자기의 형상을 따라 창조의 면류관으로 아담을 지으사 그에게 문화명령을 주시고 첫 언약을 맺으셨다. 또한 아담과 그의 허리에서 나온 인류에게 언약 백성으로서의 삶의 방식을 제시하셨다.[9]

1) 문화명령[10]

창세기 1장에서 하나님의 영광스러운 창조와 함께 언약 백성의 삶의 방식이 제시된다. 그 삶의 방식은 창조사역과 첫 명령인 문화명령을 통해서 나타나는데, 하나님은 자기 백성이 이 삶의 방식을 따라 하나님 나라를 이루도록 하셨다.[11]

---

9 조직신학적 논리의 전개방식을 따르지 않고, 창세기 1, 2, 3장의 진행 순서를 따라 전개하였음을 밝혀 둔다.

10 통상 창세기 1장 26–28절을 지칭한다. 그러나 필자는 창세기 1–2장에 걸쳐 나타난 인간을 향한 하나님의 뜻이라는 의미로 사용한다.

11 서철원, 『기독교 문화관』(서울: 총신대학교출판부, 1992), 17–24. "창조로 하나님 나라가 되게 하기 위하여 하나님께서 첫 명령 혹은 창조명령을 내리셨다. 이 명령은 현금에 통상 문화 명령으로 불린다. 이 문화명령은 창조 시에 주어졌다(서철원, 『기독교 문화관』, 23)." Ibid, 10. "문화는 인간이 하는 모든 창조적 활동을 뜻하며, 더 포괄적으로는 인간의 모든 활동을 뜻한다."라고 말한다. 필자는 창세기 1장이 '하나님의 창조'를 말씀하심과 동시에, 인간의 삶, 곧 문화에 대한 말씀으로 이해한다. 성경은 인간 창조와 타락한 인간을 구원하심에 대한 계시의 말씀이기 때문이다. 성경은 창조로 시작되어 구속으로 이루어지는 하나님 나라를 계시한다. 그러므로 창조기사는 하나님의 창조만이 아니라 창조주와 관계된 자기 백성의 삶이 어떻게 시작되고 있는지를 계시하심이 당연하다고 주장한다. 종말은 창조론적 세계관과 진화론적 세계관의 문화전쟁 시대다.

(1) 창조주를 주(主)로 모시는 세계관

창세기 1장은 문화 곧 인간의 삶의 방식을 정초(定礎)하는 세계관을 제공하는데, 태초에 천지를 창조하신 하나님을 주(Lord)로 섬기는 창조론적 세계관을 보여 준다. 이는 창조주 하나님께서 삶의 주인이신 것을 믿고 인정하는 신본주의 세계관(hebraism)이다.[12]

(2) 창조를 모방하는 삶의 방식

창조주 하나님(אֱלֹהִים)께서 말씀으로 무(無)에서 시공간의 피조세계를 순간에 창조하셨다.[13] 그러나 창조된 피조세계 중에 땅은 혼돈과 공허 그리고 흑암의 상태였다. 이 상태를 하나님은 6일 동안 정비 창조하시어 그의 창조를 완성하셨다.[14]

---

12 안점식, 『세계관을 분별하라』 (서울: 죠이선교회, 1998), 90–91.
"인간의 모든 문화적 행동 양식과 가치 기준들은 세계관을 기초로 하고 있다. 그러므로 세계관이 빠진 문화는 성립할 수도 없고 설명할 수도 없다. 문화에서 가장 중요한 영역이라고 할 수 있는 종교의 심장부에는 바로 세계관이 놓여 있다."

13 Gordon J. Wenham, 박영호 역, 『WBC 창세기 1』(서울: 도서출판 솔로몬, 2001), 100. "창세기 1 장의 문맥은 레쉬트(רֵאשִׁית)가 영원 속에서의 특정한 시기가 아니라 시간의 처음 그 자체를 가리키고 있음을 암시한다." Claus Westermann은 "히브리어 브레쉬트(태초에, 헬라어 게네시스, genesis) 는 히브리어 성경(Hebrew Bible)에 있는 창세기의 실제 제목이다. 그것은 무엇인가의 시작을 의미하는 것이 아니라 단순히 '시작'을 뜻한다(C. 베스터만, 『창세기 주석』 서울: 도서출판 한들, 1998, 28.)."라고 하였고, 서철원은 "만물이 더 정확하게는 물질이 존재의 모습을 형체화하면 그것은 바로 시간이 된다. 시간은 물질의 운동 방식이기 때문이다. 하나님이 만물을 창조하여 그 존재가 모습을 드러내면 거기에는 반드시 시간이 나타나게 되어 있다. … 만물이 존재하기 시작하면 시간이므로 시간은 만물 창조와 함께 시작되었고, 만물의 존재와 함께 나타났으므로 시간도 창조되었다고 말할 수 있다. 아우구스티누스(Augustine)의 가르침대로 시간도 만물과 함께 창조되었다."라고 주장하였다(서철원, 『창세기 주석 1』 서울: 도서출판 그리심, 2001, 12).

14 "'정비 창조'라는 용어는 첫째 날 창조된 것을 질서에 따라 정해진 위치로 보내는 과정을 말한다." 라고 하였고(Francis A. Schaeffer, 권혁봉 역, 『창세기의 시공간성』[서울: 생명의말씀사, 1974], 14–22), "창세기 첫 절 다음의 1장 나머지 부분은 우리를 곧 공간(空間)과 시간(時間)의 세계로 몰아넣고 있다. 공간과 시간은 직물의 날실과 씨실 같은 것이다. 공간과 시간이 서로 짜여진 관계가 바로 역사다."라고 하였다. 서철원은 "태초는 말씀이 물질로 변형된 그 순간을 지칭한다. 시간은 처음 창

그렇다면 이 우주 천체의 피조세계를 순간에 창조하신 하나님이 왜 지구는 6일 동안 정비 창조하셨을까? 영원하시고 전능하신 하나님께서 시간 안에 들어오셔서 6일 동안 정비 창조하시고 일곱째 날에 안식하신 특별한 이유가 있다.[15] 그것은 인간이 하나님의 창조를 모방하는 방식으로 살게 하기 위함이다. 하나님께서 6일 동안 정비 창조하신 방식을 인간의 삶의 원리가 되게 하여, 혼돈, 공허, 흑암의 삶의 현장을 질서, 생명, 빛의 충만으로 변화시키는 삶을 살게 하시려는 것이다. 이 사실을 하나님이 안식하신 안식일에서 찾아볼 수 있다.

> 하나님이 그가 하시던 일을 일곱째 날에 마치시니 그가 하시던 모든 일을 그치고 일곱째 날에 안식하시니라 하나님이 그 일곱째 날을 복되게 하사 거룩하게 하셨으니 이는 하나님이 그 창조하시며 만드시던 모든 일을 마치시고 그날에 안식하셨음이니라(창 2:2-3).

조와 함께 형성되었지만 그 다음의 정비 창조는 시간 내에서 이루어졌다. 그러므로 만물은 시간 내에서 존재하고 그 시간 내에서 소멸된다."라고 하면서, "개혁 신학에서 말한 것처럼 처음 창조에 원시 물질이 이루어진 것이 아니라 우주의 전체적 발생을 뜻한다. 원시 물질이 처음 창조에서 이루어졌으면 그 다음 날에 천체가 형성되는 것이 되어 많은 시간을 요하여 6일에 창조가 다 정비될 수 없었다. 처음 창조에서 우주가 그 전체로 형성되어야 하므로 6일에 창조가 다 이루어질 수 있었다. 첫 날 창조 후 모든 만물은 시간의 방식으로 존재하므로 6일간 정비되었다. 창조주가 권능이 모자라므로 6일간 정비한 것이 아니라 창조된 모든 만물이 시간의 존재 방식을 가지므로 6일을 정비에 소요하였다."라고 설명한다(서철원, 『창세기 주석 1』, 13). 헤르만 바빙크는 "창세기 1장 2절은 하나님께서 태초에 행하신 일(창 1:1)과 창세기 1장 3절 이하의 6일 동안의 창조는 1절의 피조된 물질을 전제로 한다. 따라서 이 둘은 첫 번째 창조(creatio prima)와 두 번째 창조(creatio secunda)로 구분한다."라고 하였다(Herman Bavinck, *Gereformeerde Dogmatiek 2*, 박태현 역, 『개혁교의학 2』(서울:부흥과개혁사, 2014), 599-600.

15 창조주 하나님께서 6일 동안 혼돈, 공허, 흑암의 상태를 정비하셨음에도 '정비 창조'라 칭하는 이유는 정비만 하신 것이 아니라 공허한 상태에 만물을 창조하셨기 때문이다. 그래서 창세기 2장 1절에 "천지와 만물이 다 이루어지니라."고 선포되고 있다.

하나님께서 6일 동안에 정비 창조하신 사역을 완성하신 후 일곱째 날에 안식하시며, 이날을 복 주시고 거룩하게 구별하여 안식일로 제정하셨다. 6일의 마지막에 창조의 면류관으로 지음 받은 인간은 하나님이 안식하신 일곱째 날에, 그 안식에 동참하여 창조주되신 하나님을 찬양하며 예배드리고, 다음날부터 6일 동안 삶의 자리에서 하나님의 창조를 모방하며 살게 된다. 그렇게 하여 하나님께서 정비 창조하시며 안식하신 일주일이 인간의 삶의 패턴이 된 것이다.[16] 첫날인 안식일에 하

---

16 James K. Breckner, 김귀탁 역, 『UBC 출애굽기』(UBC-EXODUS, 서울: 성서유니온선교회, 2015), 294–297. 브루크너는 "안식일을 지키라는 이 적극적 명령은 창조를 돌아보는 특이한 동기절을 수반했다."라고 한다. 그러나 필자의 견해는 안식일을 지키며 하나님의 창조를 돌아보라는 정도의 계명이 아니다. 안식일은 창조주 하나님께서 6일 창조를 마치시고 일곱째 날에 안식하시며, 그날을 창조를 기념하는 특별한 날, 곧 안식일로 제정하신 것이다.
"하나님이 그 일곱째 날을 복되게 하사 거룩하게 하셨으니 이는 하나님이 그 창조하시며 만드시던 모든 일을 마치시고 그날에 안식하셨음이니라(창 2:3)."
창조주 하나님께서 그 일곱째 날을 복되게 하셨고, 또 거룩하게 구별시키셨다. 왜냐하면 창조주께서 창조사역을 마치시고 그날에 안식하셨기 때문이다. 그러므로 창조를 기념하는 날로 안식일을 제정하신 것이다. 이날은 여호와의 안식일이며(출 32:13), 자기 백성을 거룩하게 하는 날이다. 그래서 하나님을 섬기는 창조경륜을 이루려 하신다. 시내산 언약의 십계명은 안식일을 적용하는 계명이다. 하나님께서 창조하실 때, 6일은 정비 창조 하신 후 안식일에 하나님을 예배하며, 하나님이 주신 은혜로 한 주간을 살아가도록 삶의 패턴으로 주셨다. 그러나 그들은 하나님을 떠나 자기의 노력으로 살아가는 타락한 자가 되었다. 하나님께서는 그러한 자들을 구원하여 안식일 중심의 삶의 패턴으로 살게 하려고 십계명을 주신 것이다.
출애굽기에서 안식일 계명의 구조는 규례(출 20:8), 적용(출 20:9–11), 안식일 규례의 당위성(출 20:11)으로 되어 있다. 안식일을 지켜야 되는 당위성을 이렇게 밝히신다.
"이는 엿새 동안에 나 여호와가 하늘과 땅과 바다와 그 가운데 모든 것을 만들고 일곱째 날에 쉬었음이라 그러므로 나 여호와가 안식일을 복되게 하여 그날을 거룩하게 하였느니라(출 20:11)."
이 말씀은 창세기 2장 3절의 안식일 제정 규례를 문장만 도치(倒置)하여 그대로 옮겨 놓았다. 그러므로 안식일 계명은 창조기념일로 제정하신 안식일을 그대로 적용하는 계명이다. 안식일 적용에서 "엿새 동안에 힘써 일하고 일곱째 날에 하나님께 예배하며 안식일을 지키라(9, 10절)."고 하시면서, 한 주간을 안식일 중심으로 살도록 명하신다. 왜냐하면 창조주 하나님께서 6일 동안 창조하셨고 일곱째 날에 안식하셨기 때문이다. 창조주께서 시간 안에 들어오셔서 6일 동안 정비 창조하시고 일곱째 날에 안식하시며, 창조원리를 적용하는 인간의 삶의 패턴이 되게 하신 것이다.
김희석은 창세기 2장 3절의 안식(תבשׁ)을 창조의 완성으로 이해하며, 안식일 제정(출 20:8–11)이 창조의 완성(הלכ, 창 2:3)을 회복하는 임시 제도로 본다. 왜냐하면 창조의 완성을 타락으로 깨뜨렸기 때문이다. 이 창조의 완성은 메시아를 통한 구속 곧 창조의 회복으로 이루어지기에 시내산 언약의 안식일 제도가 메시아의 창조회복을 바라보게 하는 계명으로 이해한다. 그래서 모세는 신명기 설

나님께 예배드리며, 그가 주신 은혜 곧 삶의 지혜와 능력으로 한 주간을 살도록 하신 것이다.

(3) 피조된 인간의 정체성(identity)과 사명(mission)[17]

하나님께서 인간에게 창조주 하나님을 주(Lord)로 섬기는 창조론적 세계관으로, 창조를 모방하여 하나님 나라를 건설하도록 명령하셨다. 이 명령이 창세기 1장 26-28절에 기록되어 있는데, 우리는 이 명령을 문화명령이라고 한다. 이 문화명령 안에 창조된 인간의 정체성뿐만 아니라 미션까지 담아 놓으셨다.

> 하나님이 이르시되 우리의 형상을 따라 우리의 모양대로 우리가 사람을 만들고 그들로 바다의 물고기와 하늘의 새와 가축과 온 땅과 땅에 기는 모든 것을 다스리게 하자 하시고 하나님이 자기 형상 곧 하나님의 형상대로 사

교에서 안식일 계명을 '창조의 완성'이 아닌 구속(출애굽)의 개념으로 바꾸었다고 한다. 또한 '안식(תבשׁ)'을 시내산 언약 계명에서는 '안식일(תבשׁ)'로 바꾸었고, '멈추다(תבשׁ, 창 2:2,3)' 대신 쉼(חונ)의 개념으로 바꾸었다고 주장한다(김희석, "개혁주의 관점에서 본 안식 개념과 주일성수." 「神學指南」 통권 제323호 (2015): 9–26.).
필자는 김희석 교수의 성경신학적인 분석과 안식의 완성과 회복의 관점으로 접근하여 안식일이 창조와 창조의 완성인 구속을 포함하는 개념으로 이해한 점은 높이 평가할 수 있지만, 창세기 2장 3절을 '안식일 제정'으로 볼 수 없는 이유가 무엇인지 묻지 않을 수 없다. 왜냐하면 십계명의 안식일(4계명)의 구조를 살펴보면 규례(8절), 지키는 방식(9–10절), 지키는 이유(11절)로 되어 있는데, 안식일을 지켜야 하는 이유를 창세기 2장 3절로 설명하고 있기 때문이다. 그러므로 이미 창조사역에서 하나님이 일곱째 날에 안식하시며 '창조기념일'로 제정하신 것을 십계명으로 구체화시키며, 안식일에 하나님을 예배하는 예배 모범으로 십계명의 율법을 주셨다고 이해해야 할 것이다.

17 장일권, 「하나님 나라의 회복」(수원: 도서출판 케쉐트, 2009), 74, 136. 언약사상의 구조를 보면, '창조 언약–시내산 언약(옛 언약)–새 언약'으로 진행된다. 이 세 언약을 맺으실 때 동일하게 정체성과 사명을 확인해 주신다. '창조 언약'은 '하나님의 형상과 다스리는 왕권 위임'으로 말씀하시고(창 1:26–28), '시내산 언약'에서는 '제사장 나라, 거룩한 백성'으로(출 19:5–6), '새 언약'에서는 '세상의 소금, 세상의 빛'으로 말씀하고 있다(마 5:13–16).

람을 창조하시되 남자와 여자를 창조하시고 하나님이 그들에게 복을 주시며 하나님이 그들에게 이르시되 생육하고 번성하여 땅에 충만하라, 땅을 정복하라, 바다의 물고기와 하늘의 새와 땅에 움직이는 모든 생물을 다스리라 하시니라(창 1:26-28).

위에서 언급된 말씀처럼, 하나님은 창조하시기 전에 성부, 성자, 성령께서 의논하심의 창조경륜을 보여 주시며, 하나님을 닮은 인격체 곧 의논하는 존재로서의 사람, 곧 남자와 여자를 지으셨다. 성삼위 하나님께서 의논하시는 인격적인 방식으로 존재하듯이 남자와 여자가 서로 의논하는 인격체로 살아가게 지으신 것이다.[18]

인격체는 자기의식과 자기 결정을 하는 특성이 있다. 인간이 인격적인 존재이기에 '나는 누구인가?' '나는 무엇을 해야 하는가?'에 대한 기본적인 자기 인식을 갖게 된다. 인간은 인격이기에 자기의식으로 자신의 정체성과 사명이 무엇인지를 인식하고, 또 자기의지로 결정하며 사는 존재다. 그래서 아담은 하나님의 말씀을 통해 자기 정체성을 인식하고 그의 뜻을 따라 문화명령을 수행해야 한다. 하나님의 형상으로 지어진 인격만이 가능한 일이다.

또한 아담은 창조주 하나님께 왕권을 위임받아 다스림의 사명을 감당하는 왕적 존재다. 만왕의 왕되신 창조주 하나님께서 아담에게 피조 세계를 다스리는 왕권을 위임하셨다. 그러므로 아담의 허리에서 나온 인류는 하나님의 백성이 되어 하나님을 왕으로 섬길 뿐만 아니라 만왕

---

18 고든 웬함, 박영호 역, 『WBC 1 창세기』, 124-130.

의 왕되신 하나님으로부터 위임받은 왕권을 행사하여 이 땅에 하나님 나라를 건설하는 사명을 감당해야 한다.

2) 창조 언약

칼빈은 "하나님의 본질이 무한하시고 영적이시다."라는 말을 '우리 자신의 잣대로 그를 재지 못하도록 우리에게 두려움을 주며, 또한 그가 영이시라는 사실은 그에 관한 어떤 세속적이며 육신적인 상상에 빠지지 못하도록 만드는 것'이라고 한다.[19] 그럼에도 창조경륜을 이루시길 기뻐하신 하나님께서 자기의 형상대로 인간을 한 인격체로 지으시고 그와 언약을 맺으셨다. 하나님께서 인간을 인격적으로 관계하시는 방식이 언약 맺으심으로 드러난다.[20] 하나님의 형상인 아담과 창조 언약을 맺음으로 창조주 하나님이 여호와가 되셨다. 여호와 하나님(אלהים יהוה)은 창조주 하나님이 언약을 맺으시는 여호와가 되셨음을 나타내는 호칭이다.[21] 창조 언약은 하나님께서 자기 백성을 삼으심과 자기의 주권적 위계질서를 세우기 위한 언약이다.

---

19 Calvin, John, 원광연 역, 『기독교 강요』(서울: 크리스찬 다이제스트, 2003), 144.

20 서철원, 『하나님의 구속 경륜』(서울: 총신대학교출판부, 1996), 19–21. "창조주와 피조물의 관계가 하나님과 사람의 관계가 되도록 하기 위해 약정을 맺으셨는데. 이 관계가 자발적이고 인격적인 관계가 되기 위해 언약을 체결하셨다. 즉 '하나님–사람'의 관계가 물리적 관계가 아니고 인격적인 관계가 되려면 상호 협정하는 길이다."

21 창세기 1장은 창조주 하나님(אלהים)이 35회 사용되며, 창세기 2장에서는 백성과 언약하신 여호와(יהוה)가 11회 사용된다. 창세기 1장(창 1:1–2:3)은 하나님(אלהים)의 명칭으로 창조주 하나님의 창조하심을, 창세기 2장(창 2:4–25)은 언약의 하나님(יהוה)이 언약하심을 계시하고 있다. 그래서 첫 언약을 '창조 언약'이라고 일컫는다. 창조주 하나님께서 자기 형상으로 지은 아담과 언약을 맺음으로 창조경륜을 이루시는 여호와가 되셨기 때문이다. 서철원은 "성경에서 처음으로 창조 후 안식일이 경과하여 하나님이 여호와로 호칭되었다. 여호와는 백성의 하나님을 뜻한다. 그러므로 여호와 하나님이시다."라고 한다. 서철원, 『창세기 주석 1』(서울: 도서출판 그리심, 2001), 90.

(1) 하나님의 백성을 삼으시는 언약

하나님께서 자기를 섬기는 백성을 가진 나라를 건설하시려는 경륜[22]을 이루시기 위해 이 세상과 인류를 창조하시고 문화명령을 주시며 이 명령을 잘 수행하도록 언약을 맺으셨다 하나님은 "선악을 알게 하는 나무의 열매는 먹지 말라 네가 먹는 날에는 반드시 죽으리라 하시니라 (창 2:17)."는 이 언약의 법으로 자기의 주권을 드러내시며, 이 법에 순종하며 섬기는 것을 선으로, 그 법을 어기고 불순종하는 것을 악으로 규정하셨다. 또한 선악을 판단하시는 분은 오직 하나님이심을 선악과 계명에 새겨 놓으셨다. 그러므로 하나님의 형상으로 지음 받은 아담과 그의 허리에서 나온 인류는 언약의 법을 따라 하나님을 섬기는 백성으로 살아야 한다.

(2) 주권적 위계질서를 세우는 언약[23]

하나님 나라는 만왕의 왕되신 하나님께서 자기의 형상으로 지은 언약 백성에게 왕권을 위임하여 통치하는 나라다. 그러므로 아담은 위임받은 왕권 곧 자기의 주권이 아닌 창조주 하나님의 주권으로 왕권을 행사해야 한다. 그래서 하나님 나라의 위계질서를 세우는 언약을 맺으신 것이다. 아담은 언약 백성의 신분으로 하나님의 주권을 인정하고 순

---

[22] 레위기 26장 11-12절. "내가 내 성막을 너희 중에 세우리니 내 마음이 너희를 싫어하지 아니할 것이며 나는 너희 중에 행하여 너희의 하나님이 되고 너희는 내 백성이 될 것이니라."

[23] 서철원은 "언약을 맺음으로 창조주와 피조물의 절대적 주종의 관계에서 교제의 관계, 동반자의 관계를 가지시기로 하였다(서철원, 『하나님의 구속경륜』, 20)." 또 인간론에서는, "자기 백성으로 삼으시는 언약이며, 이 언약 체결로 하나님이 임재하심으로 자기의 백성 됨을 확증하셨다."라고 주장한다(서철원, 『서철원 박사 교의신학 Ⅲ 인간론』, 151). 필자는 하나님 나라의 통치적 측면에서 왕권을 위임한 하나님과의 주권적 위계질서를 세우기 위한 목적으로 언약을 맺었다고 이해한다.

종해야 하며, 또한 위임받은 왕적 사명을 감당하는 대리통치자로 하나님의 주권을 인정하고 순종해야 하는 이중적 관계에 서 있다.

왕으로 오신 예수 그리스도께서는 아들로서 아버지 하나님의 주권을 절대적으로 인정하고, 위임받은 왕으로서 아버지의 뜻에 따라 통치권을 행사하였음을 여러 곳에서 강조하고 있다(요 8:28-29).

3) 창조 언약 백성으로서 에덴에서의 삶

여호와 하나님께서 언약을 맺은 아담과 하와를 에덴동산에 거주하게 하셨다. 에덴동산은 하나님이 자기 백성과 함께 하시는 처소다.[24] 에덴(עֵדֶן)은 섬기는 삶의 방식으로 기쁨의 극치를 누리는 곳이며, 하나님 나라의 모형(typology)이다. 하나님 나라의 예표로 세운 에덴을 유지하기 위해 아담과 언약을 맺고, '섬김'을 삶의 방식(life style)으로 주셨다(창 2:15).[25] 이것이 하나님께서 언약 백성에게 주신 청지기 사명이다. 다스림은 섬김(עבד)을 통해서 이루어지며, 이 섬김이 창조의 경륜을 따라 하나님의 나라를 세우는 방식이다.

그뿐 아니라 언약의 하나님께서 안식일, 노동, 가정제도를 주어 섬김의 삶을 구현하도록 하셨다. 안식일 제도를 통해 하나님을 예배하며

---

24 그레고리 빌은 『신약성경신학』에서 에덴을 "최초의 성전"이라고 하며(49), 그레엄 골즈워디는 『복음과 하나님 나라』에서 "하나님의 처소"라 하였으며, 서철원은 "아담과 하나님이 만나는 곳이 바로 낙원이며…낙원은 하나님을 섬기는 성전의 기능과 구조를 갖는다."라고 한다(인간론 128).

25 장일권, 『하나님 나라의 회복』, 28-31. עבד를 문맥적으로 적용할 때 '경작하다'이지만, 이 단어를 신학적 의미로 적용하여 '섬기다'로 이해해야 한다고 본다. 섬김이 하나님 나라의 백성에게 주신 삶의 방식(life style)이기 때문이다. 예수 그리스도께서 왕으로 오셔서 '섬김의 리더십'을 보여 주셨다. Gordon J. Wenham은 '아바드(עבד, 섬기다, 갈다)'는 매우 일반적인 동사이며, 땅을 가는 것에 대해서 사용되기도 하지만, 보통 하나님을 섬기는 것에 대한 종교적 의미로 사용된다고 했다(고든 웬함, 박영호 역, 『WBC 1 창세기』, 183.).

섬기고, 노동제도를 통해 이웃을 섬기게 하셨다. 또한 하나님과 이웃을 섬기는 하나님의 백성을 낳아 길러 내는 가정제도도 주셨다. 그러므로 가정은 하나님 나라를 세우는 가장 중요한 기본 공동체가 되었다.

지금까지 창조 언약과 언약 백성의 삶에 대하여 살펴보았다. 여기서 제시된 삶의 방식, 곧 하나님과 이웃을 섬기는 삶이 성육신적 목회 사역의 근거이며 본질이다. 성육신하신 그리스도께서 이에 대한 본을 보이셨다.

2. 깨어진 창조 언약: 그 백성의 타락(반역)과 악순환의 사슬

창조주 하나님께서 절대 주권으로 통치하는 나라를 세우기 위해 아담에게 창조 언약의 법, 곧 선악과를 따 먹지 말라는 계명으로 자기의 주권을 선포하셨다(창 2:15-16). 이제 언약 백성이 된 아담은 하나님을 만왕의 왕으로 섬기며 그의 주권에 절대적으로 순종하며 살아야 했다. 그것이 생명의 길이기 때문이다. 그러나 아담은 유혹자의 유혹에 넘어가 선악과를 먹음으로 타락하여 사망에 이르게 되었다. 아담은 자신이 독립적인 존재, 곧 하나님이 되어 자기의 주권으로 통치하는 왕국을 건설하려고 반역한 것이다.

유혹자 마귀가 어떤 전략과 전술을 사용하여 첫 사람 아담을 반역의 자리로 떨어지게 했는지를 살피는 것은 성육신적 목회 사역을 이해하는 데 깊은 통찰력을 제공한다.

1) 마귀의 전략과 전술[26]

타락의 과정에서 마귀는 전략적으로 아담과 하와를 유혹하였다. 이 전략과 전술을 주의 깊게 살펴보자. 이 전략에 드러난 마귀의 전술은 '섬김의 방식'과는 정반대로 반역과 반목과 갈등으로 분쟁하게 하는 방식이었다. 즉 마귀의 전술은 왜곡이다. 첫째는 말씀을 왜곡하고, 둘째, 인격적인 좋은 관계를 맺지 못하도록 마음의 감정을 왜곡시키고, 셋째, 소원을 왜곡시켜 욕심(탐욕)에 사로잡히게 한다. 부정적인 감정과 욕심에 사로잡히게 함으로 모든 관계를 분쟁의 관계로 변질시켜, 섬김으로 누리는 하나님 나라를 세우지 못하게 한다.

하나님의 형상으로 지음 받은 인간은 하나님과 마주하며 그분 앞에서(Coram Deo) 그의 선하신 뜻을 소원으로 받아 이루며 살아가는 존재인데(빌 2:13), 유혹자는 마음의 감정을 왜곡시켜 하나님 앞에 직면하지 못하게 하였다.[27] 유혹 당하기 전까지는 아담은 하나님께서 자기를 인격적인 존재로 특별하게 지었으며, 또 넘치는 사랑과 은혜를 부어 주시는 고마운 분으로 여겼을 것이다.

---

26 Claus Westermann, 강성열 역, 『창세기 주석』(서울: 도서출판 한들, 1998), 47-49.
　서철원은 '아담이 하나님 말씀을 문자대로 받지 않고 유혹자의 말과 동등한 위치에 놓으므로 임의대로 계명을 수정하고 해석하며 변조하였음'을 지적한다(서철원, 『창세기 주석 1』 137). 그러나 필자는 마귀의 전술에 대한 관심을 가져야 한다고 본다. 마귀의 전략은, 접근방식(매개물 사용, 의문을 일으킴), 입체적 공격 방식(내적으로 마음을 무너뜨림, 외적으로 죽음의 열매인 선악과를 바라보게 하고 강한 욕구를 일으킴), 왜곡의 전술(감정, 소원을 왜곡시킴)을 사용하고 있음을 알 수 있다. 마귀가 광야에서 예수님을 시험할 때도 전략적이었으며, 지상에 있는 전투하는 교회의 영적 전투에 대해서도 바울은 "마귀의 간계(μεθοδεία)"라는 전략적 용어를 사용하며 전략적인 대응을 주문하고 있다(엡 6:10-20).

27 하나님과 언약을 맺음으로 하나님을 섬기는 인격체로서 아담과 하와는 타락으로 인해 그 인격 곧 지·정·의가 깨어지는 전적인 타락을 하였다. 하나님의 말씀대신 마귀의 말을 듣는 인지기능이 부패하였고, 그 결과로 마음의 감정과 의지가 타락하여 선악과를 먹은 것이다(『서철원 박사 교의신학 III 인간론』 295-296 참조).

그러나 유혹자는 말씀을 왜곡시켜 인간의 마음을 부정적인 감정, 곧 섭섭한 마음을 갖도록 한 것이다. 사탄이 "하나님이 참으로 너희에게 동산 모든 나무의 열매를 먹지 말라 하시더냐."는 물음에 대해 하와가 "동산 중앙에 있는 나무의 열매는 하나님의 말씀에 너희는 먹지도 말고 만지지도 말라 너희가 죽을까 하노라 하셨느니라(창 3:3)."라고 대답한다. 하나님께서는 '먹지 말라'고 하셨는데, 하와는 "만지지도 말라."라는 말을 더한다.

여기서 '만지지도 말라'는 말을 더한 이유에 대해 다양한 설명이 있지만, 사탄과 하와 모두 하나님 말씀에 대한 변형(變形)을 시도하여 하나님을 인색한 존재로 부각시키고 있다. 즉 마귀가 하나님께서 선악과를 먹지 못하도록 금하신 이유는 인간의 권리를 제한하기 위한 것이라는 생각을 갖게 한 것이다. 하와는 사탄의 유도 질문에 넘어가 섭섭한 감정을 표현하고 있다고 말할 수 있다.[28]

마귀는 하나님에게서 멀어지게 하여 더 이상 생명적인 삶을 살지 못하도록 마음의 감정을 감사함에서 섭섭함으로 왜곡시킨 것이다. 왜곡된 감정을 가진 하와에게 사탄은 하나님의 말씀을 강하게 부정하면서 하나님의 주권에 도전하도록 강권한다(창 3:4-5). 하와는 왜곡된 감정으로 그 선악과를 바라보는 순간 '먹음직도 하고 보암직도 하고 지혜롭게 할 만큼 탐스럽기도 한 나무'라는 생각으로 욕심을 품게 된다. 그들은 하나님의 거룩한 명령보다 왜곡된 마음의 감정과 욕심에 더 충실하

---

[28] 고든 웬함, 박영호 역, 『WBC 1 창세기』, 192.
저자는 "만지지도 말라."고 덧붙인 것은 "창조주의 관대하심을 충분히 정당하게 다루지도 않으며, 하나님은 그 나무를 만지는 것조차 금지하시는 가혹하고 억압적인 분으로 묘사한다."고 하였다.

게 되었다(잠 4:23).

선악과는 창조주와 피조물의 경계선의 표지, 즉 언약의 법을 나타낸다. 언약 백성은 동산 중앙에 있는 선악과를 통해 선악을 결정하는 주권자가 하나님이심을 인정하고, 하나님의 뜻을 소원으로 삼고 그의 뜻을 이루어 드리는 하나님의 백성으로 살아가야 한다.

그러나 아담은 마귀의 유혹으로 왜곡된 감정에 사로잡혀 하나님과의 경계선을 무너뜨리고, 자기의 주권으로 선악을 결정할 수 있다는 강한 욕구가 일어나 선악과를 따 먹게 되었고, 결국 반역자가 되어 죽음에 이르게 된 것이다. 이후로 타락(반역)한 아담과 인류는 왕되신 하나님을 거부하고 마귀의 전략과 전술에 사로잡혀 왜곡된 마음의 감정과 욕심에 매이게 되었다. 이제 그들은 하나님의 말씀을 왜곡하고 부정하므로 모든 존재와 분쟁하는 삶의 방식으로 살아가게 되었다.[29] 하나님의 거룩한 뜻을 거부하고, 세상을 통해 왜곡된 소원 곧 욕심으로 살아가는 것이 세상 나라의 삶의 체계가 되었다.

> 이 세상이나 세상에 있는 것들을 사랑하지 말라 누구든지 세상을 사랑하면 아버지의 사랑이 그 안에 있지 아니하니 이는 세상에 있는 모든 것이 육신의 정욕과 안목의 정욕과 이생의 자랑이니 다 아버지께로부터 온 것이 아니요 세상으로부터 온 것이라 이 세상도, 그 정욕도 지나가되 오직 하나님

---

29 에베소서에서 옛사람을 '유혹의 욕심을 따라 썩어져 가는 구습을 좇는 사람'이라고 하였으며, 또 주의 몸 된 교회의 윤리적 생활을 언급하는 내용에서 상한 감정과 욕심에서 벗어나는 생활방식 (περιπατέω)을 권고하고 있다(엡 4:25–5:14). 또한 "육체의 일은 분명하니 곧 음행과 더러운 것과 호색과 우상숭배와 주술과 원수 맺는 것과 분쟁과 시기와 분냄과 당짓는 것과 분열함과 이단과 투기와 술 취함과 방탕함과 또 그와 같은 것들이라(갈 5:19–21)."에서 육체의 일(소욕)로 열거되는 것이 왜곡된 부정적 감정과 왜곡된 욕심으로 나타나는 것임을 알 수 있다.

의 뜻을 행하는 자는 영원히 거하느니라(요일 2:15–17).

사람들이 세상을 통해 느끼는 욕구, 곧 '육신의 정욕, 안목의 정욕, 이생의 자랑'이 아담과 하와가 선악과를 왜곡된 눈으로 바라보았을 때 느꼈던 감정과 욕구가 동일한 것을 알 수 있다.[30] 창조주이시며 언약의 하나님 여호와의 자리를 대신하기 위하여, 마귀는 아담을 유혹하여 반역하게 하므로 왜곡된 감정과 욕심으로 분쟁하며 사는 세상 나라를 세우려 한 것이다.

2) 타락한 인간이 짊어진 악순환의 사슬[31]

마귀의 전략에 동조하여 반역한 인간은 여호와 하나님의 면전에서 돌아섰다. 모든 인류의 머리로 선 아담이 언약을 파기하므로, 인류는 하나님의 형상, 즉 인격이 망가지고 일그러졌다. 하나님을 향한 순전성(purity)을 찾을 수 없게 되었다. 그러므로 타락한 인류는 예외 없이 왜곡된 부정적 감정의 노예가 되어 생래적으로 하나님을 거부하고 싫어하게 되었다. 또한 하나님의 선한 뜻을 외면하고 욕심에 사로잡혀 서로

---

30 여자가 그 나무를 보았을 때 '먹음직도 하고', '보암직도 하고', '지혜롭게 할 만큼' 탐스러웠다. 이는 육신의 정욕과 안목의 정욕 그리고 이생의 자랑에 사로잡힌 것이다. 그런 의미로 여자가 바라본 선악과는 세상으로 적용할 수 있다. 마귀는 하나님의 뜻을 받지 못하게 하고, 세상을 통해 욕심에 사로잡히게 한다. 서철원은 본성이 된 죄의 욕망에서, 재물욕, 육욕(성욕), 자기성취 욕구(명예욕)를 지적하였다.(서철원, 「서철원 박사 교의신학 V. 구원론」, 174–181.)

31 장일권, 「하나님 나라의 회복」 37–38. 필자는 마귀의 왜곡시키는 전술로, 상처로 인한 부정적인 감정과 세상을 통해 왜곡된 소원, 곧 욕심에 메여 서로 갈등하고 반목하는 세상 나라(마귀의 왕국)의 법이 되게 하였다고 보며, 마귀가 사용한 전술이 인간의 '악순환의 사슬'이 되게 하였다고 이해한다. 성경에서 말씀하는 구원은 타락한 죗값을 해결하고, 인간에게 운명 지워진 악순환의 사슬에서 벗어나 하나님 나라의 백성으로 살게 하는 것이라고 확신한다.

반목하고 갈등하며 분쟁하는 세상 나라를 건설하게 된 것이다. 마귀는 세상 나라의 임금이 되어 인간을 부정적 감정과 욕심에 매이게 하였고, 마땅히 섬겨야 할 하나님과 이웃에게 적대감을 갖고 분쟁하는 세상 나라를 건설하게 만든 것이다. 이로 인해 이 세상 사람들은 사랑의 관계가 아닌 이해관계로 빠지게 되어 속고 속이는 삶을 살아가게 되었다(딤후 3:13). 인간은 이 왜곡된 부정적인 감정과 욕심의 사슬에 묶여 끝없는 악순환을 반복하며 사는 불행한 자가 되었다.[32]

그리스도의 피로 구속받은 하나님의 새 언약 백성이 하나님 나라의 법을 따라 섬김의 삶을 다해야 하는데 그렇지 못하는 이유가 여기에 있다. 기도하며 말씀대로 경건하게 살려고 몸부림쳐도 옛사람의 삶에서 벗어나지 못하는 이유는 이 악순환의 사슬이 새 사람 안에서 여전히 힘을 발휘하기 때문이다.[33] 이 악순환의 사슬에서 벗어나지 않는 한 결코 성화의 삶은 기대하기 어렵다.

---

32 사람의 인격은 지정의로서, 지(知)로 모든 관계를 인지하며 정(情)으로 동력화하고 의(意)로 되돌려줌으로 상호관계를 형성한다. 인격체에서 정(情)이 중심이기 때문에 마음을 감정으로도 표현한다. 선한 감정과 악한 감정은 관계를 결정하는 중요한 요인이 된다. 또한 지정의의 복합체인 소원은 목표를 정하게 하고, 열정을 일으켜 삶의 방향을 결정한다.

33 그러므로 내가 이것을 말하며 주 안에서 증언하노니 이제부터 너희는 이방인이 그 마음의 허망한 것으로 행함 같이 행하지 말라 그들의 총명이 어두워지고 그들 가운데 있는 무지함과 그들의 마음이 굳어짐으로 말미암아 하나님의 생명에서 떠나 있도다 그들이 감각 없는 자가 되어 자신을 방탕에 방임하여 모든 더러운 것을 욕심으로 행하되 오직 너희는 그리스도를 그같이 배우지 아니하였느니라(엡 4:17-20).

3. 성육신하셔서 창조 언약을 회복하시기로 하신 하나님

위에서 언급한 것처럼 하나님의 창조경륜, 즉 하나님께서 창조하신 목적이 '하나님을 섬기는 자기 백성으로 삼으시기 위한 것'이다(레 26:11,12). 하나님은 자기의 형상대로 지으신 아담과 언약을 맺음으로 자기의 속성인 신실하심과 사랑하심 때문에, 반역한 아담과 인류에게 책임을 물어 언약의 법대로 죽일 수도 있지만, 여호와 하나님께서 이들을 회복하시기로 한 것이다.

창세기 3장에서 이러한 사실을 발견할 수 있다. 선악과를 먹고 반역한 아담에게 하나님은 먼저 찾아오셨다. 그들의 죄의 책임을 규명하는 과정에서 범죄에 가담한 마귀, 뱀, 하와, 아담 중에 아담과 하와 두 사람만 심문하신다(창 3:8-13).[34] 이는 죄악을 드러내 벌하시기 위한 심문이 아니라 회개를 촉구하는 것임을 알 수 있다. 그러나 그들은 회개는 커녕 오히려 합리화를 시키기 위해 핑계로 일관한다. 그럼에도 하나님은 이들을 구원하시기를 기뻐하셨으며, 형벌을 선고하시는 중에 여인의 후손, 곧 '원시복음'을 약속하신다.

이 약속으로 하나님이 성육신하실 때까지 선고된 죽음의 형벌이 집행유예 되었다. 심판주 하나님께서 범죄한 자들에게 죽음을 선고하는 과정에서 왜 뱀의 머리를 상하게 할 '여인의 후손(זָרַע, seed)'을 약속하신 것일까? 그 이유는 심판주 되시는 하나님께서 선고한 형을 집행할 집행관으로 성육신하신 그리스도를 지목하신 것이다. 요한일서 3장 8절

---

34 고든 웬함, 박영호 역, 「WBC 1 창세기」, 196-198.
뱀과 마귀는 심문하지 않고 바로 선고한다. 그들에겐 회개할 기회를 주지 않았다.

의 말씀이 이를 증거하고 있다.

> 죄를 짓는 자는 마귀에게 속하나니 마귀는 처음부터 범죄함이라 하나님의
> 아들이 나타나신 것은 마귀의 일을 멸하려 하심이라(요일 3:8).

죽음의 형벌이 유예되었기에 하와는 '해산하는 고통'만을 선고받았으며, 이에 아담은 감격하여 자기 아내의 이름을 짓고 '산 자의 어미'라는 신앙고백을 하였다. 하나님께서 언약의 당사자인 아담에게도 육신적 죽음만을 선고하셨는데, 하나님과 영원히 분리되는 궁극적인 죽음의 형벌은 성육신하신 그리스도가 오실 때까지 유예된 것이다.[35]

이제 심판주 하나님의 선고를 받은 아담과 인류는 약속된 여인의 후손, 곧 성육신하실 메시아의 구원을 기다리며 살아가게 되었다. 여호와 하나님은 그들의 믿음을 확증시키기 위해 친히 제사장이 되어 짐승을 잡아 속죄의 제사를 집례하며(예수 그리스도의 속죄를 미리 보여 주심), 그 짐승의 가죽으로 옷을 지어 입히셨다(창 3:21).[36] 성육신하실 그리스도의 속죄와 칭의에 대한 확신을 갖도록 하나님은 속죄의 제사와 가죽옷을 입히시므로, 아담에게 자신 스스로 죄를 해결할 수 없고 오직 성육신하신 그리스도의 십자가 구속으로만 가능하다는 확신을 갖게 하셨다.

창조 언약을 깨고 반역한 아담은 죄인의 신분이 되었고, 하나님을 섬기는 삶의 방식도 깨뜨렸다. 그러나 원시복음으로 약속된 온전한 구

---

35 영원적 죽음이 집행유예된 아담과 인류는 계속 범죄(본죄, 자범죄)하였으며, 성육신하신 그리스도께서 십자가에 죽으시고 대속하시므로 죗값을 영원히, 단번에 해결하고 영생을 주신 것이다.

36 클라우스 베스터만, 강성열 역, 『창세기 주석』(서울: 도서출판 한돌, 1998), 50-54.

원 곧 신분의 회복(稱義)과 삶의 회복(聖化)을 이루는 보증으로 하나님께서 가죽옷을 지어 입히신 것이다. '입히시다(וַיַּלְבִּשֵׁם)'의 원형 '입다(לָבַשׁ)'는 왕이 명예롭게 된 신하에게 옷을 입히는 경우(삼상 17:38), 제사장에게 거룩한 옷을 입히는 경우(출 28:41, 29:8, 40:14; 레 8:13)에 사용되었다. 하나님께서 가죽옷을 지어 입히신 것은 성육신하실 그리스도의 속죄사역으로 그의 신분(identity)을 회복하실 뿐만 아니라 그의 삶(사명, mission)을 회복하시겠다는 확증으로 이해할 수 있다.[37]

그러므로 하나님은 구원받은 성도의 삶, 곧 성화(sanctification)[38]에 대해 어떻게 말씀하시며 그 해답을 어떻게 제시하는지를 성경을 통해 깊이 연구해야 할 필요성이 강하게 대두된다.

III. 옛 언약에 근거한 성육신적 목회 사역의 모델

구약 이스라엘은 성육신하신 그리스도가 창조 언약을 회복하여 이루실 하나님 나라, 곧 새 이스라엘인 교회를 예표한다. 그들에게 주신 십계명은 성육신하신 그리스도께서 공생애의 삶으로 본을 보여 주셨

---

37 필자는 위임하는 제사장의 옷(출 28:2–14)이 반포 속옷과 겉옷을 연관지어, 가죽옷을 지어 입히심은 예수 그리스도 안에서 의의 옷(속옷)과 왕 같은 제사장의 임직 예복(겉옷)의 예표로 이해한다.

38 강웅산, 『성경신학적 조직신학 구원론』(용인: 목양, 2018), 357–392.
저자는 "개혁주의 구원론에서, 칭의는 성화와 명확히 구분되며 동시에 유기적으로 연결되어 있다는 특징이 중요하다. 이 말은 그리스도와 연합을 통해 성립되는 말이다. 그리스도 안으로 들어감으로써 칭의의 은총을 누리게 되고, 그리스도 안에 머물므로써 성화의 은총을 누리게 한다. 칭의와 성화는 구분되나 떨어질 수 없다는 의미에서 그리스도 안에서 누리는 '이중 은총(duplex gratia)'이라고도 불린다."라고 하였다.

을 뿐만 아니라, 자기의 영 곧 성령의 인도로 새 언약 백성에게 적용해야 할 계명이다. 그러므로 이스라엘은 성육신하신 그리스도께서 세우실 하나님 나라 곧 교회의 모형(typology)으로서 역할을 감당해야 한다.

1. 창조 언약 회복의 역할 모델로 세워진 이스라엘[39]

여호와 하나님께서 타락한 인류를 자기 백성으로 돌리시기 위해 원시복음을 주시고(창 3:15), 이 일을 구체적으로 이루시기 위해서 아브라함에게 씨(יְרַע)를 약속하셨으며(창 15:5), 이 씨를 통해 한 민족 이스라엘을 세우실 뿐 아니라 종말에 자기 백성을 구원하실 메시아를 약속하셨다(갈 3:16). 때가 되어 아브라함에게 언약하신 대로 그의 후손인 이스라엘을 출애굽시켜 시내산에서 언약을 맺으셨다. 여호와 하나님은 아브라함의 후손인 이스라엘과 언약을 맺으신 이유와 성격을 다음과 같이 밝히신다.

> 세계가 다 내게 속하였나니 너희가 내 말을 잘 듣고 내 언약을 지키면 너희는 모든 민족 중에서 내 소유가 되겠고 너희가 내게 대하여 제사장 나라가 되며 거룩한 백성이 되리라 너는 이 말을 이스라엘 자손에게 전할지니라(출 19:5–6).

---

39 박철현, 『출애굽기 산책』(서울: 도서출판 솔로몬, 2014), 174–177.
"이스라엘의 사명은 하나님과 세상의 중계자가 되는 것이었다. … 아브라함에게 주신 창세기 12장 1–3절의 소명의 말씀과 상응한다."

여호와 하나님께서 이스라엘을 자기 백성으로 삼으신 목적은 '제사
장 나라·거룩한 백성'으로 세우기 위한 것이다. 여호와께서 장차 메시
아를 통해서 구원하실 자기 백성, 곧 새 언약 백성을 위한 역할 모델로
세우려고 이스라엘과 언약을 맺으신 것이다. 그러므로 이스라엘은 세
상 가운데 '제사장 나라·거룩한 백성'으로서 사명과 역할을 감당해야
한다.[40] 즉 우상숭배하는 모든 민족에게 하나님만 예배하는 구별된 백
성으로서의 본이 되는 역할과 또 모든 민족을 돌이켜 하나님께 예배드
리도록 제사장의 역할을 해야 한다.

2. 악순환의 사슬에서 벗어나게 하는 십계명[41]

여호와 하나님은 이스라엘과 언약을 체결하실 때 악순환의 사슬

---

40 고든 D. 피·더글라스 스튜어트, 김진선 역, 『책별로 성경을 어떻게 읽을 것인가』(서울: 성서유니온
선교회, 2003), 44.
"오경의 두 찬양 중 첫 노래(출 15:1-21 참조, 신 31:30-32:43)는 하나님의 승리를 찬송하고 거룩
한 전쟁에서 그분의 절대적인 위대하심과 승리를 강조하고 있다. 이때 여호와는 이스라엘을 그의
장자로 입양하신다." James K. Bruckner는 "'보배로운 소유'의 의미는 그것을 상세히 정의하는 평
행어구인 '너희가 내게 대하여 제사장 나라가 되며 거룩한 백성이 되리라.'에서 확인된다."고 하였
다. John I. Durham은 "이스라엘이 '특별한 보물'이 된다는 것은, 언약 안에서 헌신하므로 여호와
의 소유가 될 것이라는 의미다(존 더햄, 손석태·채천석 역, 『WBC 3 출애굽기』, 2000, 442.)."라고
했다. 필자는 하나님의 소유(הלגס)를 하나님의 장자(출 4:22,23)로 이해하여 장자로서의 역할 모델,
곧 '제사장 나라·거룩한 백성'의 사명을 감당하도록 이스라엘과 언약을 맺으셨다고 본다.

41 박희석, 『안식일과 주일』(파주: 크리스챤 다이제스트, 2002), 315-328. 박희석은 "안식일이 창조의
규범이라는 사실을 많은 학자들이 부정하고 있다."라고 지적하며, "십계명 중에 안식일이 가장 중
요한 이유는 창조의 규범임과 동시에 구속의 완성을 나타내기 때문이다."라고 한다. 송병현은 "하
나님께서 6일 동안 창조를 완성하셨고, 7일에 안식하시므로 안식일을 지키는 모델이 되셨다."라고
한다(송병현, 『엑스포지멘터리 신명기』(서울: 국제제자훈련원, 2014), 194.). 박철현은 "십계명의 핵
심은 결국 관계에 대한 것이다."라고 했다(박철현, 『출애굽기 산책』, 183.). 그러나 필자는 십계명이
창조기념일로 제정하신 안식일 제도를 적용하는 계명이며, 마귀의 족쇄인 악순환의 사슬에서 벗어
나 선순환의 순기능으로 창조경륜을 실현하여 하나님의 백성으로서의 섬김의 삶을 살게 하는 회
복의 법으로 간주한다.

에서 벗어날 수 있는 길을 십계명으로 예표하셨다.

1) 사랑의 이중 계명

십계명은 하나님을 섬기는 예배법의 본체(本體)이다. 이스라엘은 하나님을 섬기는 백성으로 살도록 언약을 맺었기에, 하나님께서 그들에게 하나님을 예배하는 법으로 십계명으로 주셨다. 또한 이 계명은 이스라엘 나라 건국의 모범 곧 강령(綱領)이기도 하다.

이 계명의 구조를 살펴보면 하나님을 섬기는 법(1-4계명)과 이웃을 섬기는 법(5-10계명)으로 되어 있다. 이 계명은 창조 언약 때 주어진 삶의 방식의 원리가 되는 예배와 섬김(עבד), 안식일과 노동제도를 묶어 성문화한 것이며, 하나님을 섬기고 이웃을 섬기는 사랑의 이중 계명으로 구조되어 있다. 창조주 하나님께서 창조를 마치신 후 안식하신 날을 창조의 기념일로 제정하셨고(창 2:3), 이 안식일 예배의 근본원칙을 십계명으로 세우신 것이다.

그렇다면 십계명이 하나님을 섬기는 예배법에 이웃을 섬기는 계명이 더해져 있는 이유는 무엇일까? 왜 근본 원리가 되는 십계명이 사랑의 이중 구조로 되어 있는 것일까? 그 이유는 섬김의 원리가 되는 십계명이 마귀의 전술, 곧 왜곡된 감정과 욕심으로 이루어진 악순환의 사슬에서 벗어나게 하는 대안이며 또 확실한 길이기 때문이다. 그러므로 하나님은 장차 메시아로 성취될 하나님 나라의 예표, 곧 역사 속에 상황화한 이스라엘에게 십계명을 주셔서, 사랑으로 섬기는 사명을 감당하게 하시므로 온 세상에 본이 되게 하셨다.

2) 왜곡된 관계를 회복하게 하는 선순환적 예배생활

6일 마지막 날에 창조된 인간에게는 안식일이 첫 날이 되었고, 이날에 하나님을 찬양하며 경배드렸다. 하나님께서는 예배드리는 자기 백성의 경배를 받으시며 한량없는 은혜를 부어 주신다. 아담은 하나님께 예배드리며 받은 그 은혜와 복으로 삶의 현장에 나아가 사랑으로 섬기며 한 주간을 살아갔다. 그래서 하나님의 창조를 모방하여 세상의 어두움을 밝히고 질서를 주며 생명의 역사를 이루어 간다. 이렇게 안식일로 시작되는 한 주간, 한 주간이 언약 백성의 삶의 패턴(pattern)이 되었다.

이처럼 하나님은 시내산 언약을 맺은 이스라엘에게 창조기념일로 주신 안식일을 계속 반복하여 지키며 살도록 십계명을 주신 것이다 (출 20:11).

또한 광야 2세대와 갱신한 모압 언약에서, 출애굽의 구원에서 보여 주신 것처럼 종말에 메시아의 구원을 바라보며 안식일을 지키도록 새로운 의미를 더해 주셨다(신 5:12-15). 이제는 언약 백성이 안식일에 모여, 하나님께서 창조주와 구속주되심을 신앙고백하며 예배를 드리게 된 것이다(계 4:11, 5:12).

그렇다면 어떻게 왜곡된 관계에서 벗어나 하나님과 이웃을 사랑으로 섬기는 삶을 살 수 있을까? 그 비밀은 사랑의 이중 계명인 십계명을 적용하여 안식일에 하나님께 먼저 예배를 드리고, 받은 은혜와 복으로 매일매일 이웃을 섬기며 살아가는 방식이다.[42]

---

42 칼빈은 "안식일을 주신 것은 자신을 부정하고 지상적인 성품을 포기하는 가운데 하나님의 영의 지배와 안내를 받아 성화를 이루게 하심이다."라고 하였다(John Calvin, *Commentary on the Exodus* 20:8,

악순환의 사슬에 메인 인간은 많은 상처를 안고 있다. 모든 사람은 갈등하는 삶의 구조 속에서 서로 자존감에 상처를 주고받아 마음에는 죄와 상처의 조각으로 가득 차 있다. 구원받은 하나님의 자녀가 되었을지라도 이 악순환의 구조 속에 갇혀 있기에, 모두가 죄와 상처의 아픔으로 살아가고 있다.

그런 상태에서 예배자로 나아오지만 모두가 하나같이 하나님과 이웃에게 상처 준 죄의식과 또 상처받은 아픔을 안고 하나님 앞에 서게 된다. 그러나 예배 중에 임재하신 하나님께서는 그의 긍휼하심 때문에 그들의 아프고 상처난 마음을 먼저 어루만지시며 은혜로 치유하신다. 그들은 하나님으로부터 손상된 자존감을 치유받게 되므로 상처난 감정에서 벗어난다. 치유를 통해 자존감이 회복되며, 다른 이에게 상처 준 죄를 회개하므로 죄사함의 은총도 받게 된다. 이렇게 예배를 통해 회복되어질 때 비로소 삶의 현장에서 사랑의 감정으로 이웃을 섬길 수 있게 된다. 참된 예배자는 반복되는 예배 생활로 계속하여 치유받게 되고, 회복된 자존감에서 형성된 긍정적인 감정으로 이웃을 섬기는 삶을 살 수 있게 된다.

이처럼 이스라엘은 악순환의 사슬에 묶여 갈등하고 반목하는 세상 사람들에게 하나님과 이웃을 사랑으로 섬기는 삶의 본을 보여 주는 역할과 사명을 감당해야 한다. 왜냐하면 하나님은 그들에게 이 역할을 감당하도록 언약을 맺고 십계명과 성막을 주셨기 때문이다. 하나님께서 자기 백성이 성막에 나아가 예배드리며 사랑의 이중 계명을 적용하여

The Ages Digital Library commentary, Books for the Ages, AGES Software, 1988). 칼빈이 말한 '지상적인 성품'이 무엇일까? 필자는 왜곡된 감정과 왜곡된 소원으로 이해한다.

살도록 하신 것이다.

장차 성육신하실 그리스도의 십자가로 구속받고 새 언약 백성이 된 자들은 성령으로 교통하는 예배 회복을 통해 악순환의 사슬에서 벗어나 사랑으로 섬기는 선순환적 삶을 살게 될 것이다. 이러한 원리로 주신 십계명이 그리스도와 맺은 새 언약 백성에게도 그대로 적용된다.

3. 역할 모델로서 사명을 감당하지 못한 이스라엘

십계명의 근본정신은 안식일 예배를 통해서 상처 치유와 사죄의 은총으로 회복되어, 삶의 현장에서 이웃을 사랑으로 섬기는 선순환적인 삶을 사는 것이다. 그러나 이스라엘은 이 원리에서 떠나 율법주의에 빠져, 율법을 주신 의도를 망각한 채 남을 정죄하지만 자신은 지키지 않는 외식하는 자가 되었다.

제사제도 역시 본질적 의미를 상실한 채 형식적인 제사를 드리는 형식주의자가 되고 말았다(사 1:12). 그래서 하나님 나라를 이루는 섬김의 삶이 불가능하게 되었고, 또 거룩하게 사는 성화를 이루지 못하였다. 이스라엘은 하나님께서 의도하신 역할 모델을 감당하지 못하고 심판을 받을 수밖에 없었다. 하나님께서는 이스라엘을 장자로 세워(출 4:22) 장자의 역할인 제사장 나라와 거룩한 백성의 사명(출 19:5,6)을 감당하기를 원하셨지만, 그들이 하나님의 뜻을 저버리므로 장자권을 박탈하셨다. 마치 야곱의 아들 중에 장자인 르우벤의 장자권을 박탈하고 레위를 새 장자로 세우신 것처럼[43] 이스라엘을 바벨론에게 멸망시킨 후 새 장자, 새 이스라엘을 세우시기로 하신 것이다.[44]

하나님이 이스라엘에게 가나안 땅을 영토로 주신 것은 메소포타미아 문명과 애굽 문명의 교차점에 위치하게 하여, 양대 문명을 하나님 섬김의 문화로 변화시켜 온 세상을 그의 나라로 이루시길 원하셨기 때문이다. 그러나 이스라엘은 하나님의 뜻과는 정반대로 두 문명에서 세속적인 영향만을 받게 되었다. 그 뿐만 아니라 이스라엘은 선민사상만을 강조하며 종교적 우월주의에 빠져, 이방 나라의 미움을 살 수밖에 없었고 늘 공격의 대상이 되어 고난을 당할 수밖에 없었다.

오늘날 한국 교회도 세속화되고 근본주의에 빠져 세상 사람들에게 거부감을 주고 있다. 구약 이스라엘의 모습이 오늘 한국 교회에 그대로 투영되고 있다. 이를 해결할 방법이 무엇인가?

4. 새 언약을 약속하며 성육신을 준비하시는 하나님

여호와 하나님은 호렙산에 강림하시어 이스라엘과 언약을 맺으신 후 성막을 짓도록 명하셨고, 완공된 성막에 임재하셨다(출 40:34-38). 성막은 왕이신 하나님이 자기 백성을 통치하시기 위한 임재처소이며, 그들에게 언약의 법으로 주신 십계명으로 통치하시는 나라를 세우기 위

---

43 장자권 중 왕권은 유다에게(창 49:10), 재산상속권은 요셉에게(대상 5:2) 그리고 제사장직은 레위에게 주어졌다(민 4:45).

44 여호와 하나님께서 이스라엘을 역할 모델로 세우신 것이다. 시내산 언약으로 이스라엘을 메시아가 오시는 통로가 되게 하며, 성막 제사로 메시아의 속죄를 준비하셨다. 율법으로 죄를 깨닫게 하고 성막 제사를 드리게 하므로 메시아의 구원을 대망하게 하셨다(롬 5:20; 갈 3:24).

함이다.[45] 이 성막이 장차 성육신하실 그리스도의 모형이고 그림자다 (요 1:14).

그 후에 다윗과 왕국 언약을 맺어 그의 후손으로 통치하는 이스라엘이 영원한 왕국이 될 것을 보증하셨다(삼하 7:11-16). 그러나 구약 이스라엘은 시내산 언약을 깨고 그들에게 주신 사명과 역할, 곧 '제사장 나라 · 거룩한 백성'이 되지 못하고 계속해서 혼합종교에 빠져 이방인들과 같이 우상숭배를 하게 되었다. 그로 인해 이스라엘은 결국 바벨론 제국에 멸망하게 되었다. 사실 다윗 왕국 언약은 실패한 이스라엘을 대신하여 다윗의 씨(זרע)로 오실 메시아 공동체가 시내산 언약을 회복할 뿐만 아니라, 하나님 나라를 이루실 것을 보증하신 언약이다. 즉 이 언약은 이스라엘을 통로로 삼아 오실 메시아를 준비하게 하므로 하나님 나라를 이루시려는 언약이다.

그래서 하나님은 이스라엘이 멸망하는 전쟁 중에 선지자 예레미야를 통해 이스라엘의 회복을 위한 새 언약을 약속하셨다(렘 31:31-32).

> 여호와의 말씀이니라 보라 날이 이르리니 내가 이스라엘 집과 유다 집에 새 언약을 맺으리라. 이 언약은 내가 그들의 조상들의 손을 잡고 애굽 땅에서 인도하여 내던 날에 맺은 것과 같지 아니할 것은 내가 그들의 남편이 되었어도 그들이 내 언약을 깨뜨렸음이라 여호와의 말씀이니라 (렘 31:31-32).

---

45 제임스 브루크너, 김귀탁 역, 『출애굽기』(서울: 한국성서유니온선교회, 2015), 506-509.

하나님께서 옛 언약을 깨뜨린 이스라엘을 대신하여 메시아를 보내시고, 그로 새 이스라엘을 세우시기 위해 새 언약을 약속하신 것이다. 성육신하신 그리스도께서 십자가로 구속하고 새 언약을 맺으므로 창조경륜을 이루실 것을 미리 약속하셨다.

Ⅳ. 새 언약을 적용한 성육신적 목회 사역의 실제와 대안

창조주 하나님께서 성육신하신 첫 번째 이유는 십자가의 죽음을 통해 죗값을 해결해 주실 뿐 아니라 구원한 자들을 자기의 몸 된 교회로 세우는 것이고, 둘째는 교회가 그의 공생애로 보여 주신 성육신적인 삶을 살게 하여 하나님 나라를 회복하는 것이다.

본 장에서는 예수 그리스도께서 새 언약을 성취하시고, 또 교회 곧 새 언약 백성을 통해 어떻게 창조경륜을 이루어 가시는지를 살펴보며 성육신적 목회 사역을 위한 실제와 대안을 제시하고자 한다.

1. 성육신하신 그리스도로 성취된 새 언약과 새 계명

구약 백성은 그리스도가 오시는 통로였으며 모형과 그림자였다(골 2:17; 히 8:5, 9:24, 10:1). 하나님은 이스라엘에게 율법과 성막을 주시므로 그리스도의 오심을 예비하게 하셨다. 이스라엘은 그들의 힘으로 율법을 지켜 거룩한 백성이 될 수 없었고, 성막(성전)에 나아가 속죄의 제사를 드리지만 짐승의 피로 완전히 제거될 수 없었다(히 10:11).[46] 사실 그리스도의 십자가 구속을 바라보도록 하나님은 그들에게 율법과 성막을 주신 것이다.[47]

1) 새 언약을 성취하신 그리스도와 새 이스라엘

여호와 하나님은 이스라엘과 시내산 언약을 맺어 열방 중에 특별한 소유(סְגֻלָּה)를 삼으시고 '제사장 나라·거룩한 백성'의 사명을 감당하게 하셨다(출 19:5-6). 필자는 여기서 '특별한 소유'가 장자를 의미하며, 그들에게 장자의 역할을 하도록 사명을 주신 것이라고 설명한 바 있다.[48]

예수 그리스도께서 장자의 역할과 사명을 감당하지 못한 이스라엘을 대신하여 새로운 장자인 '왕같은 제사장,' 즉 교회를 세우시기 위해 친히 장자의 신분으로 성육신하셨다(히 1:6; 롬 8:29). 그리고 그의 십자가로 구속된 자들을 자기의 몸 된 교회로 세우셨다(엡 2:16).

> 우리를 사랑하사 그의 피로 우리 죄에서 우리를 해방하시고 그의 아버지 하나님을 위하여 우리를 나라와 제사장으로 삼으신 그에게 영광과 능력이

---

46 https://www.studylight.org/lexicons/greek/4014.html, Thayer의 정의는, "to take away that which surrounds or envelopes a thing, metaph. to take away altogether or entirely the guilt of sin, to expiate perfectly"로 후자의 은유적 의미인 '완전히, 모두, 전체적으로 제거하다'의 뜻을 지닌다. 따라서 짐승의 제사가 죄를 단번에 그리고 영원히 없애지 못한다고 이해해야 한다.

47 서철원, 『복음과 율법의 관계』(서울: 총신대학교출판부, 2000), 105–138.

48 장일권, "전도사역을 통한 한국 교회의 회복 방안," 박사학위 청구 논문(총신대학교 목회신학전문대학원, 2013), 7. 시내산 언약은 이스라엘에게 장자의 역할을 하도록 맺은 언약이다. 성경은 이스라엘이 장자됨을 증거하고 있다. 하나님께서 이스라엘을 장자라 하였으며, '제사장 나라·거룩한 백성'은 장자의 역할을 하도록 주신 정체성과 미션이다.

세세토록 있기를 원하노라 아멘(계 1:5–6).**49**

교회(κυριακός)**50**는 장자의 신분으로 오신 주께서 머리가 되고, 그의 피로 구원받은 자가 주의 몸을 이루는 유기체이다. 그러므로 교회는 새로운 장자의 위치에 선다. 머리되신 그리스도께서 장자의 신분과 위치로 성육신하셨듯이 주의 몸 된 교회도 장자됨의 위치에서 '제사장 나라·거룩한 백성'의 역할과 사명을 감당해야 한다.

> 그러나 너희는 택하신 족속이요 왕같은 제사장들이요 거룩한 나라요 그의 소유가 된 백성이니 이는 너희를 어두운 데서 불러내어 그의 기이한 빛에 들어가게 하신 이의 아름다운 덕을 선포하게 하려 하심이라(벧전 2:9).

그렇다면 하나님께서 사명을 감당하지 못한 이스라엘을 버리고 교회를 새 이스라엘로 대체한 것인가? 전혀 그렇지 않다. 구약 이스라엘은 그리스도의 십자가 구속으로 세울 교회를 미리 보여 주는 예표이며, 교회는 이스라엘을 대체한 것이 아니라 예표된 것을 성취한 연속성으로 이해해야 한다. 그리스도의 피 뿌림의 언약으로 부름받은 자들이 새

---

49 요한계시록은 소아시아 일곱 교회에 보낸 서신서로서, 지금(now) 하나님 나라, 곧 그리스도의 십자가 복음으로 세워진 주의 몸 된 교회가 세상 나라와 영적 문화전쟁을 하며, 주의 재림으로 하나님 나라가 완성되는 역사 이야기(historical story)이다. 요한계시록은 교회로 시작하여(1:4,20) 교회로 맺는다(22:16). 그런데 이 교회를 장자로 오신 그리스도께서 구약 이스라엘 때문에 고통하신 아버지를 위해 세우신 새 장자 곧 새 이스라엘이라는 말씀으로 시작한다.

50 κυριακός는 '주께 속한 자'라는 의미로, '주의 만찬(고전 11:20)'과 '주의 날(계 1:10)'에서만 쓰여진다. 성만찬은 주와 연합하여 한 몸 된 교회가 되었음을 확인하는 예식이며, 주의 날은 그리스도 안에서 몸 된 교회가 예배하는 날이다.

언약 백성이고 새 이스라엘이며 교회다(마 16:18-19; 갈 6:16). 또한 그리스도의 성육신으로 세운 교회는 구원경륜을 성취하는 참 이스라엘인 것이다.[51]

2) 새 언약의 율법(새 계명)

앞에서 살펴본 바와 같이 옛 언약을 체결하실 때에 십계명을 주셨다. 마찬가지로 새 이스라엘과 새 언약을 맺으실 때도 새 계명을 주셨다(마 5-7장; 눅 6:20-49; 요 13:34). 그리스도가 '다윗 왕국 언약을 회복하러 오신 왕 되심'을 증거하는 마태복음의 산상수훈을 중심으로, 새 언약의 성취를 증거하는 말씀을 분석하며 새 언약의 율법, 곧 새계명을 살피므로 목회적 해답을 찾고자 한다.[52] 이는 본 글의 목적이 언약사상에 의한 구속사적 관점으로 성육신적 목회를 대안으로 제시하는 것이기 때문이다.

마태복음은 왕으로 오신 메시아를 증거하고 있으며, 왕의 오심, 왕의 선포, 왕의 죽음으로 구조되어 있다.[53] 이 중에서 산상수훈으로 일컬어

---

51 Kevin Giles, 홍성희 역, 『신약성경의 교회론』(서울: CLC, 1999), 168. 성경신학자들은 교회가 새 이스라엘인가 아니면 참 이스라엘인가에 대한 논쟁을 하였다. 필자는 연속성으로 볼 때는 새 이스라엘로, 불연속성으로는 참 이스라엘이라 주장한다.

52 김세윤, 『요한복음 강해』, 33–38. "복음서는 성육신하신 예수 그리스도의 행적을 증언하는 내용이다. 누가복음은 성육신하신 그리스도를 증거하므로 그의 성탄을 자세하게 서술했고, 마가복음은 섬기는 종이 되기 위해 성육신하셨음을 증거하므로 그의 공생애에 초점이 맞춰져 있으며(막 10:45), 마태복음은 그리스도가 성육신하셔서 새 언약을 성취하시므로 이 땅에 하나님 나라를 건설하시는 왕이 되심을 증거한다. 요한복음은 선재하신 하나님이 성육신하셨음을 증거할 뿐 아니라, 계시자이며 구원자 되신 로고스(ὁ λόγος)가 성육신하셔서 성전 되심으로 종말론적 구속의 완성, 곧 하나님 나라를 이루심을 증거하고 있다"라고 한다.

53 J. D. Kingsbury, 김근수 역, 『마태복음서 연구』(서울: CLC, 1990), 22–28. 킹스베리는 마태복음에 ἀπὸ τότε(이때로부터, 부사구)가 4장 17절, 16장 21절, 26장 16절에 나오는데 26장 16절은 다른 용례로 사용되고, 두 번 사용된 이 부사구로 마태복음이 세 부분으로 구조되어 있음을 밝히고 있

지는 마태복음 5-7장까지가 새 언약의 율법이다. 새 언약은 시내산 언약의 형식과 같은 구조이다. 시내산 언약은 그 언약의 성격(출 19장)과, 율법인 십계명(출 20장), 십계명의 적용으로 제사법(레위기)과 시민법(출 22-23장) 그리고 언약 예식(출 24장)으로 전개된다. 마찬가지로 새 언약에서도 새 언약의 성격(마 5:1-16), 새 언약의 율법(마 5:17-48), 새 언약의 율법 적용(시민법과 같은 위치, 마 6:1-7:29), 새 언약 예식(성만찬, 마 26:28; 눅 22:20)의 구조로 전개되고 있다.[54]

(1) 새 언약 백성의 정체성에 나타난 새 언약의 성격(마 5:1-16)

새 언약의 성격은 팔복에 언급된 성품과 새 백성의 정체성에서 드러난다. 예레미야서는 새 언약을 약속하며 새 언약의 성격 혹은 특징을 다음과 같이 말씀하고 있다.

> 여호와의 말씀이니라 보라 날이 이르리니 내가 이스라엘 집과 유다 집에 새 언약을 맺으리라…이스라엘 집과 맺을 언약은 이러하니 곧 내가 나의 법을 그들의 속에 두며 그들의 마음에 기록하여 나는 그들의 하나님이 되

다. '이 부사구(ἀπό τότε)가 자주 일어나는 일의 첫 번째 발생을 표시하는 말로 사용되었다.'고 주장하며, ἀπό τότε로 2부와 3부가 시작된다고 한다. 그러나 Donald Senior은 여기에 반대한다(도날드 시니어, 홍찬혁 역, 『최근 마태 신학 동향』[서울: CLC, 1992], 참조). 그러나 필자는 킹스베리를 따르기로 한다.

54 정훈택, 『산상 설교 기록 이유와 목적』(서울: 도서출판 그리심, 1990), 40. 정훈택은 "하나님께서 시내산에서 모세에게 말씀하셨던 것처럼 이제 예수님이 자신의 권위로 자신의 백성에게 말씀하신다."라고 했다. 그러나 구조적으로 시내산 언약의 율법과 새 언약의 율법이 같은 형식과 위치에 있음을 지적하지 못했다. 새 언약의 적용법에 제사법이 없다. 새 언약의 율법은 하나님을 섬기는 계명(1-4계명)이 없기 때문이며, 또 구약의 제사법은 그리스도의 구속으로 폐하였기 때문이다(히 7:18).

고 그들은 내 백성이 될 것이라 여호와의 말씀이니라(렘 31:31-33).

옛 언약 백성에게 주신 십계명은 돌비에 새겨 주셨으나 새 언약의 율법은 마음에 기록하신다고 약속하신다. 이 약속대로 주의 성령께서 율법을 마음에 새겨 주셔서 새 언약 백성으로 살게 하신다(고후 3:3).[55] 이 새 언약의 약속대로 주님께서는 마음을 다루는 팔복을 산상수훈 첫머리에서 말씀하셨다.

팔복의 구조는 '천국'으로 시작하여 '천국'으로 끝나는 수미쌍관법(inclusio)을 사용하여 천국의 상속자의 내면과 삶, 즉 새 언약의 특징인 마음, 율법의 내면적 순종에 초점을 맞춘다.[56] 팔복의 영적 성품을 가진 자가 아브라함에게 약속하신 "복이 되리라(בְּרָכָה הְיֵה)." 곧 복을 받는 자, 복을 베푸는 자가 된다.[57]

여덟 개의 심령의 상태를 두 부분으로 나누어, 전반부는 가난과 부재, 애통, 온유, 의에 굶주림과 목마름의 상태에 하나님의 은혜가 부어질 것을 약속하고, 후반부는 은혜로 부요해진 내면과 삶의 모습에 복을

---

55 Donald A. Hagner, 채천석 역, 『WBC 33상 마태복음 1–13』(서울: 도서출판 솔로몬, 2009), 221. 도날드 해그너는 "하나님 나라가 인간 자신과는 무관하게 하나님에 의해 주어지는 어떤 것으로 강조되고 있다는 사실이다. 그러므로 '팔복'은 무엇보다도 하나님의 은총에 대한 체험을 바탕으로 하고 있다."라고 주장한다.

56 율법의 내면적인 순종과 지킴은 이미 구약성경 안에서 진행되었다. 대표적인 예가 신명기다. 광야 40년의 생활의 목적이 8장 2절에 나와 있다.
"네 하나님 여호와께서 이 사십 년 동안에 네게 광야 길을 걷게 하신 것을 기억하라 이는 너를 낮추시며 너를 시험하사 네 마음이 어떠한지 그 명령을 지키는지 지키지 않는지 알려 하심이라(신 8:2)."

57 여호와 하나님은 아브라함을 복으로 세워 천하만민이 복을 받게 하신다고 약속하셨다(창 12:2,3). 아브라함의 씨(זֶרַע)로 메시아의 구원을 약속하셨기에 아브라함이 '복'이다. 또한 아브라함의 후손으로 오신 메시아의 종말론적 공동체인 교회를 의미한다.

선포한다.

"의에 주리고 목마른 자"는 전반부의 정점이고 "의를 위하여 박해를 받은 자"는 후반부의 클라이막스다. 11-12절에 반복하여 '의를 위하여 핍박받음'을 강조하는 것을 통해 이것이 팔복의 주제임을 알 수 있다. 즉 의(義)는 하나님과 인간과의 올바른 관계다. '청결한 마음(5:8)'과 '화평하게 하는 자(5:9)'에게서 수직적, 수평적 관계의 모범적 모습을 볼 수 있다.[58]

'가난함, 애통함, 온유함, 의에 주림이 은혜로 채워질 때 자비함과 깨끗함, 화평하게 함, 의를 위하여 핍박받음의 수직적, 수평적 관계의 회복이 일어난다. 청결한 성품 곧 거룩한 마음을 가진 자가 되어 하나님 앞에 서게 된다. 또 은혜 받음으로 긍휼의 성품이 솟아나고 의를 위해 박해받아도 분노하지 않고 오히려 온전히 기뻐하는 성품'으로 나아갈 때에 화평하게 하는 마음을 가진 자가 되어 이웃을 마주 보게 된다. 이처럼 팔복의 내면적 성품 변화는 하나님과 이웃과의 관계에서 서로 마주 보고 사랑의 섬김을 할 수 있게 한다.[59]

---

58 김상훈, 『숲의 해석 마태복음』(서울: 총신대학교출판부, 2007), 63–65. 김상훈은 '팔복(구원)의 상관성'에서 내적 상태와 관련하여 '가난함, 애통함, 깨끗함'으로, 관계적인 것으로 '온유함, 긍휼, 화평'으로, 의와 관련하여 '의에 주리고 목마름, 의를 위하여 핍박받음, 그리스도로 인해 고난받음'으로 분류하였다. 그러나 Donald A Hagner는 "아홉 번째 '복(11–12)'은 사실상 여덟 번째 '복'을 부연한 것에 지나지 않는다."고 하였다(Donald A. Hagner, 채천석 역, 『WBC 33상, 마태복음 1–13』 219).

59 성경신학자들은 팔복을 새 출애굽 백성의 성품으로 이해한다. 그러나 필자는 새 출애굽과 십계명에서 출애굽 구원의 은혜를 전제하는 관점을 인정하면서, 더 나아가 마태복음이 다윗왕국 언약을 성취할 왕으로 오신 메시아에 대한 언약사상의 관점에서 조망(眺望)해야 한다고 주장한다. 그뿐 아니라 팔복의 성품이 하나님을 마주하고 사랑으로 섬기는 '거룩한(마음 청결) 성품'을 이루는 매뉴얼과 이웃을 마주하고 섬기는 '화평하게 하는 마음'을 갖게 하는 매뉴얼로 제시하며, 십자가로 구원받은 성도가 성령의 도우심을 받아 구체적으로 경건훈련하게 한다고 주장한다.(장일권, 『하나님 나라의 회복』 참고.)

하나님 나라의 삶은 서로 마주하고 사랑으로 섬기는 방식인데, 마귀는 서로 등 돌리고 반목하며 갈등하는 불행한 관계로 만들고 이를 악순환의 사슬이 되게 하였다. 그러나 그리스도께서 성육신하셔서 이 악순환의 사슬을 끊어 버리고, 하나님 나라의 거룩한 법, 곧 하나님을 섬기고 이웃을 섬기는 사랑의 이중 계명으로 선순환적인 삶을 살게 하셨다. 이 때문에 주의 첫 번째 선포가 팔복이다. 그렇다면 팔복의 성품을 어떻게 갖출 수 있을까? 오직 그리스도의 영이신 성령의 역사로 변화된 자들이 이 매뉴얼을 따라 경건의 훈련을 통해서 갖출 수 있다. 그렇게 할 때 팔복의 성품을 갖춘 새 언약 백성은 빛과 소금으로서 정체성을 가지고 세상에 맛을 내며 어둠을 밝히는 사명의 삶을 사는 '복된 자'가 된다.[60]

(2) 새 언약의 율법에 대한 바른 이해(마 5:17-48)

앞에서 설명한 것처럼 새 언약의 율법은 시내산 언약의 십계명과 같은 위치로서의 성격을 갖는다. 새 언약의 율법은 서론(5:17-20), 본론(5:21-42), 결론(5:43-48)으로 되어 있는 것이 특징이다. 이런 형식으로 되어 있는 이유는 유대주의자들처럼 계명을 지키라는 것이 아니라 새

---

60 John R. W. Stott, 김광택 역, 『예수님의 산상 설교』(서울: 생명의말씀사, 1983), 59. 스토트는 "팔복이 예수님의 제자들의 본질적인 성격을 묘사한다면, 소금과 빛의 은유는 세상에서 그들의 선한 영향력을 나타낸다."고 하였다. 정훈택도 "예수님을 믿는 사람들에게 선한 행동이란 필수적으로 나타나야 할 특성이자 본질이다."라고 하였다(목회와신학 편집팀, 『마태복음 어떻게 선교할 것인가』 서울: 두란노아카데미, 2003, 175). 그러나 필자는 "창조 언약, 시내산 언약, 새 언약을 맺을 때 '정체성과 사명'을 밝히셨음을 살필 수 있었다. 팔복의 성품을 통해 하나님의 새 언약 백성으로서 정체성을 갖고 사명적 삶을 살아야 할 것을 말씀하고 있다."고 본다(GM선교회 편집부, "종교개혁 500주년 기념 실천목회 학술포럼 제3차"(Aticle, 2017. 11. 13., 새에덴교회).

계명의 목적과 본질과 정신을 헤아려 지키라는 의미로 이해할 수 있다.[61] 새 언약의 율법은 옛 언약의 십계명 중 6, 7계명과 시민법 중 맹세법, 보복법만을 다루는데, 이는 새 백성의 율법으로부터의 자유함, 즉 자구적(自求的) 복종을 넘어서 내면으로부터의 순종인 사랑의 계명으로의 발전을 반영하고 있기 때문이다.[62]

또한 예수께서 메시아 되심과 구약의 여호와 하나님을 동일시하는 자신의 전권주장인 '에고 데 레고 휘민(ἐγὼ δὲ λέγω ὑμῖν)' 용법을 사용하고 있다.[63] 즉 시내산에서 옛 언약 백성에게 율법을 선포하신 여호와께서 성육신하셔서 하나님 나라의 정법, 곧 새 언약의 율법을 다시 선포하며 적용하신다. 이제는 메시아의 오심으로 하나님 나라가 실제로 시작되었기에 하나님 나라의 정법을 선포하신 것이다. 이는 서론에서 옛 언약의 율법을 폐하러 오신 것이 아니라 하나님 나라 율법을 완전하게 하시기 위해 오셨다고 천명하신 것에서 잘 알 수 있다(마 5:17).

주님이 오셔서 율법을 성취하심으로 새 언약이 성취되었고 이제 하나님 나라가 시작되었다는 것을, 율법의 적용 대상이 이웃을 넘어 원수

---

61 로마서 13장 8–10절 참조하라.

62 로마서 12장에서 바울이 율법을 다루는 자유함과 본질적 내면적 순종의 정신과 산상수훈에 나타난 예수님의 태도는 전적으로 일치한다.

63 서철원, 「복음과 율법의 관계」, 155–162. "산상수훈의 반명제들"을 참조하라. "예수가 이렇게 전권의식을 갖고 누구도 할 수 없는 전권 주장을 할 수 있었던 것은 자기의 오심이 곧 하나님 나라의 도래, 하나님의 통치가 자기의 인격에서 영적 실재가 되었다는 의식에서 비롯된 것이다(마 12:28; 눅 11:20). 따라서 예수가 실제로 하나님 나라의 설립자 곧 하나님의 통치의 구현자로서 신학사에서는 예수를 나라 자체(αὐτὸ βασιλεία)라고 지목한다. 여기에 그의 전권주장이 성립한다. 예수의 이 전권주장은 그의 산상수훈에서 남김없이 표출되었다. "옛 사람에게 말한 바 …를 너희가 들었으나 나는 너희에게 이르노니"의 반명제에서 그는 옛 율법의 타당성을 지양하지 않았으나 자신을 율법의 완성자로 밝히므로 자기의 말씀이 토라(Torah, 율법)의 말을 유비가 없는 주권적 자유로 능가하고 또 모세의 권위를 능가함을 밝혔다."고 주장한다.

까지인 것으로 결론부에서 예증하신다(마 5:43-48). 왜냐하면 하나님 나라에는 원수가 있을 수 없기 때문이다.[64] 그러므로 새 언약 계명은 한마디로 사랑의 이중 계명인 십계명을 적용하는 계명이다.[65] 사도 요한은 지금까지 살펴본 새 언약의 율법(마 5-7장)을 아래와 같이 새 계명으로 명확하게 정리하고 있다.

> 새 계명을 너희에게 주노니 서로 사랑하라 내가 너희를 사랑한 것 같이 너희도 서로 사랑하라(요 13:34).[66]

(3) 새 언약의 율법 적용

'새 언약 계명'의 적용법은 옛 언약의 시민법의 성격과 같으며, 마태복음 6장 1절-7장 12절까지 전개되고 있다. 그 적용법의 특징은 오직 한 가지 주제, 곧 '외식'에 대한 것이며, 외식하지 말고 참된 사랑으로 섬기라는 내용이다.[67] 그리고 "그러므로 무엇이든지 남에게 대접을

---

[64] 원리적으로 하나님 나라에는 '원수'가 있을 수 없다. 그러나 지금(now) 하나님 나라는 사탄의 세력과 영적 전투하는 나라, 곧 교회이기 때문에 상해를 입히는 '악한 자', '원수'라고 언급되고 있다.

[65] "살인하지 말라(출 20:13)."는 6계명을 언급하신 후, 살인의 동기가 '분노'인 것을 밝히시고, 형제에게 공격적으로 언어 폭력(ρακά, μωρός)으로 발전하게 됨을 언급하면서, 속히 수습하지 않으면 살인이란 행동으로 발전하게 된다고 경고하며, 하나님 앞에 나아와 제사(속건제)드릴 때, 먼저 화해하라고 촉구하신다(마 5:21-26). 또한 이혼에 관한 새 언약의 율법에서 간음을 했을 때 이혼증서를 쓰고 이혼하도록 허용한다(마 5:32). 하나님 나라에 간음과 이혼이 있을 수 있는가? 주의 재림으로 이루어지는 완성된 하나님 나라가 이루어지기 전에 지금(now) 하나님 나라에서는 백성의 죄성이 남아 있기에 시대적 상황에 맞게 적용시키는 법으로 주셨다고 이해한다.

[66] "서로 사랑하라."는 계명에 '내가 너희를 사랑한 것과 같이'를 전제하고 있다. 주님의 사랑은 십자가의 대속적 사랑을 의미할 뿐 아니라, 예배자에게 선순환적 삶을 살도록 먼저 긍휼의 사랑을 부어주심이다.

[67] 도널드 헤그너, 채천석 역, 『마태복음 (상)』, 279, 299. 그 당시 자선, 기도, 금식 등의 종교적인 관행을 통해 구체적으로 '외식'에 대해 지적한다. 서론에서 바리새인의 외식을 지적하였고, 주께서 십자

받고자 하는 대로 너희도 남을 대접하라 이것이 율법이요 선지자니라 (마 7:12)."고 결론을 맺고 있다. 타락으로 인하여 인간이 짊어진 악순환의 사슬은 왜곡된 감정과 욕심으로 인한 반목과 갈등, 분쟁과 다툼이다. 이 악순환의 삶의 방식에서 벗어나기 위하여 하나님의 형상인 인격을 먼저 존중하며 사랑으로 섬기라는 것이다. 이것이 그리스도인의 황금률이다.[68]

(4) 주기도문의 바른 이해

새 언약 백성은 팔복에 나타난 거룩한 성품이 삶에 바탕이 되어 서로 섬기며 살아가야 한다. 그러나 십자가 구속으로 새 백성이 되었어도 마귀의 악순환의 사슬 때문에 늘 부족함을 노출하며 살아간다. 인간의 본성처럼 자리한 이 악순환의 사슬에서 어떻게 벗어날 수 있을까? 자력으로는 불가능하다. 이를 아시는 주님께서 악순환의 사슬에서 벗어나도록 기도를 가르쳐 주시고, 가르쳐 주신 내용을 따라 기도하기를 원하신다.

주기도문은 그리스도께서 새 계명의 적용법 중 외식하는 기도를 하지 말 것을 권고하는 중에 가르쳐 주셨고, 또 해설하신 후 "그런즉 너희는 먼저 그의 나라와 그의 의를 구하라 그리하면 이 모든 것을 너희에게 더하시리라(마 6:33)."고 결론맺으셨다. 주기도문은 이 말씀처럼 하

가 고난을 당하시기 전, 바리새인을 책망(7번의 화, 마 23:13-33)하셨다.

68 필자는 악순환의 사슬인 상한 감정과 욕심을 해결하기 위해, 6계명(분노의 감정), 7계명(욕심) 그리고 맹세법(욕심), 보복법(감정)을 말씀하시고(마 5:21-42), 적용의 결론을 'give and take'로 맺고 있다고 주장한다.

나님의 뜻으로 통치되는 나라를 구하는 기도다. 좀 더 자세히 살펴보면 다음과 같다.

① 주기도문의 구조와 내용

주기도문의 구조를 살펴보면, 기도 대상(부름), 기도 내용, 송영으로 되어 있다. 기도의 대상은 "하늘에 계신 우리 아버지"이시다.[69] 하늘에 계신 하나님은 '우리', 곧 교회 공동체의 아버지다. 기도 내용은 여섯 개의 기도 제목으로 구성되어 있다. 첫 번째 부분(세 가지 제목)은 하나님의 뜻으로 통치되는 나라가 임하여 영광을 받으시기를 간구하는 기도다. 두 번째 부분(세 가지 제목)은 일용할 양식, 죄 용서, 시험에 승리하기를 구하는 내용이다. 마지막 송영은 기도에 응답하시므로 당신의 나라가 세워져 영원히 영광 받으시길 찬송하는 내용으로 되어 있다.

② 주기도문의 해설

주께서 기도문을 가르쳐 주신 후 두 가지 간구를 해설하셨는데, 성경 순서대로 네 번째 죄 용서 간구(마 6:14-15)와 다섯 번째의 일용할 양식 구하는 간구(마 6:19-32)이다. 주기도문 중 네 번째와 다섯 번째 간구를 해설하는 이유는 양식 구함, 죄 용서 구함의 간구가 인간사에서 매우 중요한 문제이기 때문이기도 하지만, 이 기도는 탐욕으로 인한 염려

---

69 "하늘에 계신"은 초월하신 '지고의 신,' 곧 창조와 구별되신 분을 의미한다. 그런데도 자기 백성과 함께 하시고, 창조의 경륜에 따라 역사를 이끌어 가시며 그의 아들 안에서 아버지가 되시는 인격적인 하나님이시다. 이런 점에서 "하늘에 계신 우리 아버지"라는 고백은 이신론과 범신론을 극복한다. 구약의 '기도문'에서는 하나님을 아버지라 호칭한 곳은 전혀 없다. 그러나 '주기도문'은 아버지의 호칭으로 시작되어 매우 파격적이다.

와 걱정, 또 상처받고 용서하지 못하는 악순환의 사슬에서 벗어나도록 간구하라는 것이다.[70] 일용할 양식 구함은 왜곡된 소원 곧 욕심을 해결하기 위한 기도이며, 죄 용서의 기도는 인간 간에 왜곡된 감정을 처리함으로 하나님과의 왜곡된 관계도 해결되기를 구하는 기도다.[71]

그리스도의 십자가 구속으로 이 땅에 하나님 나라가 임하였지만 주의 재림으로 하나님 나라가 완성될 때까지는, 하나님의 뜻으로 통치되는 나라가 이 땅에 서지 못하도록 지금도 마귀는 새 언약 백성에게 악순환의 사슬에서 벗어나지 못하게 역사한다(벧전 5:8; 고후 11:14). 십자가로 구속받은 자라 할지라도 왜곡된 마음의 감정과 욕심이 해결되지 않으면 하나님의 뜻으로 통치될 수 없기 때문에, 주님은 새 백성에게 주기도문을 가르쳐 주신 것이다.

지금도 마귀는 이 문제에서 벗어나지 못하도록 계속하여 시험하고 있기 때문에, 마지막 여섯 번째 기도는 시험 들지 않게 해 달라는 것이다.[72] 그러므로 주기도문은 악순환의 사슬에서 벗어나기 위한 기도다. 마귀가 강력하게 역사하는 삶의 현장에서 영적 전투의 기도를 할 수

---

70 김세윤, 『주기도문 강해』(서울: 두란노, 2000), 39. 그는 첫 기도(세 가지)는 '당신 청원'이고 둘째 기도(세 가지)는 '우리들 청원'이라 한다. 그러나 필자는 하나님의 뜻으로 통치되는 나라가 되지 못하도록 마귀가 시험하여 왜곡된 마음의 감정과 욕심으로 된 '악순환의 사슬로 묶어 놓음'에서 벗어나게 하는 기도 제목이기에, 이 중요한 기도를 해설하는 것으로 본다. 이 주기도문이 하나님을 위한 기도와 우리를 위한 기도로 구분하는 것은 바른 이해라 할 수 없다

71 장일권, 『하나님 나라의 회복』 147-161. 주기도문은 일용할 양식 구함(네 번째)과 죄 용서 구함(다섯 번째)로 구조되어 있는데 해설은 죄 용서 구함부터 해설한다(마 6:14-15). 이는 에덴동산에서 먼저 감정을 왜곡시켰기 때문에, 에덴에서의 타락(반역)하였음을 상기시키는 것으로 이해한다.

72 주기도문은 창세기 1-3장까지의 내용을 에코우(echo)하고 있다. 1장의 영광의 창조와 하나님 나라의 확립, 주의 뜻의 실현을 담고, 2장의 에덴의 섬김과 지킴을 통한 양식 공급, 3장의 타락 과정에서 사탄은 풍성한 공급의 하나님을 인색한 하나님으로 투영시킨 것을 반전시키고, 타락 후, 상호비난으로 분리된 인간관계의 회복과 유혹자에게서 건짐을 구하는 기도로 이루어져 있다. 주기도문 그 자체가 작은 구속사이며, 복음이다.

1부 성육신적 목회의 신학적 정립_장일권 목사 71

있도록 주님께서 주기도문을 가르쳐 주셨다.

주기도문은 성육신적 삶과 목회 사역을 위한 필수적인 영적 전투기도다. 이 기도를 통해서 주기도문적인 삶을 사는 것이 성육신적인 삶의 출발이며 또 성육신 목회의 본질이다. 왜냐하면 타락한 인간의 삶에서 본질적인 난제가 되는 이 악순환의 사슬에서 벗어나야 비로소 성육신 목회로 교회를 세울 수 있기 때문이다.

2. 성육신하신 그리스도께서 세우신 교회

타락의 과정에서 굴레 씌워진 악순환의 사슬에서 벗어나 거룩한 하나님의 백성으로 살게 하기 위해(성화의 삶), 하나님과 이웃을 사랑하는 선순환적 삶을 회복하게 하는 교회 공동체를 세우셨다.

교회는 '주의 몸'으로 정의할 수 있다. 이 교회는 옛 언약 백성처럼 왕 같은 제사장의 역할을 감당해야 한다. 하나님께서 새 언약 백성을 특별한 소유로 삼으셨기 때문이다. 왕 같은 제사장의 역할을 감당하는 것은 사랑으로 섬기는 문화명령과 선교명령을 수행하는 것이다.

1) 주의 몸 된 교회

이제까지 살펴본 대로, 다윗 왕국 언약을 실현하기 위해 왕으로 오신 예수 그리스도께서 그의 나라를 선포하고 새 언약의 새 계명을 주셨다. 새 계명에 순종할 때 섬김으로 이루어지는 치유와 회복의 나라가

온다.[73] 갈등하며 반목하는 세상 나라에서 서로 상처를 주고받았던 자들이, 새 언약 백성이 된 후에 섬기는 삶으로 치유와 회복이 이루어진다. 이를 위해 그리스도께서 성육신하셔서 십자가로 구속하시고, 승천하시어 구속받은 백성을 자기의 몸, 곧 교회를 가지셨다. 이 교회가 '지금(now) 하나님 나라'다.

마태복음의 '왕의 선포' 부분(마 4:17-16:20)을 마치면서 주님은 자기 교회를 세우실 것을 이렇게 말씀하셨다.

> 너는 베드로라 내가 이 반석 위에 내 교회를 세우리니 음부의 권세가 이기지 못하리라(마 16:18).

교회는 복음을 받고 예수 그리스도를 인격적으로 영접한 자들의 믿음 고백 위에 세워진다. 베드로처럼 "주는 그리스도시요 살아 계신 하나님의 아들이시니이다(마 16:16)."라고 믿음 고백을 하며 인격적으로 주님을 영접할 때, 성령의 역사로 그리스도와 신령한 연합을 이루게 된다. 이 연합으로 예수 그리스도께서 머리가 되시고 그를 믿는 자는 몸이 된다. 이 믿음의 신령한 연합으로 한 유기체가 되어 '한 몸 된 교회(one body church)'를 이룬다.[74]

---

[73] 산상수훈을 선포하신 후 집중적으로 치유사역을 하신다(마 8-9장). 이는 새 언약 백성이 새 언약의 율법(산상수훈)으로 치유와 회복의 나라를 건설하라는 의미로 이해할 수 있다(마태복음의 구조적인 연결).

[74] Ibid. 173-176. 필자는 종말의 구원자 예수 그리스도께서 새 언약의 율법(산상수훈)으로 맺은 새 언약 백성의 공동체가 '교회'로 세워짐의 구조를 주목하며, 하늘 보좌 우편에서 만왕의 왕으로 '지금 하나님 나라'의 통치를 위해 새 이스라엘 공동체 곧 교회를 세우시겠다는 선언을 하셨다고 이해한다. 이 교회는 예수 그리스도를 인격적으로 영접하여 베드로처럼 복음적인 신앙 고백을 하는 자

2) 하나님의 특별한 소유로 부름받은 교회

사도 바울이 다메섹에서 부활하신 주님을 만난 후 교회가 주님의 몸인 것을 알게 되었고,[75] 교회를 세우는 선교사역에 매진하게 된다. 그는 에베소서를 통해 주의 몸 된 교회에 대하여 깨달은 비밀을 이렇게 말한다. 즉 교회가 '영원부터 만물을 창조하신 하나님 속에 감추어졌던 비밀의 경륜을 드러낸다(엡 3:9).' 창조경륜을 실현하기 위해 성육신하신 그리스도가 주의 몸 된 교회를 세웠다고 바울은 이해한 것이다.

그는 또 하나님의 우주적 비전 곧 예수 그리스도 안에서 통일된 하나님 나라를 실현하기 위해 구원받은 자들을 하나님의 기업(κληρονοία)으로 세우신 것이 교회라고 설명한다(엡 1:9-11). 바울이 교회를 기업이란 개념으로부터 설명한 것은, 시내산 언약으로 세워진 이스라엘과 연관성 때문이다. 바울은 하나님이 언약을 맺은 이스라엘을 세상의 온

들을 통해 세워진다. 전에는 마귀의 음부의 권세(사망권세) 아래 죄의 노예로 살던 자가 생명의 주되신 예수 그리스도를 영접하므로 주의 몸된 교회(ἐκκλησία)로 연합하여 생명의 권세 아래 놓이게 되었다. 주님과 함께 믿음으로 연합된 유기체로서의 교회(kupiakos)이다. 그러나 로마 가톨릭 교회는 베드로 위에 교회가 설립되었다고 주장하며, 천국 열쇠 곧 사도권을 행사하는 교황제도의 근거로 삼고 있다. 하지만 이 본문에서 주의 교회는 조직 교회가 아닌 유기체로서의 교회를 말하고 있는 것이 분명하다.
Donald Senior는 "전통적으로 로마 가톨릭이 교황직에 대한 성경적 기초로서 마태복음 16장 16-19절과 같은 베드로 본문에 호소한 이래 초교파적으로 중요한 관련이 있다"고 하였다(Donald Senior, 홍찬혁 역, 『최근 마태 신학 동향』 118).

75 김세윤, 홍성희 역, 『바울복음의 기원』(서울: 도서출판 엠마오, 1994), 152-153. "바울도 ἀποκά λύπτειν/ἀποκάλυψις(갈 1:12, 16; 엡 3:3)과 μυστήριον(고전 2:1, 6ff. 골 1:26ff. 엡 3:4ff) 개념으로 그가 환상 중에 보좌에 앉으신 그리스도로부터 복음과 하나님의 경륜을 받았음을 암시한다. 이러한 병행에 비추어 볼 때 바울이 그의 다메섹 경험을 이사야 소명 기사에 비추어 이해하고, 그것을 이사야 6장의 패턴으로 이야기했으리라 생각하기는 어렵지 않다(김세윤 박사는 바울의 다메섹 경험에서 사도의 임명과 함께 계시, 기독론, 구원론의 신학이 기원되었다고 논증하였고, 거기에 반대하여 새관점학파[Räisänen, E. P. Sanders, James D. G. Dunn, N.T.Wright]와 격렬한 논쟁을 벌였다.)."

족속 중에 특별한 소유(תכלה)를 삼으시고, '제사장 나라·거룩한 백성'의 역할을 감당하게 한 것을 상기시키며, 마찬가지로 새 언약 백성을 특별한 소유(κληρονοία)로 삼아 '왕 같은 제사장'의 역할을 하게 하신다고 보았다. 이처럼 교회는 하나님의 특별한 소유가 된 새 이스라엘이다(벧전 2:9).[76]

구약 이스라엘은 하나님의 의도와는 전혀 다르게 유대주의(Judaism)로 선민의식을 강하게 주장하며 이방인의 구원을 거부하였다. 그래서 '선민-이방인'의 종교적인 갈등으로 심하게 대립하게 되었다. 하나님께서는 이 문제의 해결을 창세 전에 계획하셨는데(엡 1:4), 선민 이스라엘과 이방인을 그리스도 안에서 새 사람, 곧 한 몸 된 교회가 되게 하신 것이다(엡 2:11-18).[77] 이 한 몸 된 교회로 통일된 하나님 나라를 건설하려 하신 것이 '비밀의 경륜'이다(엡 1:9-11, 3:9). 그러므로 교회는 그리스도께서 공생애의 삶으로 보여 주신 것처럼 섬김의 방식으로 한 몸을

---

[76] Andrew T. Lincoln, 배용덕 역, 『WBC 42 에베소서』(서울: 도서출판 솔로몬, 2012), 194-203.
　　길성남은 κληρονομία를 "구약 시대에 하나님께서 이스라엘을 자신의 기업으로 선택하신 것을 연상하게 한다."고 말하면서 "하나님의 기업으로 택함 받았습니다.'로 번역하는 것이 좋다."고 했다(길성남, 『에베소서! 어떻게 읽을 것인가』(서울: 성서유니온선교회, 2005), 88-89). 그러나 필자는 언약신학의 관점으로 접근하여, 시내산 언약을 맺으시며 이스라엘이 제사장 나라·거룩한 백성의 역할을 감당할 '보물, 걸작, 기업, 소유'의 의미를 가진 תכלה와 연결시키는 데 주저하지 않는다. 왜냐하면 시내산 언약 백성을 모델로 세우는 일은 장차 메시아로 성취할 새 언약의 새 백성을 예표하기 때문이다. 필자는 이 תכלה를 장자로 이해하고(출 4:22,23), 장자권을 잃는 이스라엘을 대신하여 새 장자를 세운 것이 교회가 되었다고 주장한다(장일권, 『하나님 나라의 회복』 263-277).

[77] 목회와신학 편집팀, 『마태복음 어떻게 설교할 것인가』(서울: 두란노아카데미, 2003).
　　"이스라엘의 특권과 위치를 이어가는 교회(정훈택 31-55)"에서 정훈택은 이스라엘이 사명에 실패하고 그 특권이 박탈된 가운데, 이스라엘의 소수가 복음으로 인해 교회로 세워지게 되고, 이 교회를 통해 구약 이스라엘의 사명을 이루어 가신다고 주장한다.
　　"교회는 마태복음이 구약과 신약을 연결하는 가교 역할을 하도록 언제나 신약성경의 첫머리에 두었으며, 이렇게 함으로써 신자들이 구약성경을 버리거나 구약 자체로만 읽어 가지 않도록 배려해 놓았다. 구약성경을 그리스도와의 관련성 속에서 교회의 책으로 읽어 가도록 만들어 주는 것이 마태복음이라고 해도 지나친 말이 아닐 것이다."

이루는 공동체가 될 뿐 아니라, 하나님의 우주적 비전 곧 통일된(ἀνακε

φαλαιώσασθαι/ἀνακεφαλαιόω) 하나님 나라를 건설해야 한다(엡 1:10).

3) 역할과 사명을 감당하는 교회

그리스도의 성육신과 그의 십자가 구속으로 교회가 마지막 시대의 하나님의 백성, 주님의 몸, 하나님의 특별한 소유로 세움받았다. 교회가 이 놀라운 특권을 받은 것은 다른 한편으로 마지막 시대에 감당해야 할 역할과 사명 때문이다.

(1) 선교명령을 수행하는 교회[78]

하나님을 떠나 우상숭배에 빠진 자들을 복음 선포(선교명령)로 구원하여 주의 몸 된 교회로 세우시고, 또 이들에게 교회 세우는 사명을 감당하게 한다. 그래서 하나님 나라의 법, 곧 새 언약의 율법을 선포하신후 열두 제자들에게 전도하도록 하신 것이다(마 10:2-15). 하나님 나라는 전도의 방식으로만 확장된다(롬 10:14-15; 고전 1:21). 새 언약의 율법으로 창조경륜을 이루어 하나님 나라를 확장하는 방식이 전도이기 때문이다. 전도는 하나님 나라의 복음을 선포하여 참 이스라엘을 회복하는 사역으로서 언약 백성 안에 들어오도록 초청하는 사역이다.

열두 제자들을 사람 낚는 어부로 부르셨고, 주님은 3년 동안 현장에서 제자들에게 전도훈련을 시키신 후(막 3:13-15) 지상명령을 주시며 사

---

78 주님의 전도 메시지(마 11:28)가 죄인을 초청하는 복음 제시가 아니라 죄의 결과로 오는 고난, 곧 수고하고 무거운 짐을 해결해 주신다고 초청하신다. 주님께서 전도하신 방식이 복음 제시가 아니라 성육신적 섬김의 전도방식이었다.

도(ἀπόστολος)로 파송하셨다. 이 지상명령은 복음을 전하여 교회를 세우도록 하신 선교명령이다.

> 예수께서 나아와 말씀하여 이르시되 하늘과 땅의 모든 권세를 내게 주셨으니 그러므로 너희는 가서 모든 민족을 제자로 삼아 아버지와 아들과 성령의 이름으로 세례를 베풀고 내가 너희에게 분부한 모든 것을 가르쳐 지키게 하라 볼지어다 내가 세상 끝날까지 너희와 항상 함께 있으리라 하시니라(마 28:18-20).

이 지상명령은 주께서 세우시려는 선교적 교회의 목회 프로세스(process)를 제시하고 있다. 이는 성육신적 목회 사역으로 '전도-정착-양육-훈련'의 과정으로 선교적 교회(Mission oriented Church)를 세우라는 명령이다.[79] 사도 바울은 이 지상명령을 1, 2, 3차 선교여행의 전략으로 삼았으며(행 15:36, 18:23), 또 목회철학으로 삼았다(골 1:23-29).[80] 그리고

---

79 김상훈, 『숲의 해석 마태복음』, 362.
  김상훈은 지상명령을 '믿게 하는 일'과 '교육, 훈련하는 일'로 구분하였다. Lesslie Newbigin은 "그리스도의 초림과 재림 사이에 있는 현 시대의 의미와 목적은 교회가 세상을 향해 사도적 증인의 사명을 수행하는 데 있다."라고 하며, 또 "성경은 우리로 하여금 하나님의 교회의 사도직을 통해 세상을 그 종말의 순간으로 인도하신다."라고 하였다(레슬리 뉴비진, 홍병룡 역, 『교회란 무엇인가?』, 서울: 한국기독학생회출판부, 2010, 165, 170). 필자는 '제자 삼으라(μαθητεύω)'는 주동사에 분사형 4개로 이루어짐을 주목하였다. '가서(πορευθέντες)'를 '전도'로, '세례 베풀고(βαπτίζοντες)'를 '정착'으로, '가르쳐(διδάσκοντες)'를 '양육'으로, '지키게 하라(τηρεῖν)'를 '훈련'으로 이해하였다. 그러므로 지상명령은 선교적 교회를 세우는 목회 프로세스를 제시한다고 주장한다.

80 "며칠 후에 바울이 바나바더러 말하되 우리가 주의 말씀을 전한 각 성으로 다시 가서 형제들이 어떠한가 방문하자 하고(행 15:36, 1차 여행에서 전도하여 세운 교회에 재방문하여 정착시키러 2차 여행을 가자고 제안한다)."
  "얼마 있다가 떠나 갈라디아와 브루기아 땅을 차례로 다니며 모든 제자를 굳건하게 하니라(행 18:23)."
  3차 여행은 제자 세우는 여행이었다. 제자사역은 그리스도인으로 양육하고 사역자로 훈련하여 세

오직 복음만을 전하며 교회 세우는 사명에 생명을 바친 선교사가 되었다(행 20:24).

(2) 문화명령을 수행하는 교회

창조주 하나님은 찬양과 경배를 받으시기 위하여 안식일을 제정하셨고(창 2:3), 이웃을 섬기도록 노동제도를 세우시며 언약을 맺으셨다. 그리고 언약 백성의 삶의 방식(life style)을 '섬김(עֲבֹד, 창 2:15)'으로 정해 주셨다. 창조 언약의 법과 제도가 옛 언약 백성에게 십계명으로 성문화되어 하나님과 이웃을 사랑으로 섬기는 '사랑의 이중 계명'이 되었다. 이 사랑의 이중 계명을 적용하는 법이 새 언약의 율법, 곧 새 계명이다(요 13:34).[81]

그러나 새 언약 계명은 하나님 섬김이 전혀 언급되지 않고 이웃 사랑만 강조하고 있음에 놀라지 않을 수 없다.[82] 그 이유를 사도 요한은 이렇게 밝히고 있다.

우는 사역이다.)

81 혹자는 주장하기를 사도 요한의 복음서와 서신서에서 이웃 사랑이 언급되지 않고 "서로 사랑하라."는 말씀으로 교회 공동체 내에서의 사랑을 강조한다고 주장한다. 그러나 사도 요한은 요한삼서 1장 5절에서 "형제 곧 나그네 된 자들"이라고 언급하고 있다(행 9:17, 23:1; 살전 4:6; 약 2:15; 요일 2:9-11, 3:10, 13-16 참조)

82 J. D. Kingsbury, 권종선 역, 『이야기 마태복음』(Mattew as Story, 서울: 요단출판사, 2000), 188. 킹스베리는 산상수훈의 주제를 '더 위대한 의'라고 하였으며, 정훈택은 여러 학자의 견해를 소개하고 있다. 버차드(Ch. Burchard)는 '제자들의 생활지침서'라고 했으며, 예레미아스(J. Jeremias)는 '세 종류의 의'로 그리고 바르트(G. Barth)는 '사랑의 계명이 산상 설교의 핵심이며, 예수님의 율법을 해석하는 원리'라고 주장했다(정훈택, 「산상 설교의 기록 이유와 목적」 59.). 존 스토트(John R. W. Stott)도 '그리스도인의 의'로 이해했다(존 스토트, 『예수님의 산상 설교』 5-6.). 그러나 필자는 바르트의 견해와 같은 주장을 하면서, "서로 사랑의 계명 곧 새 계명(요 13:34)"으로 이해한다.

누구든지 하나님을 사랑하노라 하고 그 형제를 미워하면 이는 거짓말 하는 자니 보는 바 그 형제를 사랑하지 아니하는 자는 보지 못하는 바 하나님을 사랑할 수 없느니라 우리가 이 계명을 주께 받았나니 하나님을 사랑하는 자는 또한 그 형제를 사랑할지니라(요일 4:20-21).

사도 요한은 십계명이 하나님 사랑과 이웃 사랑의 계명으로 분리된 것이 아니라 사랑의 이중 계명으로 구조되어 있음을 전제하며, 하나님 사랑과 이웃 사랑이 분리될 수 없다고 말한다.

사도 바울 역시 하나님 사랑과 이웃 사랑을 동일시하는 사랑의 이중 계명을 전제하면서 이웃 사랑을 이와 같이 강조하였다.

피차 사랑의 빚 외에는 아무에게든지 아무 빚도 지지 말라 남을 사랑하는 자는 율법을 다 이루었느니라 간음하지 말라, 살인하지 말라, 도둑질 하지 말라, 탐내지 말라 한 것과 그 외에 다른 계명이 있을지라도 네 이웃을 네 자신과 같이 사랑하라 하신 그 말씀 가운데 다 들었느니라 사랑은 이웃에게 악을 행하지 아니하나니 그러므로 사랑은 율법의 완성이니라(롬 13:8-10).

여기에 소개된 계명은 이웃 사랑인 6계명에서 9계명까지를 인용하고 있으며, 이웃 사랑이 율법의 완성이라고 한다. 이는 이웃을 사랑함이 하나님을 사랑하는 것, 곧 사랑의 이중 계명으로 된 십계명의 이해를 전제하고 있는 사도 요한과 맥을 같이 하고 있다. 그러므로 새 계명은 십계명을 적용하는 계명이다.

이상에서 살펴본 대로 창조 언약 백성의 삶의 방식이 옛 언약 백성에게 십계명으로 구체화되었고, 또 새 계명이 십계명을 적용하고 있음이 명백해졌다. 그런 의미에서 새 언약의 새 계명은 문화명령을 구체적으로 적용하는 계명이라 할 수 있다. 섬김으로 누리는 하나님 나라를 세우도록 주신 명령이 문화명령이기 때문이다.[83]

주께서 새 언약의 율법 곧 새 계명으로 서로 사랑하며 섬기는 교회를 세우시기를 기뻐하셨다. 종말의 구원자로 오셔서 십자가로 구속하시고, 구속받은 자들을 '지금(now) 하나님 나라' 곧 성령이 내주하여 역사하는 교회로 세우셨다. 그러므로 교회는 현재적(already) 하나님 나라이며 또 이 세상을 하나님 나라로 확장해 나가는 전초기지다. 하나님께서 이 땅에 문화명령을 수행하여 섬기는 교회를 세우므로, 교회를 통해 이 세상에 하나님 나라를 확장하려는 것이다. 그리스도 예수께서 이러한 의도로 성육신하셔서 그의 몸 된 교회를 세우셨기에, 교회는 악순환의 사슬을 벗어나게 하는 선순환적 예배 중심으로 하나님을 섬기며 이

---

83 John. R. W. Stott, 김광택 역, 『예수님의 산상 설교』(서울: 생명의말씀사, 1983), 7-15.
서철원은 "기독교와 문화"에서 리차드 니이버(H. Richard Niebuhr)의 주장에 따르며, 기독교가 고전문화(세속문화)에 대한 태도를 말하면서, 전적 수용(저스틴, 타치안, 알렉산드리아의 클레멘트, 오리겐, 알베르투스, 토마스 아퀴나스, 에라스무스, 슐라이어마허), 전적 배치 내지 거부(터툴리안, 루터, 재세례파), 문화변역(어거스틴, 존 칼빈, 아브라함 카이퍼)으로 분류하였다(서철원, 『기독교 문화관』, 30-39).
존 스토트는 반문화적 입장을 보이며 이 책에서 "산상 설교는 신약의 어느 곳보다 가장 완전하게 그리스도인의 반문화를 묘사하고 있다. … 그리고 그리스도인의 반문화는 하나님 나라의 삶이며 사실 신적인 다스리심 아래서 견뎌 낸 충만한 인간의 삶이다."라고 하였다.
필자는 서철원의 문화관, 곧 "문화를 성경적으로 혹은 기독교적으로 정의하면 하나님의 창조 행위를 모방하는 모든 인간의 활동과 그 결과라 할 수 있다."라고 정의하는가 하면, "아담의 모든 문화 활동은 항상 하나님의 지혜와 권능의 감탄과 찬양과 감사로 이어졌다. 그리고 아담의 모든 문화 활동은 다 하나님을 섬기는 방식 곧 종교적으로 수행되었다(서철원, 『기독교 문화관』, 13-16)."라는 입장을 지지하며, 더 나아가 문화의 근본 원리가 '섬김'이며 이것이 십계명으로 담겨지고 문화명령으로 교회에 적용하게 한다고 이해한다.

웃을 섬기는 성육신적 목회 사역이 이루어져야 할 것이다. 다시 말해 사랑의 이중 계명인 십계명에서 밝힌 예배의 원리대로 적용하여, 사랑으로 섬기는 하나님 나라가 땅끝까지 이르도록 해야 한다.

지금까지 마태복음을 통해서, 주님은 새 언약 백성에게 선교명령과 문화명령을 하시고 있음을 살펴보았다. 하나님을 떠나 우상숭배하는 자들을 구원하도록 선교명령을 하신 것을 알게 되었고, 문화명령이 하나님을 예배로 섬기며 이웃을 섬기는 삶에 대한 명령인 것을 알게 되었다.

그러므로 교회는 선교명령과 문화명령에 순종하여 하나님 나라를 이루며, 또 이 두 명령을 순종하므로 계속하여 주의 교회를 세워야 할 것이다. 이 두 명령을 감당하는 것이 교회의 본질적 사명이기 때문이다.[84]

하나님께서 문화명령을 먼저 주셨지만 사역의 순서대로 선교명령이 우선한다. 왜냐하면 타락하여 저주 가운데 있는 죄인을 전도로 구원하고, 이들을 예배하는 백성으로 세워야 하기 때문이다. 교회는 선교명령인 복음 전파로 죄인을 구원하여 그들을 문화명령인 사랑의 이중 계명으로 사는 참된 예배자로 세우는 공동체가 되어야 한다.

---

[84] 필자는 새 언약의 율법으로 새 언약 백성, 곧 문화명령을 수행하는 교회 공동체로써 '지금' 하나님 나라로 이해하였으며, 이 교회(지금 하나님 나라)를 세우기 위해 선교명령을 통해 성육신적 목회 사역의 프로세스를 제시하였다고 주장한다. 지금 하나님 나라가 교회라는 주장을 비판하기도 한다. 교회를 통해 세상에 하나님 나라를 확장해야 하기 때문에 하나님 나라를 교회로만 제한해선 안 된다는 주장이다. 그렇다면 복음으로 구원이 이루어지지 않고 하나님 나라가 이 땅에 세워질 수 있다는 것인가?(장일권, 『하나님 나라의 회복』 194-196).

3. 성육신적 목회를 위한 성령 사역

성육신하신 그리스도께서 구속을 이루시고 승천하셔서 하나님 보좌 우편에 앉으시므로, 온 우주를 통치하시는 만왕의 왕이 되셨다. 승천하신 주께서 통치를 온전히 이루시기 위해 약속하신 성령을 아버지로부터 받아 교회에 보내셨다(행 2:33). 오순절에 강림하신 성령은 그리스도의 영으로, 그가 이루신 복음 선포를 위해 오신 전도자이시다.[85] 3년 동안 훈련받고 파송 받은 사도들에게 성령께서 권능을 주시어 온 족속에게 복음 선포를 하게 하셨고(행 1:8), 또 다메섹에서 회심한 바울을 사도로 세워 아브라함에게 약속하신 대로 천하 만민이 복을 얻게 하셨다. 성령께서 교회를 통해 복음을 선포하므로 세계를 품는 기독교가 되었다.[86]

성자 하나님이 성육신의 몸을 입고 구속의 사역을 하신 것처럼, 성령께서도 교회를 몸으로 가지시고 복음 선포를 통해 하나님 나라를 확장해 가신다. 그러므로 교회의 주권자는 성령 하나님이시다. 성령께서는 교회를 이루기 위해 복음을 전파하는 사역을 주관하시며, 교회 안에서는 하나님을 예배하고 이웃을 섬기는 백성을 세우신다. 교회에 내주

---

[85] 서철원, 『구원론』, 55. 저자는 "성령은 전도자로 오셨으므로 복음을 선포하면 언제든지 역사하시는 것으로 이해하는 것이 성경적인 정답이다."라고 했다.

[86] Howard Marshall, 류근상 역, 『사도행전 신학』(서울: 크리스챤출판사, 2010), 391–414.
John. R. W. Stott는 오순절 성령 강림의 역사를 새로운 성령 시대의 개막이었고, 첫 번째 종교 부흥 운동이라고 한다(John. R. W. Stott, 정옥배 역, 『사도행전 강해–땅끝까지 이르러』, 서울: 한국기독학생출판부, 1992, 64). 서철원은 "복음 선포(부르심)"에서, "성령은 전도자로 오셨다. 성령이 오신 목적은 복음을 선포하여 사람들을 하나님의 백성으로 돌이키는 것이다. 성령이 역사하시는 길은 오직 예수 그리스도의 인격과 그의 구원 사역을 선포할 때이다."라고 했다(서철원, 『서철원 교의신학』, 50, 54).

하신 성령을 좇아 사는 삶이 새 피조물의 존재방식이 되었다.[87]

성령께서 이 두 가지 사역을 이루시기 위해 각 지체에게 직분과 은사를 주어 한 몸 된 교회 공동체를 세워 가신다.

1) 신앙 인격의 열매를 맺게 하는 성령 사역

갈라디아 교회 안에 유대 그리스도인 거짓 교사가 들어와 율법과 할례를 지켜야 한다고 주장하였다. 그리스도의 구속으로 죄 사함은 받았지만 할례를 받고 율법을 지켜야 이스라엘, 곧 하나님의 가족이 된다는 주장이다. 십자가 구속으로 죄 사함을 받았지만 자녀의 신분을 얻으려면 할례 받고 율법을 지켜야 한다는 것이다. 거짓 교사는 이 주장을 정당화하려고 바울의 사도직까지 공격하였다. 이에 사도 바울은 자신의 사도직을 변호하면서, 그리스도를 믿음으로 죄 사함 받고 하나님의 자녀가 되어 누리는 참된 자유가 무엇인지 구체적으로 설명한다(갈 4:4-7).

> 때가 차매 하나님이 그 아들을 보내사 여자에게서 나게 하시고 율법 아래에 나게 하신 것은 율법 아래에 있는 자들을 속량하시고 우리로 아들의 명분을 얻게 하려 하심이라 너희가 아들이므로 하나님이 그 아들의 영을 우리 마음 가운데 보내사 아빠 아버지라 부르게 하셨느니라 그러므로 네가 이 후로는 종이 아니요 아들이니 아들이면 하나님으로 말미암아 유업을 받

---

87 "너희는 너희가 하나님의 성전인 것과 하나님의 성령이 너희 안에 계시는 것을 알지 못하느냐 누구든지 하나님의 성전을 더럽히면 하나님이 그 사람을 멸하시리라 하나님의 성전은 거룩하니 너희도 그러하니라(고전 3:16-17)."
"너희 몸은 너희가 하나님께로부터 받은 바 너희 가운데 계신 성령의 전인 줄을 알지 못하느냐 너희는 너희 자신의 것이 아니라 값으로 산 것이 되었으니 그런즉 너희 몸으로 하나님께 영광을 돌리라(고전 6:19-20)."

을 자니라(갈 4:4-7).

성육신하신 그리스도께서 구속 사역으로 새 언약 백성을 율법의 정죄에서 벗어나 자유자가 되게 하셨다(갈 5:1, 13). 그뿐 아니라 아들의 영이신 성령을 그들에게 주시므로 하나님을 아빠 아버지라고 부르는 자녀가 되게 하셨다. 이제는 더 이상 율법 아래에서 종노릇 하지 않고 자녀로서 자유를 누리게 된 것을 증거하는 것이 갈라디아서다.[88]

그러나 여기에서 멈춘다면 갈라디아서의 '자유'에 대해 한 부분밖에 모르는 우를 범하게 된다. 갈라디아서는 구속받은 자녀 됨의 신분에서 오는 자유만이 아니라 "그리스도 예수의 사람들은 육체와 함께 그 정욕과 탐심을 십자가에 못 박았느니라."고 선언하는 삶의 현장에서 누리는 자유까지를 포함한다.[89]

구원받기 전의 타락한 죄인은 하나님의 뜻이 아니라 마귀의 악순환의 사슬인 욕심에 이끌려 산다. 그러나 구속받아 하나님의 자녀가 된 자는 보혜사되신 성령에 이끌려 하나님의 뜻을 따라 살게 된다. 이것이 구원론에서 칭의된 자의 삶, 곧 성화를 이루는 삶이다.

신분상 하나님의 자녀가 되었어도 타락의 과정에서 왜곡된 소원인 욕심과 부정적인 감정으로 살아가게 하는 악순환의 사슬이 여전히 힘

---

88 Richard. N. Longenecker, 이덕신 역, 『WBC 41 갈라디아서』(서울: 도서출판 솔로몬, 2003), 421-448. 저자는 이 본문이 인류를 위한 하나님의 구속 행위 전부의 정점과 초점이라고 하며, 초기 기독교 신앙고백의 인용으로 보았다.

89 홍인규, 『바울의 율법과 복음』(서울: 생명의말씀사, 1996), 208-235. 저자는 갈라디아서 5장 1절의 "그 자유는 그리스도의 구속 사역의 결과다. 그러나 그 결과는 그리스도인 생활의 목표, 목적 그리고 방향이라고 진술되어 있다."라고 하며, "5장 25절에서 그 삶은 또한 하나님의 능력인 성령의 지배를 받는 삶이라고 바울은 말한다."라고 하였다.

을 발휘하고 있다. 성화의 삶을 살아내지 못하는 깊은 내적 갈등을 안고 있다. 성령께서 보혜사로 오신 이유는 이 문제를 해결해 주시고 구원받은 자들이 악순환의 사슬에서 벗어나 하나님의 뜻을 좇아 하나님과 이웃을 사랑으로 섬길 수 있도록 하기 위함이다.

마귀는 하나님의 자녀된 자들에게 지금도 여전히 이 악순환의 사슬에서 벗어나지 못하게 역사하여, 세상 욕심에 이끌려 세속적으로 살도록 한다. 그러나 성령은 자기 백성이 옛사람의 구습을 좇는 욕심(lust)을 벗어 버리고 거룩한 삶을 살게 하시려고 보혜사로 오셨다(엡 4:22-24).[90]

> 내가 이르노니 너희는 성령을 따라 행하라 그리하면 육체의 욕심을 이루지 아니하리라 육체의 소욕은 성령을 거스르고 성령은 육체를 거스르나니 이 둘이 서로 대적함으로 너희가 원하는 것을 하지 못하게 하려 함이니라 너희가 만일 성령의 인도하시는 바가 되면 율법 아래에 있지 아니하리라 (갈 5:16-18).

마귀는 인간이 소욕(lust)에 이끌려 육체의 열매를 맺게 하는 옛사람으로 살게 한다. 갈라디아서는 이 육체의 열매를 음행, 더러운 것, 호색, 우상숭배, 주술, 원수 맺음, 분쟁, 시기, 분냄, 당 짓는 것, 분열함, 이단, 투기, 술 취함, 방탕함이라고 한다. 이러한 것은 율법의 정죄를 받게 되므로 주께서 주신 참된 자유를 삶에서 누리지 못하게 한다.

그러나 보혜사이신 성령을 따라 행하면 하나님과 이웃을 사랑으로

---

90 필자는 '보혜사(παράκλητος)'를 '보호자'로 이해한다. 요한복음 14장 18절에 "네가 너희를 고아와 같이 버려 두지 아니하고 너희에게로 오리라."라고 말씀하셨기 때문이다.

섬기는 삶을 살게 된다. 갈라디아서는 성령을 따라 살아갈 때 사랑, 희락, 화평, 오래 참음, 자비, 양선, 충성, 온유, 절제의 열매를 맺는다고 말한다. 이러한 삶을 사는 자에게는 율법의 정죄 아래에서 벗어나 참된 자유를 누리며, 이러한 선언을 할 수 있게 된다.

> 그리스도 예수의 사람들은 육체와 함께 그 정욕과 탐심을 십자가에 못 박았느니라(갈 5:24).

성령을 좇아 사는 그리스도인은 상처 입은 감정(πάθημα)과 욕심(ἐπιθυμια)으로 사는 육적인 삶을 십자가에 못박았다고 선언할 수 있다.[91] 성령께서는 주의 몸 된 교회 안에서 역사하셔서 그리스도인의 인격을 성장시켜 성숙하게 한다. 성령께서 오신 것은, 이 악순환의 사슬을 끊어 버리고 성령의 열매를 맺어 성숙한 인격으로 자라게 하시며, 또 섬기는 교회를 세우게 하기 위함이다.[92]

이 악순환의 사슬이 너무나 강하여 스스로 벗어날 수가 없으므로 주께서 교회 공동체에게 가르쳐 준 주기도문에서, 일용할 양식 구함과 죄 용서 기도를 하게 하셨다. 상한 감정과 욕심에서 벗어나게 해 달라는 사투의 기도, 곧 주기도문적 기도 생활을 하게 하신 것이다. 이렇게 기

---

[91] 갈라디아서 5장 24절의 정(πάθημα)과 욕심(ἐπιθυμια)은 창세기 3장에서 마귀가 타락하게 하는 전략, 곧 왜곡된 감정과 왜곡된 소원(욕심)과 연결된다.

[92] 강웅산은 "우리가 성화를 이루는 또 다른 목표 중에 개인의 성화를 통해 교회의 성화를 이루어야 한다는 점이다."라고 한다(강웅산, 『성경신학적 교의신학』 246.). 필자는 유기체로서 교회는 구원받은 성도 각자가 머리되신 주의 몸을 이룬 교회로 본다. 그러므로 성도 각자가 주의 몸 된 교회로서 머리되신 그리스도에게까지 자라 가야 한다(엡 4:15). 이것이 성화(聖化)다. 강웅산의 주장처럼, 성화의 대상이 성도 각 개인과 교회를 포함하고 있다.

도할 때 하나님은 가장 좋은 것으로 응답하신다(마 7:11). 악순환의 사슬에서 벗어날 수 없어 애통하며 기도하는 자에게 하나님은 가장 좋은 선물 곧 이 문제를 해결해 주실 성령을 주시는 것이다(눅 11:13). 그래서 성령께서 보혜사로서 구원으로 얻은 자녀됨의 자유를 주실 뿐만 아니라 성령의 열매 맺는 삶의 자유를 누리게 하시고, 또 자유를 선언할 수 있게 하신다. 이처럼 성육신적 목회 사역은 성령을 좇아 열매를 맺게 하므로 악순환의 사슬에서 벗어나게 하는 사역이다.

2) 다양한 은사로 성육신적 교회를 세우게 하는 성령사역

성령께서 교회에 내주하셔서 하나님의 백성의 신앙 인격을 성숙시키실 뿐만 아니라 다양한 은사를 주시어 사랑의 공동체로 자라가게 하신다. 은사는 성령 하나님께서 교회 공동체를 세우기 위해 주신 선물이다. 성령의 은사는 고린도전서 12-14장, 로마서 12장 3-8절, 에베소서 4장 7-12절에서 나타나며, 모두 교회와 연관되어 있다.

여기서는 고린도전서 12장 1절-14장 40절에 드러난 성령의 은사에 대해 살펴보기로 한다. 먼저 구조를 살펴보면, 성령의 은사와 교회와의 관계(12장), 사랑의 길(13장), 은사의 적용(14장)으로 되어 있다. 하나님께서 머리되신 예수 그리스도와 연결된 한 몸의 지체로서의 자리, 곧 직분을 정해 주시고, 또 사역을 잘 감당할 수 있도록 성령의 은사(χαρίσματα)를 선물로 주신다. 이 은사는 교회의 유익(συμφέρω)을 위해 각 사람에게 다양하게 나누어 주신다(고전 12:7-11).[93] 교회는 성령

---

[93] 고린도전서 12장 4, 7, 11절은 하나님이 교회를 세우시기 위하여 사역하시는 방식을 밝힌다. 머리되신 성자께서 사역의 자리인 직분을 주시고(엡 4:7, 11), 성령께서는 은사를 주시며, 사역은 하나님

이 주신 은사에 따라 여러 지체가 서로 연합하여 사역함으로 세워진다 (엡 4:15, 16).[94]

구원받는 자라 할지라도 타락한 죄의 본성과 악순환의 사슬에서 벗어나지 못했기에 교회생활에서 자주 갈등을 경험한다. 사랑으로 섬기는 공동체를 세워야 하는데 오히려 서로 갈등하고 반목하게 되어 한 몸 된 교회에 상처를 준다. 그래서 성령께서 모든 은사의 뿌리가 되며 제일 중요한 큰 은사, 곧 사랑의 은사를 주신다고 약속하신다(고전 13장).[95] 성령께서 은사를 주신 것은 사랑으로 섬겨 주의 한 몸 된 교회 공동체를 세우기 위함이다.

사랑은 성령의 열매, 즉 내적 역사의 결과물인 성품이고, '길' 또는 방법, 가르침이며(13:1), 또한 하나님께로부터 특별하게 받는 은사이다.[96] 사랑은 은사를 활용하는 근본 원리이고, 또 성령의 열매이다. 은사를 활용하여 사랑으로 섬기는 교회 공동체를 세우기 위해 성령 하나

께서 직분의 자리에서 주신 은사로 섬기도록 역사하신다.

94 길성남, 『에베소서! 어떻게 읽을 것인가』, 303–307.

95 Herman Ridderbos, 박영희 역, 『바울 신학』(*PAUL An Outline of His Theology*, 서울: 개혁주의신행협회, 1985), 360–369.
Andrew T. Lincoln은 "그리스도께서 교회의 각 회원에게 은혜를 나누어 주시는 다양성의 특성을 나타낸다. … 그리스도께서 다양한 은사, 곧 사도, 선지자, 복음 전하는 자, 목사 그리고 교사를 교회에 주시는 목적은 몸 전체를 세워 성숙(13절), 즉 각 개인에게 여전히 중요한 역할을 하는 통일성을 이루도록 하기 위한 것임을 계속해서 보여 주고 있다."고 했으며 "다양성 안에서 통일성의 조화를 이루는 핵심적인 요소는 바로 사랑이다. 사랑은 공동체가 통일성을 유지하는 추진력 배후에서, 진리의 선포 중심에서 그리고 공동의 성장의 과정 내내 활력을 주는 힘이다."라고 한다(Andrew T. Lincoln, 배용덕 역, 『WBC 42 에베소서』(서울: 도서출판 솔로몬, 2012), 483–484, 545–546).

96 고린도전서 13장은 사랑을 은사로 보기도 하고 성령의 열매, 즉 성령의 내적사역을 통해 형성된 성품으로 보기도 하고, 사랑을 '길'로 표현하는데, 이때는 구약의 토라, 즉 길, 가르침 등으로 이해할 수 있다. 필자는 사랑을 은사의 하나로 보며, 12–14장의 중심이 13장에 위치하여 모든 은사의 중심 은사로 본다.

님은 은사의 뿌리가 되는 사랑의 은사를 주신다. 그래서 한 몸 된 교회를 세우는 지체에게 은사와(12장), 은사를 적용하는 법(14장) 사이에 사랑의 은사(13장)를 배열하였다. 교회 세우는 은사를 잘 적용하기 위해서는 특별히 사랑의 은사에 기초해야 한다고 강조한다(14:1). 사랑의 은사를 다른 은사와 비교 설명하면서 사랑의 은사가 다른 은사를 적용하게 하는 뿌리가 됨을 밝힌다(13:1-3). 사랑의 은사로부터 교회를 세우는 섬김을 통해 각 지체들이 성숙해지는 원리, 곧 성화를 이렇게 노래한다.

> 사랑은 오래 참고 사랑은 온유하며 시기하지 아니하며 사랑은 자랑하지 아니하며 교만하지 아니하며 무례히 행하지 아니하며 자기의 유익을 구하지 아니하며 성내지 아니하며 악한 것을 생각하지 아니하며 불의를 기뻐하지 아니하며 진리와 함께 기뻐하고 모든 것을 참으며 모든 것을 믿으며 모든 것을 바라며 모든 것을 견디느니라(고전 13:4-7).

타락한 본성을 가지고 악순환의 사슬에 매여 있는 자들이 이웃을 넘어 원수까지 사랑으로 섬기기는 쉽지 않다(마 5:43). 그래서 바울은 사랑을 갈망하며(ζηλοῦτε/ζηλόω) 성령의 선물로 받으라고 권고한다(고전 14:1). 각자에게 주신 각양의 은사가 이 사랑의 길을 통해 섬김이 아름답게 이루어지도록 하기 때문이다.

사랑으로 섬기며 살아갈 때, 오래 참고 온유하며 투기하지 않고 교만하지 않으며 무례하지 않으므로 모든 사람과 아름다운 관계가 이루어진다. 또한 욕심에서 벗어나게 하므로 자기 이익에 예민하지 않고, 이해관계 때문에 화내지 않으며 악한 것과 불의를 기뻐하지 않으며, 하나님의 뜻, 곧 진리와 함께 기뻐하게 된다(고전 13:4-7).

사랑으로 섬기며 살 때 비로소 상처 난 감정과 욕심 곧 악순환의 사슬에서 벗어날 수 있는 비밀을 깨닫게 된다. 이 악순환의 사슬에서 벗어나면 모든 것을 참고 모든 것을 믿고 모든 것을 기대하고 모든 것을 견딜 수 있는 성숙의 경지에 이르게 된다.

이 사역을 온전히 이루기 위해서는 사랑의 은사가 뒷받침되어야 한다. 또한 사랑으로 섬기는 가운데 사역자들의 인격이 성숙해지는 것을 볼 수 있다.[97] 각자가 받은 은사를 사랑의 은사로 적용하여 섬김으로 교회를 세우는 과정에서 자신의 신앙 인격도 점점 자라게 된다(엡 4:16).[98]

성육신적 목회 사역을 적용하여 건강한 교회를 세우고 하나님 나라를 건설하게 하시려고 성령께서 강림하셨다. 성령께서 세상을 향해 복음을 선포하여 교회를 세우며, 또 주의 몸 된 교회 지체들이 마귀의 전술 곧 악순환의 사슬에서 벗어나게 하신다. 성령께서 신앙 인격을 성숙하게 하고(성령의 열매), 또 은사를 주시어 사랑으로 섬기는 과정에서 성숙한 그리스도인으로 자라게 한다. 이를 위해 주님은 주기도문적 기도에 응답하셔서 교회에 성령을 보내 주신 것이다(마 7:11; 눅 11:13).

---

97 장일권, "전도사역을 통한 한국 교회의 회복 방안." 86-88. 이 논문은 사회과학적 방법으로, 연구 질문(도구), 곧 설문조사에서 "전도하면서 본인의 삶의 변화가 있음을 경험하고 있나요?"라는 질문에 문답자 중 많은 열매를 맺는(1년에 30명 이상) 전도자들의 응답은 '사랑의 은사를 받았다(응답자 중 10.7%)'고 하였으며, 교차분석의 결과, 이들 전도자들은 사랑의 섬김으로 전도하며 자신들의 인격에 많은 변화가 나타났다(겸손, 영혼 사랑, 주님과 교회 사랑 등)'고 응답하였다.

98 "그에게서 온 몸이 각 마디를 통하여 도움을 받음으로 연결되고 결합되어 각 지체의 분량대로 역사하여 그 몸을 자라게 하며 사랑 안에서 스스로 세우느니라(엡 4:16)."
이 말씀은 사랑의 섬김으로 교회 공동체를 세우는 과정에서 자신의 인격 성숙이 이루어진다는 것이다. 그러므로 자신의 성숙을 위해 교회 세우는 사명을 감당해야 한다.

4. 성육신적 목회를 위한 적용 원리

성육신하신 예수 그리스도께서 공생애의 삶을 통해 하나님의 백성이 어떻게 살아야 하는지에 대해 친히 본을 보여 주셨다. 주 예수의 공생애의 삶이 성육신 목회와 교회생활에 그대로 적용된다. 주님은 공생애에서 전도를 어떻게 해야 하는지를, 또 교회생활을 어떻게 해야 하는지를 많은 사례로 친히 보여 주셨다.[99]

그러나 여기서는 빌립보서 2장 6-8절 내용의 분석을 통해서 성육신적인 목회의 원리를 제시하고자 한다.

> 그는 근본 하나님의 본체시나 하나님과 동등 됨을 취할 것으로 여기지 아니하시고 오히려 자기를 비워 종의 형체를 가지사 사람들과 같이 되셨고 사람의 모양으로 나타나사 자기를 낮추시고 죽기까지 복종하셨으니 곧 십자가에 죽으심이라(빌 2:6-8).

이 말씀은 기독론에서 중요하게 다루는 예수 그리스도의 비하와 승귀에 대한 교리 중 '낮아지심'에 대한 말씀이다. 그러나 빌립보서는 교리의 책이 아니라 빌립보 교회의 교우들에게 교회생활에 대해 권면하는 우정의 편지다. 그중에 이 본문이 빌립보서의 핵심적 단락으로 그리스도의 낮아지심을 노래하는 위대한 찬송시인데, 이 본문을 초대교회

---

99 주님이 보여 주신 삶 중에 '실로암 사건'에서 제자들의 율법적인 시각으로 정죄함과 주님의 복음적인 시각으로 치유하심을 대비시켜 보여 주셨으며, 또한 율법적인 시각으로 정죄하지 말고 긍휼의 마음으로 다가가 이웃의 상처의 아픔을 공감하도록 본을 보여 주셨다(요 9:1-3). 또한 공생애의 마지막으로 제자들의 발을 씻기심에서 본을 보이셨다(요 13:15-17).

에서는 신앙생활의 전통공식으로 받아들였다.[100]

빌립보서 2장 6-8절은 성육신하신 주님의 자세(6절)와 목적(7절) 그리고 '성육신하심-공생애-구속(8절)'으로 구조되어 있는 찬송시다. 예수 그리스도는 창세전에 경륜하신 대로 이 세상을 창조하신 창조 중보자이시며 하나님이시다. 그의 근본(substantia)은 하나님의 본체(μορφῆ θεοῦ)이시다. 그럼에도 성육신하실 때 하나님과 동등됨을 취하지 않으셨다(ἀρπαγμός).[101] 지극히 높으시고 영원하신 하나님이 창조 경륜을 이루시기 위하여 기꺼이 인간의 몸을 입으시고 이 땅에 오심은 도무지 설명할 수 없는 신비 중의 신비다.

그런데 더더욱 놀라운 것은 성육신하신 목적이다. 오히려 자기를 비우시고 본질적으로 종의 형체(μορφήν δούλου)로 친히 종이 되어 사람들을 섬기기 위해 성육신하셨다.[102] 자기를 비우시고 성육신하신 예수 그리

---

100 제랄드 호돈, 채천석 역, 『WBC 43 빌립보서』(서울: 도서출판 솔로몬, 1999), 181, 186.
"그것은 6-11절이 기독교회 초기 찬송가의 아름다운 본보기가 된다는 것이다. 바이스(Johannes Weiss)는 이 절의 시적이고도 운율적인 성질을 제일 먼저(1899) 알아낸 사람이었다(참조. Eckman, NTS 26[1980] 258). 많은 학자가 그의 견해를 따랐는데, 그 가운데 가장 유능한 사람들은 로메이어(E. Lohmeyer, "Kyrios Jesus") 그리고 그의 빌립보서 주석, 예레미아스(J. Jeremias, "Studia Paulina") 그리고 마틴(R. P. Martin, "Carmen Christi")이다."
"그리스도 찬가(6-11절)는 예수를, 바울이 빌립보 교인들에게 그들의 상호 관계 속에서 실천하라고 역설했던(1-4절) 겸손하고 헌신적이고 극기적이고 자발적인 봉사의 최고 모범으로 묘사하고 있다. 따라서 비록 이 찬송가가 신약 중에서 더없이 훌륭한 보석과도 같은 기독론이라 할지라도, 그것이 성격상 구원론으로 간주될 수 있다 할지라도(E. Käsemann, "Critical Analysis," 45-88), 또 그것이 처음부터 기독론적인 이유와 구원론적인 이유로 작성되었을지도 모른다 할지라도, 바울이 여기서 그 찬송가를 이용한 동기는 신학적인 것이 아니라 윤리적인 것이었다. 그의 목적은 교리적인 교훈을 주는 것이 아니라 그리스도인이 실천해야 할 생활상의 교훈을 주는 것이었다. 그리고 그는 그리스도의 행동을 본받으라고 호소하고 있다."

101 ὃς ἐν μορφῇ θεοῦ ὑπάρχων οὐχ ἁρπαγμὸν ἡγήσατο τὸ εἶναιν ἴσα θεῷ에서 ἁρπαγμὸς(강탈, 약탈) 은 ἁρπαζω(빼앗다)는 동사에서 비롯된 개념으로, 아담의 범죄를 상기시키고 그리스도께서 아담의 정반대의 길을 걸으셨음을 암시한다.

102 김세윤, 『빌립보서 강해』(서울: 두란노, 2004), 90-91. "그러므로 창조주가 피조물의 법에 종속하

스도께서 공생애의 현장에서, 자기를 온전히 낮추시고 섬기시며 끝내는 자기 백성의 죄의 값을 지불하시기 위하여 십자가에 죽으신 것이다. 이것이 예수 그리스도의 성육신이다. 이 찬송시의 내용처럼 성육신하신 예수 그리스도는 공생애의 삶을 그렇게 사셨다.

성육신하신 그리스도께서 종이 되어 섬기시다가 끝내 십자가에 죽음으로 자기 목숨을 내어 주신 것처럼(막 10:45), 주의 몸 된 교회가 겸손히 낮아져 사랑으로 섬기는 성육신적 삶을 살아간다면 교회는 회복되고 이 땅에 하나님 나라가 세워질 것이다.

김세윤은 7절의 "비우다(κενόω)"를 이렇게 설명한다.

> '스스로 비우셨다'는 것은 이어지는 세 분사구로 설명합니다. 다시 말해 세 분사구들이 그리스도의 스스로를 비우신 것의 내용을 나타내고 있습니다. 첫째, 종의 형체를 취하십니다. 이것은 신적인 그리스도가 인간의 위치에 들어옴을 말합니다. 좀 더 구체적으로 말하면, 이것은 인간이 사탄과 죄와 죽음의 노예 상태에 있는데, 그리스도가 그런 인간의 상황 속으로 들어오심을 의미할 수도 있고, 또는 인간이 하나님에 대해 마땅히 취해야 할 자세, 즉 종의 형체를 취했다는 의미일 수도 있습니다. 만약 후자라면 여기에 이사야 53장이 반영되었을 것입니다. 둘째 분사구는 그리스도가 인간과 같은 모습을 갖게 되었다는 것이고, 셋째 분사구는 그가 인간의 형체(틀)로 나타났다는 것인데, 이 둘 모두는 첫 분사구가 이미 천명한 바를 강조하는 것입니다. 하나님의 형체이신 그리스도의 '인간되심'이 그의 자기 비움(케

게 되었다. … 성육신은 신적 존재방식을 바꾸는 것이 아니고 피조 존재의 방식에로 들어옴이어서 존재 자체와 그 표현방식이 구분된다. 이 구분이 설명될 수 없는 신비다."

노스)이라는 것입니다.[103]

성육신적 삶의 자세는 마음을 비우고 자세를 낮추는 겸손이다. 겸손으로 자세를 낮출 때 사랑의 섬김이 가능해진다. 예수 그리스도처럼 마음을 비우고 자세를 낮추는 겸손함으로 이웃을 섬기는 생활이 절대적으로 요구되는 시대에 서 있다. 목회자는 예수 그리스도의 성육신하심의 자세와 목적을 목회에 적용하여, 자신을 비우고 자세를 낮추는 겸손한 마음으로 섬기는 목회를 감당할 때 주님이 기뻐하시는 교회를 세울 수 있을 것이다. 이 길이 교회가 회복될 수 있는 대안이고 또 불신자들에게 환영받는 교회가 될 것이다.

V. 맺음 글

지금까지 언약사상으로 전개되는 구속사적 관점으로 성육신적 목회 사역에 대하여 살펴보았다. 그리스도께서 성육신하신 이유와 하나님 나라를 이루어 가는 역사 가운데 문화적 상황화를 살펴보며, 성화에 대하여 정리해 보았다. 십자가로 구속받은 자라 할지라도 자신의 힘으로 성화의 삶을 살 수 없고, 오직 성령의 법(롬 8:2)으로만 가능하다는 것이 확실해졌다. 이제는 성령을 좇아 악순환의 사슬에서 벗어나 하나님과 이웃을 사랑하는 선순환적인 예배생활의 성육신적 삶을 회복해야 할

---

[103] Ibid, 92.

것이다. 성육신의 신학적인 재정립과 성육신적 목회철학이 재정립되어야 할 필요성을 다음과 같이 제안하면서 이 글을 맺는다.

1. 개혁 신학의 3대 근본 교리를 재구성하자

교회의 근본적 교리인 삼위일체 하나님, 성육신, 이신칭의의 교리에 따르면, 삼위일체 하나님이 이 땅에 성육신하시어 십자가로 구속하시고, 이 복음을 믿는 자들에게 칭의를 선언하시므로 영원한 생명을 주셨다는 구원론적 교리체계다. 이 교리체계는 성화에 대한 강조가 부족하고, 성경 전체의 주제인 하나님 나라로 연결되지 않는다.

하나님의 창조경륜의 목적은 하나님을 예배하는 백성을 가진 하나님 나라이다. 타락한 죄인을 십자가로 구원하시는 구속경륜은 창조 언약을 회복하여 하나님 나라를 완성하는 것이다. 따라서 삼위일체 하나님, 성육신, 이신칭의의 근본 교리에 하나님 나라를 더하여 **삼위일체 하나님, 성육신, 이신칭의, 하나님 나라**로 재구성하자. 이것은 하나님께서 성육신하여 구원을 이루시고 하나님 나라의 백성으로 삼으신다는 **교회론적 교리체계**를 의미한다.

교회는 완성될 하나님 나라의 생명과 윤리로 사는 공동체다. 세상에서 오직 교회만이 유일하게 예수 그리스도의 십자가 복음을 전하는 '지금(now) 하나님 나라'다. 그러므로 교회가 주의 몸, 곧 성령의 전(고전 3:16)으로서 하나님의 창조경륜을 이루어 가는 도구다. 이러한 측면에서 하나님 나라를 추가하자.

2. 성육신적 목회철학을 재정립하자

하나님의 성육신의 본질적 이해와 동시에 상황적 적용을 고려하자. 성육신의 사역은 십자가 구속으로 신분의 변화를 일으키는 칭의(稱義)와 거룩한 삶의 열매인 성화(聖化)를 이루는 것이다.[104] 동시에 교회를 성육신 목회로 현재 상황에 상황화(contextualization)할 필요가 있다. 하나님이 육신을 입으신다는 것은 상상할 수 없는 상황화이다. 구속경륜은 역사 문화적 상황을 떠나서는 이루어질 수 없다. 옛 언약 시대에는 이스라엘을 통해서, 새 언약 시대에는 교회를 통해서 구속경륜의 상황화가 이루어진다. 성육신적 목회 사역은 구속경륜의 바른 이해 그리고 현재적 상황화와 적용이 필수적이다.

성경은 옛 언약 시대의 이스라엘과 새 언약 시대의 교회가 본질인 복음과 상황을 어떻게 이해하고 적용했는가를 잘 밝혀 주고 있으며, 교회사에서도 '복음(text)-상황(context)'의 이해와 적용이 교회의 생존과 사명을 결정했음을 보여 준다. 문화적 상황을 고려하지 않은 채 복음의 본질만을 강조하는 근본주의와 복음의 본질을 외면하고 문화적 상황화만을 추구한 세속주의적 복음주의가 교회를 무너뜨림을 볼 수 있었다.

선교명령과 문화명령을 성육신적 섬김의 자세로 수행할 때 본질과 상황을 모두 아우를 수 있다. 실천적으로 모든 교리와 신학을 성경적

---

104 구원론은 '그리스도와 연합(unio cum christo)'에 근거하고 있다. 강웅산은 '그리스도와 연합'에서부터 구원의 서정(유효한 부르심, 중생, 믿음, 칭의, 성화)을 시작한다. 그러나 서철원은 '의롭다 하심(Justficatio)'과 '거룩하게 됨(Sanctificatio)'사이에 '그리스도의 연합과 성령의 내주'를 배치한다. 칭의와 성화에 대해서는 다음(강웅산, 『성경신학적 조직신학』, 구원론, 357-392)을 참조하라.

교회론, 즉 하나님 나라의 관점으로 재구성해야 한다. 이를 바탕으로 모든 목회영역-예배, 설교, 목양, 교육, 선교, 상담, 복지 등-을 성육신적 상황화로 갱신(renewal)해야 한다.

특히 코로나 바이러스로 인하여 4차산업혁명 시대가 급속히 앞당겨져서 쓰나미처럼 몰려오고 있다. 사물 인터넷(IOT)에서 클라우드로 저장하여 빅 데이터를 만들고, 인공지능(AI)으로 통합, 분석, 통제하여 머신러닝으로 무장한 사물들에 의해 실행되고 자율적으로 운행되며 통제되는 인공지능의 시대가 도래하고 있다. 가상(online)과 현실(offline)이 공유되고 융합하는 플랫폼 시대가 되었다. 오늘날 시대적 핵심 키워드(keyword)는 플랫폼(platform)이며 이것이 정부, 교회, 학교, 금융, 상업 등의 모든 영역을 인공지능과 결합하여 대체하려고 한다. 즉 인공지능과 플랫폼이 종교와 삶의 전부가 되는 시대에, 교회가 어떻게 대응할 것인가를 다른 어느 때보다 깊이 고민할 때가 되었다.

3. 다음 단계를 위한 제언

첫째, 개혁 신학의 구원론적 교리체계를 교회론적 교리체계로 재구성되는 '성경적 교회론'을 정립하는 담론을 시작하자.

둘째, 실천신학적 입장에서 '성육신 목회론'을 구체화하자.

셋째, 한국 교회에 실제 적용하기 위해 콘텐츠(contents)와 매뉴얼(manual) 작업이 신속하게 이루어져서 교재 개발을 해야 할 것이다. 개혁 신학의 성육신적 삶을 위한 성경공부 교재(성경 배경, 성경의 맥, 성경 파노라마

등)를 개발하고, 제자훈련 교재(성육신적 성품훈련), 교회를 세우는 성육신적 사역훈련 교재를 개발하는 논의를 시작하자.

넷째, 목회신학적 예배, 설교, 선교, 양육, 목양, 훈련, 상담, 복지, 문화 등의 성육신적 목회로의 전환에 대한 담론을 시작하자. 특히 기독교 교육철학을 재점검하고 4차산업 혁명 시대에 걸맞는 주일학교 교육방안을 다시 세우자.

다섯째, 교회의 시대적 상황화로 제안한 '플랫폼 처치(platform church)'에 대해 연구와 논의를 시작하자.[105]

한국 교회도 서구 교회처럼 급속히 무너질 위기 상황에 있다. 이러한 때에[106] 교회가 하나님 나라를 건설하기 위해 본질을 지키면서도 상황화에 대해 고민하는 것은 꼭 필요한 일이다. 필자는 한국 교회를 '플랫폼 처치'로 재편해야 할 것을 다시 한 번 강력히 제안한다.

---

[105] 4차산업혁명이 새로운 인류(Homo Phono Sapiens)의 출현을 예고하며 사물인터넷(IOT), 인공지능(AI), 블록체인(Blockchain)이 플랫폼을 통해 융합되고 있다. 양자 컴퓨터(Quantum Computer)가 완전하게 개발되어 상용화된다면 이 세상이 어떻게 될지 아무도 예단할 수 없다. 한 가지 분명한 것은 진화론의 공진화(供進化, coevolution)로 인류가 신의 자리에 올라설 것이다. 니체가 꿈꾸고 바랐던 초인시대가 열리리라는 것이 미래학자들의 예견이다.

[106] 최윤식·최현식, 『앞으로 5년, 한국 교회 미래 시나리오』(서울: 생명의말씀사, 2020), 271-283.

참고문헌

신학서적

Andrew T. Lincoln. 배용덕 역. 『WBC 42 에베소서』. 서울: 도서출판 솔로몬, 2012.

Claus Westermann. 강성열 역. 『창세기 주석』. 서울: 도서출판 한들, 1998.

Donald A. Hagner. 채천석 역. 『WBC 33상 마태복음 1-13』. 서울: 도서출판 솔로몬, 2009.

Francis A. Schaeffer. 권혁봉 역. 『창세기의 시공간성』. 서울: 생명의말씀사, 1974.

Gerald F. Hawthorne. 채천석 역. 『WBC 43 빌립보서』. 서울: 도서출판 솔로몬, 1999.

Gordon J. Wenham. 박영호 역. 『WBC 1 창세기』. 서울: 도서출판 솔로몬, 2001.

Herman Bavinck. *Gereformeerde Dogmatiek 2*, 박태현 역. 『개혁교의학 2』 서울: 부흥과 개혁사, 2014.

Herman Ridderbos. 박영희 역. 『바울 신학』. *PAUL An Outline of His Theology*. 서울: 개혁주의신행협회, 1985.

Howard Marshall. 류근상 역. 『사도행전 신학』. 파주: 크리스찬출판사, 2010.

Kevin Giles, 홍성희 역. 『신약성경의 교회론』. *What on Earth Is the Church?* 서울: CLC, 1999.

J. D. Kingsbury. 권종선 역. 『이야기 마태복음』. *Mattew as Story*. 서울: 요단출판사, 2000.

_____. 김근수 역. 『마태복음서 연구』. 서울: CLC, 1990.

James K. Breckner. 김귀탁 역. 『UBC 출애굽기』. *UBC-EXODUS*. 서울: 성서유니온 선교회, 2015.

John Calvin, *Commentary on the Exodus 20:8, The Ages Digital Library commentary, Books for the Ages*, AGES Software, 1988

John R. W. Stott. 김광택 역.『예수님의 산상 설교』. 서울: 생명의말씀사, 1983.

_____. 정옥배 역.『사도행전 강해-땅끝까지 이르러』. 서울: 한국기독학 생출판부, 1992.

Lesslie Newbigin, 황병룡 역.『교회란 무엇인가?』. *The Household of God*. 서울: 한국기 독학생회 출판부, 2010.

Richard. N. Longenecker. 이덕신 역.『WBC 41 갈라디아서』. 서울: 도서출판 솔로몬, 2003.

Victor C. Pfitzner. 이기문 역.『고린도전서』. 서울: 컨콜디아사, 1990.

고든 D. 피, 더글라스 스튜어트. 김진선 역.『책별로 성경을 어떻게 읽을 것인가』. 서울: 성서유니온선교회, 2003.

도날드 시니어. 홍찬혁 역.『최근 마태 신학 동향』. 서울: CLC, 1992.

존더 햄. 손석태·채천석 역.『WBC 3 출애굽기』. 서울: 도서출판 솔로몬, 2000.

Calvin, John. 원광연 역.『기독교 강요』. 서울: 크리스찬 다이제스트, 2003

강웅산.『성경신학적 조직신학 구원론』. 용인: 목양, 2018.

김광열.『그리스도 안에 있는 구원과 성화』. 서울: 총신대학교출판부, 2000.

김동수.『요한복음』. 서울: 도서출판 솔로몬, 2012.

김상훈.『숲의 해석 마태복음』. 서울: 총신대학교출판부, 2007.

김세윤.『빌립보서 강해』. 서울: 두란노, 2004.

_____.『요한복음 강해』. 서울: 두란노, 2001.

_____.『주기도문 강해』. 서울: 두란노, 2000.

_____.『칭의와 성화』. 서울: 두란노, 2016.

_____. 홍성희 역.『바울복음의 기원』. 서울: 도서출판 엠마오, 1994.

김승호.『선교와 상황화』. 서울: 도서출판 토라, 2007.

김희석. "개혁주의 관점에서 본 안식 개념과 주일성수,"「神學指南」통권 제323호 2015.

길성남.『에베소서! 어떻게 읽을 것인가』. 서울: 한국성서유니온선교회, 2005.

목회와신학 편집팀.『마태복음 어떻게 설교할 것인가』. 서울: 두란노아카데미, 2003.

박철현.『출애굽기 산책』. 서울: 도서출판 솔로몬. 2014.

박희석.『안식일과 주일』. 파주: 크리스챤 다이제스트, 2002.

서철원.『기독교 문화관』. 서울: 총신대학교출판부, 1992.

_____.『복음과 율법의 관계』. 서울: 총신대학교출판부, 2000.

_____.『서철원 박사 교의신학 Ⅰ서론 – Ⅶ 종말론』. 서울: 쿰란출판사, 2018.

_____.『창세기 주석 1』. 서울: 도서출판 그리심, 2001.

_____.『하나님의 구속 경륜』. 서울: 총신대학교출판부, 2006.

송병현.『엑스포지멘터리 신명기』. 서울: 국제제자훈련원, 2014.

안점식.『세계관을 분별하라』. 서울: 죠이선교회, 1998.

양용의.『마태복음 어떻게 읽을 것인가』. 서울: 한국성서유니온선교회, 2005.

요한 칼빈 500주년기념 사업회.『칼빈의 구원론과 교회론』. 서울: SPC출판부, 2011.

윤광원. "John Calvin에게 있어서 "*Coniectura Morali*"에 대한 이해." 안명준 외,『칼 빈 신학과 한국 신학』서울: 도서출판 기쁜날, 2009.

이필찬.『요한복음』. 경기: 엔크리스트, 2008.

이한수.『예수·바울·교회』. 서울: 생명의말씀사, 2006.

장일권. 서철원 박사 교의신학의 서평(Article). 23. 2018.6.29.출판기념회

_____. "전도사역을 통한 한국 교회의 회복 방안." 2013년도 박사학위 청구 논문, 총신대학교 목회신학전문대학원.

_____. "종교개혁 신학이 한국 교회에 적용되고 있는가(Article)," 종교개혁 제3차 500주년 기념 실천목회 학술포럼 발제안, 2017. 11. 13. 새에덴교 회

_____.『하나님 나라의 회복』. 수원: 도서출판 케쉐트, 2009.

정훈택.『산상 설교 기록 이유와 목적』. 서울: 도서출판 그리심, 1990.

조석임.『요한복음의 새관점』. 서울: 도서출판 솔로몬, 2008.

한규삼.『요한복음 다시보기』. 서울: 아가페출판사, 2002.

한천설,『바울서신 배경 연구』. 서울: 도서출판 솔로몬, 2016.

홍인규.『바울의 율법과 복음』. 서울: 생명의말씀사, 1996.

일반서적

돈 탭스콧·알렉스 탭스콧. 박지훈 역.『블록체인 혁명』. *BLOCKCHAIN REVOLU-*

TION. 서울: 을유문화사, 2017.

보스턴컨설팅그룹 서울오피스. 『4차산업혁명 6개의 미래지도』. *Six Emerging Technologies That'll Shape Our Future*. 서울: 북새통 · 토트출판사, 2018.

마셜 밴 앨스타인 · 상지트 폴 초더리 · 제프리 파커. 이현경 역. 『플랫폼 레볼루션』. *PLATFORM REVOLUTION*. 서울: 부키, 2017.

클라우스 슈밥. 김민주 · 이 엽 역. 『제4차산업혁명 THE NEXT』. 서울: 메가스터디, 2018.

김태유 · 김대륜. 『패권의 비밀』. 서울: 서울대학교 출판문화원, 2017.

공병훈. 『4차산업혁명 상식사전』. 서울: 도서출판 길벗, 2018.

박창기. 『혁신하라 한국 경제』. 파주: 창비, 2012.

오준호 · 이민화 · 정지훈 외 지음. 『혁신의 목격자들』. 서울: 어크로스 출판그룹, 2019.

이민화. 『공유 플랫폼 경제로 가는 길』. 서울: KCERN, 2018.

_____. 『대한민국의 4차산업혁명』. 서울: KCERN, 2017.

_____. 『대한민국을 위하여』. 서울: KCERN, 2019.

_____. 『창조경제 어디로 가는가?』. 서울: 창조경제 연구회, 2015.

_____. 『4차산업혁명으로 가는 길』. 서울: KCERN, 2016.

이민화 · 박시온. 『하드웨어 스타트업』. 서울: KCERN, 2017.

이주호 · 이민화 · 유명희. 『제4차산업혁명 선도국가』. 서울: 한반도선진화재단, 2017.

최윤식 · 최현식. 『앞으로 5년, 한국 교회 미래 시나리오』. 서울: 생명의말씀사, 2020.

최재붕. 『포노 사피엔스』. 서울: 샘앤파커스, 2019.

최진기. 『한 권으로 정리하는 4차산업혁명』. 서울: 이지퍼블리싱, 2018.

2부

성육신 목회의
가능성과 적용성

Incarnation ministry
Platform church

박주석 목사

허허롭게 자유자로 살고 싶었으나 복음의 포로가 되어, 바른 복음의 선포를 생명으로 알고 설교하는 목회자다. 대학에서 한문 교육을, 개신대학원대학교와 총신대학교 신학대학원에서 조직신학을, 전북대학교 대학원에서 철학박사를 수료했다. 한민대학교, 전북개혁신학연구원, 전북신학교에서 가르쳤으며, 현재는 새언약교회 성도들과 함께 주님이 원하시는 교회를 이루기 위해서 발버둥치는 중이다. 광신대학교에서 철학과 신학을, 신학대학원에서 신학을 가르치고 있다.

GM 연구위원. 새언약교회 담임.

포스트모던 사상과 4차산업혁명 시대에
성육신 목회의 가능성?

여는 글

간혹 "무슨 철학이냐?"는 말을 듣는다. 철학을 몰라도 살아가는 데 아무런 문제가 없다. 그러나 모든 문화[1]의 배면에는 철학이 당당하게 똬리를 틀고 쥐락펴락하고 있다. 존 프레임은 철학을 "세계관을 확립하고 옹호하려는 훈련된 시도"라고 정의한다.[2] 정확한 지적이다. 철학은 시대의 문화를 결정하는 중요한 역할을 한다. 그러므로 모든 지혜의 근본이며 심판관인 성경을 해석하고 선포하는 사역자들은 문화의 행

---

1 서철원, 『기독교 문화관』(서울: 총신대학교출판부, 1992), 11-12. "문화는 인간의 활동만이 아니라. 그 활동으로 이루어진 결과들을 말한다. … 그리고 그 문화를 통해서 자연을 만나고 다음 세대의 활동이 이루어진다." Robert E. Webber, 이승구 역, 『기독교 문화관』(서울: 도서출판 엠마오, 1984). "만일 인간이 창조되지 않았다면 문화라는 것도 없었을 것이다. 이렇게 문화란 인간이 만든 것"이라고 한다. 즉 문화란 인간의 활동으로 이루어진 모든 것을 총칭해서 사용하는 것이라고 할 수 있다.

2 John M. Frame, 『서양 철학과 신학의 만남』(서울: 생명의말씀사, 2018), 46

간에 있는 철학적 세계관을 읽고, 세속 철학 정신의 파고를 넘어설 대안을 제시해야 한다.

본 장에서는 이성을 모든 앎의 원천으로 자리매김했던 근대철학부터 포스트모던까지의 흐름을 간략하게 더듬고,[3] 이러한 철학적 원리가 4차산업혁명과 어떤 시너지를 일으킬지를 조심스럽게 판단한 후에, 장일권 목사가 "1부 성육신 목회의 원리"에서 제시한 성육신적인 목회가 거센 현대사상과 문명의 파고에 대안이 될 수 있는지를 살피고자 한다.

마당 글

창조주께서는 그의 기쁘신 뜻대로 창조를 이루셨다. 칼빈은 창조의 위대함과 아름다움을 "자연이라는 지극히 영광스러운 극장"이라는 말로 함축했다.[4] 그러나 더 큰 놀라움은 사람 창조다. 하나님의 창조경륜 목적은 사람을 창조의 면류관으로 지으시고, 자기 백성 삼으셔서 찬양과 경배를 받으시는 것이다. 인간이 특별한 조물인 것은 '하나님의 형상'이기 때문이다. 하나님의 형상은 하나님을 닮은 인격을 뜻한다.[5] 첫

---

3 300여 년간의 쏟아진 철학은 전공자만이 겨우 이해할 정도로 난해하고 방대하다. 그러므로 본 글의 의도는 하나님을 떠난 철학이 단절 혹은 분절된 것이 아니라 하나님을 배도하는 큰 물결 속에서 밀고 당기는 하나의 '흐름'이라는 것을 보여 주는 데 있다.

4 John Calvin, 원광연 역, 『기독교 강요 상권』, "1권 하나님을 아는 지식(서울: 크리스천 다이제스트, 2003)," 81, 217. "지극히 아름다운 극장 속에 있으니 그 분명하고도 확실하게 드러나는 하나님의 솜씨에 대해 경건한 즐거움을 누리기에 부끄럽게 여기지 말자(217)."

5 서철원, 『서철원 박사 교의신학 Ⅲ, 인간론』(서울: 쿰란출판사, 2018), 49–67.
하나님의 인격은 자기 자신을 지시하고 뜻하므로 인격이라고 하지 않으시고 형상이라고 하셨다. 하나님의 형상은 바로 하나님의 인격을 뜻하고 반사한다(67).

사람 아담의 사명은, 하나님의 형상 안에 주어진 지성으로 창조를 탐구하고 창조 안에 주어진 보화를 개발해 하나님이 의도하신 문화를 세우는 것이다.

그러나 타락으로 이 지성이 심각하게 망가졌다. 하나님께서 창조의 경륜을 회복하시기 위해 지성의 빛이 완전히 꺼지지 않도록 남겨 놓으시므로, 인류가 짐승이 되지 않도록 조치하셨다. 하지만 타락한 지성은 하나님을 대항하고 반역하는 도구가 되었다(창 11:4; 롬 1:18). 이 일이 가장 도드라지게 나타난 것이 바로 근대 이후의 지성이라고 할 수 있다.

1. 하나님의 자리를 찬탈한 이성

1) 모든 길은 이성으로 통한다

17세기에 많은 천재 철학자들이 등장하였는데 그 선구자가 데카르트다. 데카르트는 방법론적 회의를 통해서 신뢰할 수 있는 것은 오직 이성뿐이라는 주장을 했다.

> '나는 생각한다. 고로 존재한다(cogito, ergo sum)'라는 진리는 매우 확고하고 확실한 것으로…철학의 제 일 원리로 받아들이는 데 조금도 주저할 것이 없다고 판단했다.[6]

중세의 철저한 신 중심에서 벗어나 이성을 앎의 제 일 원리로 삼았

---

6 Anthony Kenny, 김성호 역, 『케니의 서양 철학사 3권: 근대철학』 (서울: 서광사, 2014), 17.

기에 데카르트를 근대철학의 아버지라고 부른다.

반면에 영국의 철학자들은 앎의 원천은 이성이 아니라 경험이라고 주장했다. 이들은 이성을 앎의 원천이라고 주장하는 대륙의 합리론을 독단이라고 공격했다. 경험론을 더 밀고 나갔던 흄은 자신도 예기치 않는 헤어 나올 수 없는 깊은 회의주의에 빠지게 되었다.[7]

대륙의 합리론과 영국의 경험론 논쟁을 단번에 끝내고 새로운 길을 제시한 철학자가 칸트다. 그는 『순수 이성 비판』에서 이성과 경험의 종합을 통해서만 진정한 객관적인 지식이 가능하다고 주장했다.[8] 인간의 이성이 세계를 구성하는 입법자가 된 것이다. 칸트는 자신의 주장을 철학의 '코페르니쿠스의 전회'라고 했다.[9] 칸트는 존재론적으로 실재하시는 하나님을 지워 버렸다. 칸트의 하나님은 도덕 영역의 확보를 위해 불러낸, 요청된 신으로서만 존재한다.

2) 제거된 보편 진리

하나님을 떠난 인간은 애초부터 자신을 만물의 척도로 삼았다.[10] 급

---

7 Gunnar Skirbekk, Nils Gilje, 윤형식 역, 『서양 철학사』(이학사, 2017), cf. 517.
   이를 항상성(恒常性)의 원리라고 한다. 진정한 앎을 알 수 없어도 시·공간에서 반복되므로, 그렇게 되리라는 믿음으로 살아가게 된다. 이 항상성의 원리가 삶을 더욱 풍성하게 해 줄 수 있는 수단이 된다고 한다. 가령 하루에 만 개를 생산하는 상품이 있는데 전수조사를 하지 않는다. 그 이유는 이전의 아주 낮은 불량률의 데이터를 통해서 늘 그렇게 되리라는 믿음 때문이다. 그러므로 자연적인 믿음이 훨씬 삶에 효율적일 수 있다는 것이다(필자 주).

8 Craig G. Bartholomew, Michael W. Goheen, 신국원 역, 『그리스도인을 위한 서양 철학 이야기: 신앙과 이성의 만남』(서울: IVP, 2019), 243.

9 Ralf Rudwig, 박중목 역, 『쉽게 읽는 칸트 순수 이성 비판』(이학사, 2008), 43

10 철학편찬위원회, 『철학 사전』(서울: 중원문화사, 2009, https://book.naver.com/bookdb/). 인간 척도 명제라 일컬어지는 것으로서 궤변론자의 대표적 인물 프로타고라스가 한 말인데 '진리(Aletheia)' 혹은 '타도론(打倒論, Kataballontes)'이라 일컬어지는 그의 저작에서 처음으로 언급되고 있다. 상세

기야 니체는 "신은 죽었다. 우리가 그를 죽였다."라고 선언하기에 이르렀다.[11] 니체 이전의 철학자들은 세계와 역사를 의미 있고, 이성적이며 정의롭다고 보았고, 실존은 의미와 목적이 있다고 여겼다.[12] 하지만 이성이 하나님의 자리를 꿰차자 절대 혹은 본질의 담론이 무너졌다. 이후 철학에서[13] '본질'의 문제는 무지의 시대의 고물이 되고 말았다.

오늘날 북미를 지배하고 있는 철학은 자연주의[14]와 실용주의다.[15] 실용주의는 참된 지식으로서 진리는 언제나 잠정적일 수밖에 없고, 참된 지식은 현실의 문제를 해결해 주는 지식이라고 한다. 한 걸음 더 나아가 인지생물학자이자 철학자인 움베르토 마투라나(Humberto Maturana)는 모든 생물이 인식하는 세계는 동일한 세계가 아니라 인지에 따라 각기 다른 세계를 경험한다는 것이다. 이렇게 보편적이고 절대적인 세계는 사라지고 개별자 스스로 세계를 구성하는 길이 열리게 되었다.

하게는 "인간은 만물의 척도다. 있는 물질에 관해서는 있다는 것의, 있지 않은 물질에 관해서는 있지 않다는 것의 척도다." 위키백과(https://ko.wikipedia.org/), F. C. S. 실러는 프로타고라스를 프래그머틱한 휴머니즘의 시조라고 높이 평가하였다.

11 David A. Noebel, 류현진·류현모 역, 『충돌하는 세계관』(서울: 꿈을 이루는 사람들, 2019), 109. "니체의 이 진술은 인류가 하나님을 죽였다거나 하나님이 한때 살아 있었는데 이제 죽었다는 사실을 암시하려는 것이 아니었다. 니체가 의미한 바는 하나님에 대한 신앙이 더는 필요하지 않다는 것이다."

12 Gunnar Skirbekk, Nils Gilje, Ibid, 773

13 푸코, 데리다, 리오타르, 들뢰즈, 가타리, 라캉, 미셸 푸코 등이 포스트모더니즘의 대표적인 무신론의 철학자들이다.

14 자연주의는 실제의 사물과 현상을 오직 자연 세계에만 국한되어 있으며 초자연적인 존재나 힘을 신뢰할 수 없다고 주장하는 사상으로써, 찰스 다윈의 진화론을 토대로 하고 있다. 그러므로 오직 과학적인 방법만이 진실을 규명하는 척도라고 여긴다.

15 Craig G, Bartholomew, Michael W, Goheen, Ibid, 2019, 306.

3) 호모 데우스(Homo Deus)

세속 철학의 막바지에 이르러 인간이 도달할 수 있는 자리는 하나다. 그것은 첫 사람 아담이 시도했던 '하나님과 같이 됨'이다. 히브리대학의 역사학자 유발 하라리는, 현금의 과학이 그동안 신비스럽게만 여겼던 호모 사피엔스[16]의 블랙박스를 열어 그 안에 영혼, 자유의지, 자아 같은 개념이 없다는 사실을 알게 되었다고 한다. 인간은 다른 실재와 똑같은 물리적 · 화학적 법칙의 지배를 받는 유전자, 호르몬, 뉴런뿐이다.[17] 그동안 인류가 굳게 믿고 있던 영혼, 자아, 자유의지, 욕망, 사랑, 도덕, 자유, 만족 등은 완전한 신화에 불과하다.[18]

고대부터 중세까지 주류 세계관은 신 중심이었다. 그러나 근세에 들어서면서 이성이 하나님 자리를 대신하게 되었다. 그러므로 합리주의와 계몽주의는 이미 포스트모더니즘을 배태하고 있었고, 시간이 지나자 포스트모던 사상이 산통 없이 출생하여 세계관 깊숙이 스며들게 된 것이다.

포스트모더니즘의 세계관이 시대의 주군이 되었다는 것을 인지하면, 4차산업혁명의 종착지가 어디인지 애쓰지 않아도 예측할 수 있다.

---

16 호모 사피엔스(homo sapience)는 현생 인류를 포함하는 종의 학명으로, 칼 폰 린네에 의해 1758년에 붙여진 이름이다. 이 분류는 철저하게 진화론의 토대 위에 세워졌다. 호모 사피엔스가 호모 네안데르탈인(home neanderthalensis)과 호모 에렉투스(homo erectus)와 교배를 통해서 현생 호모 사피엔스가 존재한다는 설과 적자생존의 경쟁에서 이들을 이기므로 새로운 지배자가 되었다는 교체설이 있다. 유발 하라리는 "약 38억 년 전 지구라는 행성에 모종의 분자들이 결합하여 특별히 분자 구조가 만들어졌다. … 인간(human)이란 말의 진정한 의미는 '호모 속에 속하는 동물'이고, 호모 속에는 사피엔스 외에도 여타의 종이 많이 존재했다."라고 한다. 호모 사피엔스가 성공한 비결은 언어 덕이었다고 한다.
Yuval Noah Harari, 조현욱 역, 『호모 사피엔스』(서울: 김영사, 2018), 18, 22, 41.

17 Yuval Noah Harari, 『호모 데우스』 김명주 역(서울: 김영사, 2018), 387.

18 Ibid, 399.

첫 사람 아담의 전철을 따라 인간은 하나님의 자리에 앉게 될 것이다. 철학의 흐름을 읽으면 '호모 데우스' 외에 다른 선택지가 없다는 것을 알 수 있다. 유발 하라리는 4차산업혁명이 "짐승 수준의 생존 투쟁[19]에서 인류를 건져 올린 다음 할 일은 인류를 신으로 업그레이드하고 '호모 사피엔스'를 '호모 데우스'로 바꾸는 것"이라고 말한다.[20] 세속 철학이 하나님처럼 되려고 하는 아담의 꿈을 한 번도 포기한 적이 없기 때문이다.

2. 기준선의 부재와 디스토피아(dystopia)

김창경 교수[21]는 EBS 미래 강연 Q "4차산업혁명과 생명공학"이라는 강연에서,[22] 인류를 위협하는 두 가지 기술은 인공지능 기술과 유전자 편집기술이라고 한다. 2025년은 인공지능이 인간지능을 능가하는 변곡점이 될 것이며, 유전자 편집기술은 10년 이내에 초지능 인간(intelligence)을 탄생시킬 것이라고 한다.[23] 그렇다면 공상(science fiction)으로 여

---

19 Thomas Hobbes, 최공웅·최진희 역, 『리바이어던』(서울: 동서문화사, 2012), 131. "정치 국가 외부에는 언제나 만인의 만인에 대한 전쟁이 존재한다." 인간은 본래 이기적이며 자기 보호를 최우선시하므로 만인에 대한 만인의 투쟁이 존재한다. 이를 막을 수단으로 자신이 가지고 있는 각자의 권리를 양도하므로 '커먼웰스(commonwealth, 공화정)'가 탄생한다. 이 공화정이 평화를 보장하는 지상의 신(mortal God), 즉 리바이어던(욥 3:8, 리워야단)이 된다(필자 주).

20 유발 하라리, Ibid, 39, 74, 483.

21 현 한양대학교 과학정책학과 교수, 전 교육과학기술부 2차관, 전 대통령 과학 기술 비서관, 전 미국 Sensormatic Electronics Co. 수석 엔지니어, MIT 재료공학 박사, 서울대학교 금속공학과.

22 EBS 2017. 9. 14. 방영(https://www.ebs.co.kr/tv/show?prodId=126549&lectId=10751647).

23 공상과학을 소재로 한 영화는 우리의 미래를 어렴풋이 예측하는 길라잡이라고 할 수 있다. 4차산업이 인류의 미래를 어떻게 바꿀 것인가를 이해하기 위해서 다음의 책을 소개한다. 박영석, 『21세기 SF 영화의 논점들』(서울: 아모르쿤디, 2019).

겼던 것이 실현되는 것이 인류에게 축복을 가져다 줄 것인가? 아니면 판도라와 같은 금단의 상자가 될 것인가?

4차산업혁명이 축복이 되기 위해서는 기준선이 존재해야 한다. 그러나 근세 이후부터 진행되어 온 세속적인 철학은 기준선이 없다. 절대 기준선이 무너진 곳에 상대적인 기준선만 남게 되었다. 이 기준선으로는 알고리즘과 유전자를 통한 구원을 약속하는 데이터교[24]를 신봉하는 4차산업혁명을 축복으로 결코 바꿀 수 없다.

뇌과학자 김대식은 닉 보스트롬의 『슈퍼 인텔리전스』를 서평하면서, "슈퍼 인텔리전스(초지능)의 탄생은 다시 되돌릴 수 없다. 더는 인간이 통제할 수 있는 기계가 아니기 때문이다. 보스트롬은 그렇기에 기계가 물어보기 전 우리가 먼저 질문해야 한다고 제시한다. 왜 지구에 인간이 존재해야 할까? 만약 기계를 설득할 만한 답을 찾지 못한다면, 초지능 인공지능의 탄생은 동시에 호모 사피엔스의 멸종을 의미한다. 지구는 더이상 우리 인간의 것이 아니라 우리의 기억과 기술 그리고 희망과 두려움을 물려받게 될 기계들의 세상이 될 것이다."라고 한다.[25] 절대적인 기준, 즉 절대 진리를 인정한 세상에서도 인간의 타락한 욕망을 막을 방법이 없어 인간 스스로 재앙을 초래했는데,[26] 절대 기준선의 부재한 세계관으로 4차산업혁명의 미래가 유토피아가 될 수 있겠는가? 모든 것-특히 기계와 유기체의 결합-을 융합하는 미래는 어떤 모습일

---

24 Yuval Noah Harari, Ibid, 504, 521-523, 526, 528, 529, 531, 533, 534.

25 「중앙일보」. 2017. 4. 7. 18면. https://news.joins.com/article/21450421.

26 1차 산업혁명 결과 수천 년 동안 이루지 못한 압축적인 문명의 진보를 이루었다. 그러나 자신들이 이루어 놓은 문명을 1, 2차 세계대전이 발생함으로 철저하게 망가뜨렸다. 자신들 이루어 놓은 문명이기로 문명을 파괴하는 아이러니에 대한 깊은 탄식이 무신론적 실존주의를 태동하게 하였다.

까? 인간적인 관점에서만 보면 암울한 디스토피아가 두 팔을 벌리고 우리를 맞을 채비를 하고 있다.

3. 성육신 목회가 대안이 될 수 있는가?

이런 시대에 기독교 세계관이 대안이 될 수 있는가? GM선교회가 표방하는 성육신의 목회가 포스트모던과 4차산업혁명으로 도래할 암울한 전망에 대안이 될 수 있는지를 물을 차례이다. 상대적인 가치로 치장된 세상, 예측할 수 없는 미래에도 여전히 성육신의 목회가 가능한 이유는 다음과 같다.

1) 지울 수 없는 '신 의식'

칼빈은 "사악한 자들이 하나님을 부정하기 위해 열심히 만들어 낸 마음의 그 완고함이 다 쇠약해지더라도 그들이 강하게 말살하고자 했던 그 '신 의식'은 도리어 무성해지고 있으며, 현재에도 싹트고 있다는 사실이다. 여기서 우리는 이렇게 결론짓지 않을 수 없다. 곧 이것은 학교에서 비로소 배워야 하는 교리가 아니라, 우리 각자가 모태에서부터 터득하며 많은 사람이 전력을 다하여 이것을 잊어 버리려고 할지라도 본성 그 자체가 아무에게도 그렇게 하는 것을 허락하지 않는 것이라는 사실이다."[27]라고 하였다.

사람이 하나님의 형상으로 지음을 받은 피조물이라는 사실은 필연

---

27 John Cavin, 김종흡 외 공역, 『기독교 강요 상권』(서울: 생명의말씀사, 2001), 93.

적으로 하나님을 필요로 하고 하나님에 의존해서만 존재하도록 만들어졌다는 것을 뜻한다.[28] 그러므로 포스트모던 사상이 문화를 지배하고 왕 노릇 할지라도, 4차산업혁명으로 유기체와 기계가 결합한 호모데우스 시대가 열린다고 할지라도 인간 본성 안에 있는 '신 의식' 혹은 '종교의 씨'[29]를 결코 없애지 못한다. 인간 본성에 새겨진 신 의식 때문에 사람은 필연적으로 하나님을 찾기 마련이다. 하지만 자신들의 종교 더듬이로 찾아낸 신은, 성경이 지시하는 하나님이 아니라 우상이다(롬 1:23). 신을 향한 종교 더듬이를 바르게 사용할 수 있게 하는 것, 즉 구원에 이르게 하는 것은 성경이 제시하는 복음이다. 그 외에는 다른 방법이 없다.

교회에 대한 강력한 도전은 시대의 언어와 사상으로 복음을 해석하도록 하는 유무형의 강요다. 현대사상에 바탕을 둔 4차산업혁명의 도전은 이전과는 비교할 수 없을 것이다. 이 도전 앞에 굴복한다면, 계몽주의의 무게를 이겨 내지 못하고 투항했던 슐라이어마허의 충실한 후계자가 될 것이다. 슐라이어마허는 "예수는 한낱 인간이지만 자연적 개발로 이룩한 무한한 신 의식 때문에 하나님의 아들 곧 신성과 일치된다."고 했다.[30] 시대의 사상에 휘둘린 슐라이어마허와 그 뒤를 따른 현대 신학자들은 너나없이 상승기독론을 주장하기에 이르렀다.[31] 타락

---

28 서철원, 위의 책, 84–85.

29 칼빈은 "짐승과 조금도 다를 것이 없이 것처럼 보이는 사람들까지도 항상 무엇인가 종교의 씨앗을 그 속에 지니고 있다…그러므로 세계가 존재하던 날부터 종교 없이 지낼 수 있었던 나라, 도시, … 가족이 하나도 없다."라고 한다(Ⅰ.3.1).

30 서철원, 『서철원 박사 교의신학 Ⅳ, 그리스도론』 (서울: 쿰란출판사, 2018), 30, 72, 213, 234.

31 Ibid, 30–38. 상승기독론(아래서부터 위로 올라가는 기독론)은 역사적 예수, 인간 예수에게서 출발

한 인간을 구원하기 위해서 하나님께서 육을 입으시고, 죽고 부활하셨다는 복음 체계가 무너지므로 유럽의 교회가 급속히 쇠락하게 되었다.

인간의 본성 안에 새겨진 '신 의식'을 그 무엇으로도 지울 수 없다면,[32] 세속 철학과 결탁한 상승기독론이 아니다. 인간 안에 있는 지울 수 없는 신 의식을 일깨우는 것은,[33] 하나님께서 우리 구원을 위해서 육을 입으시고, 죽고, 부활하셨다는 복음 선포뿐이다. 하나님께서는 복음 선포를 통해서 자기 백성을 부르시고, 구원하시기 때문이다. 그러므로 시대를 불문하고 성육신으로 이루신 구원 사역은 모두에게 타당한 진리이다.[34]

2) 창조경륜

하나님께서 물로 세상을 심판하신 후에 노아와 언약을 맺으시면서 다시는 땅을 멸할 홍수가 없을 것이라고 하셨다(창 8:11). 노아와 맺은 언약이 독특한 것은 모든 생물이 포함되었다는 것이다(창 9:10-11). 그

하는 기독론을 가리킨다.
"그리스도의 신성 사상은 교회가 교회 설립자에 대해서 바친 인정과 가치 평가일 뿐이다(리츨)."
"완전한 인간인데 하나님의 의지와 완전히 일치했다(브룬너)."
"예수 그리스도는 시간 내에 살고 활동하다가 죽은 자다(발트)."
"하나님에게서 나온 로고스의 원리가 예수에게 나타나므로 새 존재가 되었다(틸리히)."
"그리스도의 증거는 신화이므로 오직 인간 예수만 있다(불트만)."

32 칼빈은 신 의식에 대해 "하나님께서는 자신의 신적 위엄을 어느 정도나마 깨달아 알 수 있는 이해력을 각자에게 심어 주셨다. 그리고 하나님은 이에 대한 기억을 새롭게 하기 위하여 계속적으로 신선한 물방울 떨어뜨려 주신다."라고 하였다(I.3.1).

33 성령께서 복음 선포를 통해서 신 의식을 깨운다는 전제가 들어 있다.

34 본 장에서는 코넬리우스 반틸의 전제주의적 변증학 개념이 들어 있다. 반틸은 인간이 하나님의 형상으로 창조되었고, 타락했지만 누구에게나 신 의식이 있으므로 논리적인 논증이나 설득이 아니라, 바른 복음의 선포만이 해답이라고 제시한다. 참조. Cornelius Van Til, 신국원 역, 『변증학』(서울: CLC, 1985), 『개혁신앙과 현대사상』(서울: 도서출판 엠마오, 1984).

리고 언약의 표로 하늘에 무지개를 걸어 놓으셨다. 이 언약을 자연 언약 혹은 보존 언약이라고 한다. 이것은 세상이 결코 인간의 손에 의해서 혹은 자연의 해체과정을 통해서 스스로 멸망하지 않는다는 것을 의미한다. 역사의 목표는 창조경륜의 완성이다. 이 때문에 마지막 택함을 받은 자가 예수를 믿어 하나님의 백성이 될 때까지는[35] 역사는 어떤 형태로든지 지속된다.

그러므로 4차산업혁명으로 인간이 신이 되는 데까지 이르러 하나님께서 만드신 창조물을 쥐락펴락한다고 할지라도, 하나님께서 자기 백성을 가지시고자 하는 창조의 경륜은 멈추지 않으신다. 마지막 택한 자를 구원하여 자기 백성 삼으실 때까지 하나님은 교회를 통해서 창조의 경륜을 이루신다. 인류의 배도가 극심하여 하나님을 대항해도 주님께서 오셔서 세상을 심판하시고 새 하늘과 새 땅을 완성할 때까지 인간의 손으로 창조를 무(nothingness)로 돌릴 수 없다. 그것은 성육신하셔서 이루신 복음을 통해서 자기 백성을 구원하시기 때문이다. 그러므로 예측할 수 없는 미래에도 교회가 견고하게 붙잡아야 할 것은 그리스도께서 성육신으로 이루신 복음이다.

3) 그리스도의 왕권(cosmic Lord)

마지막으로 포스트모던 사상과 4차산업혁명의 시대에 성육신 목회가 대안이 될 수 있는 것은, 그리스도께서 온 우주의 왕이시기 때문이다. 그리스도의 왕권에 대하여 서철원 교수는 다음과 같이 정의한다.

---

35 서철원, 『서철원 박사 교의신학 Ⅶ, 종말론』 111.

개혁 신학은 모든 생활영역에서 그리스도의 왕권(regnum Christi)을 강조하고 그 실현을 위하여 노력한다. 그리스도가 모든 창조의 영역에서 주(主)이시므로 그가 인간 사회의 모든 영역에서도 왕이 되게 해야 한다. 그리스도가 왕이 되는 것은 그의 법이 교회와 사회의 법이 되므로 이루어진다. 이 일을 위해 모든 영역을 복음화하고 말씀의 권세 아래 두기 위해 노력한다.[36]

창조주의 중보자로서 실제로 창조를 이루신 그리스도께서(요 1:3; 히 1:2) 피조물을 입으신 것은 창조의 경륜을 이루시기 위해서다. 즉 천하만민 가운데서 택한 자를 구원하여 자기 백성의 머리가 되시고, 온 세상의 주가 되셔서 다스리는 나라를 이루시기 위해서다. 이것을 잘 포착한 아브라함 카이퍼는 암스테르담 자유대학 총장 취임(1880) 연설에서 "만물의 주권자이신 그리스도에게 속한 인간 존재의 전 영역에서 '이것은 내 것이다'라고 주장하지 않는 땅은 한치도 없다."고 했다.[37] 그러므로 교회의 사명은 세상의 모든 삶의 영역에 그리스도의 주권을 선포하고 그 주권이 이루어지도록 하는 것이다.

4차산업혁명 시대에 교회가 그리스도의 왕권을 실현하기 위해서 붙잡아야 할 것은 성육신으로 이루신 구속 사역이다. 이것을 세속 문화 정신에 내어 준다면 교회의 존재 됨이 끝나게 되고, 교회는 더는 하나님의 창조경륜의 동역자가 될 수 없다. 그러므로 교회는 어떤 상황에서

---

36 서철원, 『서철원 박사 교의신학 I, 서론』, 134-135.

37 김영한, 『개혁주의 신학이란 무엇인가?』(서울: IVP, 1995). 148., cf. Abraham Kuyper, 서문강, 『삶의 체계로서의 기독교』(서울: 새순출판사, 1987).

도 그리스도의 성육신 교리에 부착되어 있어야 한다. 하나님의 성육신으로 이루신 구원 사역만이 그리스도께서 모든 창조의 영역에서 주가 되신다는 것을 고백하고, 고백적인 삶을 살 수 있도록 하기 때문이다.

4. 내 사랑하는 한국 교회

한 몸인 지체로서, 마치 타자처럼 멀찍이 서서 한국 교회를 논한다는 것은 매우 조심스럽고 아픈 일이다. 그 나물에 그 밥이지만 그래도 돌들이 소리를 지르도록 내버려 두어서는 안 되기에 누구나 다 알지만 고치지 못한 몇 가지를 덧붙인다.

1) 성화의 부재

한국 교회의 기복주의에 대한 우려는 어제, 오늘의 일이 아니다. 어떤 이들은 성화의 부재를 칭의의 탓으로 돌리고, 칭의의 본질을 훼손한다. 그러나 이것은 개혁 교회의 뿌리를 흔드는 것이다. 개혁 교회의 교리와 신앙고백서들은 칭의와 성화를 분리하거나 어느 한쪽을 약화하는 경우가 없다. 한국 교회의 성화의 부재는 칭의의 강조가 아니라 번영신학과 기복주의에 있다. 옛 언약 시대 이스라엘 백성이 하나님과 함께 섬긴 우상들은 모두 풍요의 신(fertility god)이었다. 이것들이 그들을 '거룩한 백성'으로 정체성을 드러내지 못하고 결국 멸망에 이르게 하였다. 한국 교회가 기복과 번영신앙/신학을 버리고 성육신의 복음으로 무장하지 않는다면 현대사상으로 무장한 4차산업혁명 시대의 쓰나미에 휩쓸릴 것은 당연하다.

그리스도께 육을 입으신 성육신의 신비를 깊이 알고 깨달으면 세상에 살면서도, 세상에 물들지 않는 거룩한 삶을 살 수 있다. 또한 하나님께서 육을 입으시고 자신을 내어 주신 사랑 때문에 하나님을 사랑할 수 있고, 이웃/세상을 자신의 몸을 내어 주는 사랑으로 사랑할 수 있다. 그러므로 성육신적 사역이 급변하는 환경에 함몰되지 않을 목회의 대안이라 할 수 있다.

2) 세속주의와 상황화

필자가 세속주의라고 함은 세상 정신(ethos)을 의미한다. 거대한 문화 현상 아래에 빙하처럼 버티고 있는 세속 정신을 여간해서는 분별하기가 쉽지 않다. '오직 성경'이라는 개혁자들의 아름다운 전통이 근본주의와 문자주의로 환원되어 세상과 고립되어, 세속 정신을 읽지 못하므로 오히려 그 정신에 동화되는 모순 가운데 있다. 이와는 달리 세속 정신을 상황화로 잘못 판단하여 복음의 본질을 포기하는 일들이 다반사이다. (신)실용주의 할례가 복음 선포와 교회 의식에 되돌리기 어려울 만큼 깊이 스며들어 있다. 그것도 주의 이름으로. 이를 뒷받침하는 신학들이 비 온 후에 죽순처럼 넘친다. 이러한 모습으로는 4차산업혁명의 파란을 이겨 내기가 어려울 것이다.

교회가 세속주의를 이길 수 있는 것은 '성육신적 상황화'다. 세속의 언어로 복음을 해석하는 것이 아니라, 세속의 언어가 복음에 시종을 들도록 하는 것이다.

하나님께서 육신을 입으신 것은 상상할 수 없는 상황화(contextualization)다. 창조주가 피조물 입으신 것, 영원하신 하나님께서 시간과 공간 안에 오신 것, 무한하신 하나님께서 유한한 인간이 되신 것은 놀라운 상황화다. 교회의 상황화는 그리스도의 성육신에서 발견할 수 있다.

필자는 상황화와 그 한계를 451년에 칼케돈공의회에서 결정된 신경이 답을 제공하리라고 생각한다. 칼케돈공의회에서 성육신하신 하나님께서 한 인격(신인격) 안에 인성과 신성이 어떤 방식으로 존재하는지를 결정했다.

> 그분은 두 본성으로 인식된다. 두 본성이 혼합되지 않고, 변하지도 않으며, 분할되거나, 분리되지 않음을 인정한다. 인격적인 통일을 이룬다고 하여 양성의 구별이 없어지는 것도 아니다. 도리어 양성은 각 본성의 특이성을 보유하면서도 하나님의 인격과 자질로 연합되어 있다.[38]

그러므로 교회는 세속화 대신 '성육신적인 상황화'가 이루어져야 한다. 교회가 세속의 문화/정신에 혼합이나 변화되지 않으면서도, 세속의 문화/정신에 분리와 분열되지 않는 것이 성육신적인 상황화라고 할 수 있을 것이다. 이러한 성육신적 상황화가 세속주의를 극복할 수 있는 대안이라고 할 수 있을 것이다.

3) 성경적 세계관의 부재

번영신앙, 이원론, 세속주의에 자리를 내어 준 한국 교회의 모습에서 성경적 세계관을 찾을 수 없는 것은 당연하다. 이런 구태로는 호모 데

---

38 김영재, 『기독교 신앙고백』(수원: 영음사, 2011). 65.

우스(Homo Deus)를 만들어 낼 4차산업혁명 시대의 세속적 문화를 막아 낼 재간이 없다. 그러므로 한국 교회가 시급하게 해야 할 일은 그리스도께서 성육신으로 이루신 세계관을 새롭게 정립하고, 가르치고, 훈련하는 것이다. 그래서 각자의 삶의 영역에서 성경의 세계관으로 세속의 세계관을 극복할 수 있도록 해야 한다.

4차산업혁명 시대에 가장 많이 회자되는 것이 인공지능이다. 이세돌이 인공지능 알파고와 매치(Google Deepmind Challenge match) 할 때 4:1 혹은 5:0으로 자신이 이길 것이라고 했다. 그러나 결과는 정반대로 4:1로 패배했다. 이세돌의 1승은 기적에 가까운 것이다. 앞으로는 어떤 국수(國手)도 인공지능을 이기지 못할 것이다. 지금 당장이라도 인공지능에 관한 법적 유연성이 확보만 된다면 그 파급력은 상상할 수 없을 것이다.

그렇다면 세속적/상대적 세계관을 가진 엔지니어에 의해서 만들어진 인공지능이 미칠 영향은 어떻겠는가? 시시비비를 일일이 가리지 않아도, 절대 기준선 부재가 가져올 결과는 재앙일 것이다. 그러나 기독교 세계관을 토대로 만들어진 인공지능이라면 인류의 삶을 풍성하게 할 것이다. 그러므로 성경적 세계관(개혁주의 세계관)을 바르게 정립하여 훈련하는 것이 교회의 화급한 과제라 할 수 있다.

나오는 글

본 장에서 가장 말하고 싶은 것은 눈에 보이지 않는 사상의 조류가 문화를 주도한다는 것이다. 철학자들의 이런저런 주장을 보면 우리가 사는 세계와 동떨어져 있고, 실제 생활에 별 유익이 되지 않는 그들만의 담론이라고 여기고 조롱할 때가 있다. 그러나 역사 가운데 진행되었던 문화 현상의 배면에 세속 철학이 자리하고 주도하고 있다는 사실을 발견한다면 숨이 막힐 것이다.

포스트모던 사상이 주군 노릇을 하는 상황에서 4차산업혁명이 도래했다. 4차산업혁명이라는 용어를 처음 사용했던 클라우스 슈밥은 4차산업혁명의 특징 중 하나가 속도라고 한다.[39] 무서운 속도로 진행될 새로운 산업혁명을 어떻게 맞이하고 대처해야 할지 논의할 겨를도 없이 4차산업혁명은 우리 곁에 왔고, 우리는 그 열차에 올라타게 되었다.

이 때문에 교회는 이러한 시대의 정신과 문화에 대한 응전을 더는 미룰 수 없는 형편이 되었다. 절대적이고 불변한 참 진리를 가진 교회가 떠안은 과제를 풀지 않고 뭉그적거리면 알아차리지도 못하고 세속적(상대적)인 가치관에 의해 전복될 것이다. 영국에 산업혁명 당시 일자리를 빼앗긴 노동자들은 자신의 생존을 위협하는 기계를 파괴하려는 운동이 일어났다. 이를 "러다이트(Luddite) 운동"이라고 한다.[40] 이렇듯 교회가 근본주의적 신앙으로 새로운 리바이어던이 될 4차산업혁명을 막기 위해서 러다이트 운동을 해야 하는가? 아니면 자신들 만의 경건을 지키기 위해 세상에서 멀리 떨어진 곳에 게토(ghetto)를 이루어야 하는가?

---

39 Klaus Schwab, 송경진 역, 『제4차산업혁명』(서울: 새로운 현재, 2019), 12.

40 최진기, 『한 권으로 정리하는 4차산업혁명』(서울: 이지퍼블리싱, 2019), 195–196.

답은 하나다. 교회가 공동으로 성육신적인 세계관[41]을 구축하고 전략을 만들어서 절대적이고 보편적인 진리체계를 상대적 가치만 남은 세상에 분명하고 또렷하게 제시해야 한다. 그리고 교회의 지체된 그리스도인이 성육신의 세계관을 자신의 세계관으로 삼고 모든 삶의 영역에서 증거(demonstration)로 제시해야 한다. 이 일을 위해 한국 교회가 연대해서 새로운 '성육신 플랫폼(platform)'을 만들어야 한다. 성육신의 플랫폼 안에서 세속적인 세계관을 대항할 수 있는 공동전선을 형성하고, 훈련하고, 재생산하는 일을 해야 한다. 그래서 창조주로부터 받은 온갖 선물이 선한 방향으로 나아가도록 해야 한다. 성육신적 세계관으로 기준선을 만들어 인간이 '호모 데우스(Home Deus)'가 되는 일을 막고, 창조주께서 당연히 영광을 받으시도록 하는 것이, 4차산업혁명 시대에 당면한 교회의 과제다.

---

[41] 글쓴이가 주장하는 성육신적인 세계관은 그리스도의 성육신적 희생만을 의미하는 것이 아니라 그리스도께서 성육신을 통해서 이루신 구원 사역의 전 과정이 포함되어 있다. 그것은 성육신의 목적이 구원을 이루시기 위한 것이기 때문이다.

참고문헌

김용규. 『지식을 위한 철학 통조림: 담백한 맛』. 서울: 주니어김영사, 2016.

김영재. 『기독교 신앙고백』. 수원: 영음사, 2011.

김영환. 『개혁주의 신학이란 무엇인가?』. 서울: IVP, 1995.

박경석. 『21세기 SF 영화의 논점들』. 서울: 아모르쿤디, 2019.

서철원. 『기독교 문화관』. 서울: 총신대학교출판부, 1992.

서철원. 『서철원 박사 교의신학 Ⅰ, 서론』. 서울: 쿰란출판사, 2018.

_____. 『서철원 박사 교의신학 Ⅱ, 신론』. 서울: 쿰란출판사, 2018.

_____. 『서철원 박사 교의신학 Ⅲ, 인간론』. 서울: 쿰란출판사, 2018.

_____. 『서철원 박사 교의신학 Ⅳ, 그리스도론』. 서울: 쿰란출판사, 2018.

_____. 『서철원 박사 교의신학 Ⅶ, 종말론』. 서울: 쿰란출판사, 2018.

이유선. 『듀이 & 로티; 미국의 철학적 유산, 프래그머티즘』. 서울: 김영사, 2016.

최진기. 『한 권으로 정리하는 4차산업혁명』. 서울: 이지퍼블리싱, 2019.

Abraham Kuyper, 서문강 역. 『삶의 체계로서의 기독교』. 서울: 새순출판사, 1987.

Anthony Kenny, 김성호 역. 『케니의 서양 철학사 3권: 근대철학』. 서울: 서광사, 2014.

Craig G, Bartholomew, Michael W, Goheen, 신국원 역. 『그리스도인을 위한 서양 철학 이야기: 신앙과 이성의 만남』. 서울: IVP, 2019.

David A. Noebel, 류현진 · 류현모 역. 『충돌하는 세계관』. 서울: 꿈을 이루는 사람들, 2019.

Gunnar Skirbekk, Nils Gilje, 윤형식 역. 『서양 철학사』. 이학사, 2017.

John Calvin, 원광연 역. 『기독교 강요』. 서울: 크리스천다이제스트, 2003.

_____, 김종흡 외 공역. 『기독교 강요』. 서울: 생명의말씀사, 2001.

John M. Frame.『서양 철학과 신학의 만남』. 서울: 생명의말씀사, 2018.

Joshua Greene, 최호영 역.『옳고 그름』. 서울:서광사, 2017.

Klaus Schwab, 송경진 역.『클라우스 슈밥의 제4차산업혁명』. 서울: 새로운 현재, 2019.

Robert E. Webber, 이승구 역.『기독교 문화관』. 서울: 도서출판 엠마오, 1998.

Ralf Rudwig, 박중목 역.『쉽게 읽는 칸트 순수이성비판』. 이학사, 2008.

Thomas Hobbs, 최공웅·최진희 역.『리바이어던』. 서울:동서문화사, 2012.

Yuval Noah Harari, 김명주 역.『호모 데우스』. 서울: 김영사, 2018.

_____, 정현욱 역.『호모 사피엔스』. 서울: 김영사, 2018.

철학편찬위원회.『철학 사전』. 서울: 중원문화사, 2009.

https://book.naver.com/bookdb/.

https://ko.wikipedia.org/.

https://namu.wiki/w/%EC%95%8C%EA%B3%A0%EB%A6%AC%EC%A6%98.

https://www.ebs.co.kr/tv/show?prodId=126549&lectId=10751647.

https://news.joins.com/article/21450421.

윤광원 목사

윤광원 목사는 인생에 대한 회의감으로 불교, 도교, 안식일교회, 통일교회 등을 전전하며 방황하다가 예수님을 만났다. "John Calvin의 신학에서 *Abnegatio Nostri*"라는 논문으로 박사학위를 받았고, 평택고등학교와 평택대학교 등에서 교수했다.

영성교회에서 보석보다 귀한 성도들과 함께 성경을 '신앙의 제일 규범'이 아닌 '신앙의 유일한 규범'으로 받아들이고, 성경을 바르게 해석하고 순종하는 삶을 구가(謳歌)하고 있다.

『哲學: 討論學習을 爲한 敎授-學習案』, 『존 칼빈의 자기부정의 렌즈로 본 신앙생활의 핵심』, 『성경해석 바로잡기 500』, 『무슨 재미로 사세요』, 『영원을 준비하고 계시나요』 등의 저서와 『칼빈 신학과 한국신학』, 『칼빈 신학 2009』 등의 공저가 있다.

GM 연구위원. 영성교회 담임.

John Calvin의 *Abnegatio Nostri*[1] 사상을 성육신적 목회에 어떻게 적용할 것인가?

I. 들어가는 말

버틀란드 러셀(Bertrand Russell)은 1927년 전국비신자협회 남부 런던지부가 주최한 베터시 공회당에서 행한 연설(*Why I Am Not a Christian*)에서 기독교가 교의(敎義)를 잃었다고 비판했다.[2] 그는 추밀원의 결의로 지옥에 대한 신앙을 기독교 신앙의 본질적인 것으로 보지 않게 된 것을 그 구

---

1 자기부정(*Abnegatio Nostri*)은 '우리 자신의 부정(denial of ourselves)'으로 직역할 수 있으나 일반적으로 '자기부정(self-denial)'으로 번역한다. John Calvin, *Institutes of the Christian Religion*, ed. John T. McNeil, tr. Ford Lewis Battles (Philadelphia: The Westminster Press, 1960), 3권 3장 8절. 이후로는 *Inst.*, 3. 3. 8 등으로 표기함; Inst., 3. 7. 2; *Inst.*, 3. 7. 4; *Inst.*, 3. 7. 8; *Inst.*, 3. 20. 43; Randall C. Gleason, *John Calvin and John Owen on Motificaation: A Comparative Study in Refomed Spirituality*(New york: Peter Rang Publishing, Inc., 1995), 59-67; T. H. L. Parker, *Calvin: An Introduction to His Thought*(London: Geoffrey Chapman, 1995), 89-95; Robert A. Peterson, *Calvin's Doctrine of the Atonement*(Phillipsburg: Presbyterian and Reformed Publishing Company, 1983), 78-79; Lucien Joseph Richard, *The Spirituality of John Calvin*(Atlanta, Georgia: John Knox Press, 1974), 104-05, 124.

2 Bertrand Russell, 이재황 역, 「나는 왜 기독교인이 아닌가」(*Why I Am Not a Christian*, 파주: 범우사, 2015), 15-16.

체적인 예로 들었다.[3] 그가 비록 반(反)기독교적인 인물이었지만, 그의 지적을 부정하기는 어렵다. 한국 교회는 어떤가? 안명준은 한국 교회의 신학적 문제점으로 극단적 이원론, 로마 가톨릭으로 복귀하는 현상, 교회의 외형적 대형화, 개교회주의, 무속적 요소, 목회자의 윤리적 실종을 들었고,[4] 박해경은 한국 교회의 문제점으로 복음에 대한 오해, 목회신학의 혼란, 경건생활의 부재를,[5] 권문상은 한국 교회의 문제점으로 무속화를 들었다.[6] 그것이 사실이라면 한국 교회의 문제점은 기독교의 바른 교의를 상실했다는 뜻이 아닐까?

기독교의 바른 교의는 무엇인가? 우리는 개혁주의(改革主義)를 기독교의 바른 교의로 받아들인다. 개혁주의는 칼빈의 신학이 그 바탕이며, 그 중심은 하나님 중심, 하나님의 절대 주권이라는 사실은 일반 백과사전에서도 확인할 수 있을 만큼 기독교 밖에까지 널리 알려진 사실이다. '하나님 중심, 하나님의 절대 주권'은 기독교 신앙의 본질적인 내용이다.

이러한 하나님 중심의 바른 교의로부터 벗어난다면 그 신앙은 본질에서 벗어난 것이며 그 결과는 모든 것이 허사(虛事)가 된다. 고린도전서 13장의 표현을 빌리자면 '나는 아무 것도 아니다.'[7] 시편 51편도 하

---

3 Ibid., 18.

4 안명준, "한국 교회의 신학적 문제점," 안명준 외, 『한국 교회의 문제점과 극복 방안』(서울: 이컴비즈넷, 2006), 15-34를 참조.

5 박해경, "한국 교회의 문제점에 대한 극복 방안," 안명준 외, Ibid., 53-70을 참조.

6 권문상, "한국 교회의 문제점과 극복 방안," 안명준 외, Ibid., 145-70을 참조.

7 KJV과 NASB 등은 "οὐδὲν ὠφελοῦμαι."를 "I am nothing."이라고 번역했는데, 이는 바르게 번역한 것이다.

나님 중심의 신앙과 상관없는 제물이 얼마나 헛된 것인가를 분명하게 밝히고 있다.[8] 구약의 속죄에 대한 가르침은 짐승의 제물을 바치도록 되어 있음에도 하나님께서 제사를 즐겨 아니하시고 번제를 기뻐 아니하신다고 한 것은 아무리 최선의 제물이라고 하더라도 상한 심령, 상하고 통회하는 마음이 없다면 하나님께서 미워하시기 때문이다.[9] 유대인들은 제물이 죄를 보상한다고 믿었지만, 율법은 그들로 하여금 자기들의 공로를 의지하는 데서 떠나 그리스도께서 치르신 단번의 보상으로 향하도록 의도되었기 때문에, 하나님은 제사드릴 것을 명령하셨고, 다윗은 그것을 등한히 여기지 않았으며(시 66:13-15), 그것은 다윗과 하나님의 온 교회에 중대한 도움이 된다는 것을 보여 주었다.[10] 그러므로 다윗은 제사 드리는 일에 성실하기는 했지만, 세상의 죄를 속량하신 그리스도께서 치르신 보상에 전적으로 의지하여, 자기는 보상을 위하여 아무 것도 가져올 수 없고 값없이 주신 화해에 완전히 의존하고 있음을 정직하게 선언했다.[11]

---

8 이 부분은 윤광원, 『성경 해석 바로잡기 500』 (파주: 한국학술정보, 2019), 199-200에서 발췌하였음.

9 서춘웅, 『성경 난제 해설·구약』 3판 (서울: 크리스챤서적, 2008), 890.

10 "In proclaiming that the sacrifices made expiation for sin, the Law had designed to withdraw them from all trust in their own works to the one satisfaction of Christ; .... God had enjoined the observance of sacrifice, and David was far from neglecting it. He is not to be understood as asserting that the rite might warrantably be omitted, or that God would absolutely reject the sacrifices of his own institution, which, along with the other ceremonies of the Law, proved important helps, as we have already observed, both to David and the whole Church of God." (칼빈의 성경주석 영문판 은 John Calvin, *Commentary on the Psalms 51:16*, *The Ages Digital Library Commentary*, Books for the Ages, AGES Software, 1998을 사용하였고, 이후 칼빈 주석의 영문은 본 자료를 사용하며, *Comm. Psalms 51:16* 등으로 표기함)

11 *Comm. Psalms 51:16*, "Diligent as he was, therefore, in the practice of sacrifice, resting his whole dependence upon the satisfaction of Christ, who atoned for the sins of the world, he could yet honestly declare that he brought nothing to God in the shape of compensation, and that he trust-

앞의 신학자들의 지적과 다윗의 고백에 의하면 한국 교회의 문제점은 기독교의 바른 교의의 중심, 신앙의 본질인 하나님 중심, 하나님의 절대 주권 신앙으로부터 벗어난 것이라고 해도 과언이 아니다. 그렇다면 이러한 문제를 어떻게 극복할 수 있을까? 필자는 그 대안이 성육신적 목회라는 전제 아래 칼빈의 *Abnegatio Nostri*의 관점에서 이 문제를 살펴보고자 한다.

II. 하나님의 절대 주권과 *Abnegatio Nostri*[12]

바른 교의의 중심인 하나님 절대 주권 신앙은 하나님의 주되심에 대한 고백이다. 신앙은 내가 주인으로서 하나님을 귀빈(貴賓)으로 극진히 섬기는 것이 아니라, 하나님을 자신의 주인으로 받아들이는 것이다.[13] 로버트 멍어(Robert Boyd Munger)는 그의 책 『내 마음 그리스도의 집』(*My Heart Christ's Home*)에서 이러한 사실을 단순하고도 명백하게 잘 묘사하고 있다.

하나님의 주되심에 대한 신앙은 죄악 된 본성에 따른 인간 중심의

---

ed entirely to a gratuitous reconciliation."

12 이 부분은 윤광원, 『존 칼빈의 자기부정의 렌즈로 본 신앙생활의 핵심』(파주: 한국학술정보, 2009), 25와 윤광원, "John Calvin의 *Abnegatio Nostri*의 관점에서 본 주일성수," 『칼빈 연구』 제7집(서울: 한국장로교출판사, 2010), 201-02, 윤광원, 『성경해석 바로잡기 500』, 281-82에서 발췌하였음.

13 안명준, "모든 성도의 필독서로, 또 신학교의 필수 교재로 본서를 추천합니다." 윤광원, 『존 칼빈의 자기부정의 렌즈로 본 신앙생활의 핵심』, 4.

삶을 부정하는 것을 의미한다. 이는 곧 *Abnegatio Nostri*의 삶이다.[14] 하나님의 주 되심에 대한 신앙과 자기부정은 동전의 양면과 같아서 자기부정이 없는 하나님 중심의 신앙생활은 근본적으로 불가능하다.[15] 그렇다면 신앙은 이성 중심에서 오직 계시(성경)중심으로, 행위 중심에서 오직 믿음(은혜) 중심으로, '나' 중심에서 오직 '하나님' 중심으로 사는 하나님의 주되심에 대한 신앙, 곧 자기부정을 뜻한다.

예를 들면, 이성이 성경 계시에 의존하지 않으면 누구든지 자만심을 가지게 되며 심지어 불신자와 똑같이 하나님의 계시에 반항하기 때문에, 이성은 철저하게 계시에 의존해야 한다.[16] 신앙은 하나님의 계시인 성경과 운명을 같이하기 때문에[17] 이성 중심이 아니라 "계시의존사색 (啓示依存思索, Thinking God's Thoughts after Him)"이 될 수밖에 없다.[18]

또 다른 예를 들면, 로마 가톨릭교회의 신학적 바탕을 이루고 있는 스콜라 철학은 구원에 있어서 인간의 공로(행위, 선행)가 일정한 기능과 역할을 한다고 보고, 회개와 신앙도 하나의 행위(공로, 선행)로 취급하기 때문에, 선행을 통하여 구원을 받을 수 있다고 주장하지만, 바른 교의는 선행 또는 윤리가 구원에 있어서 어떤 기능과 역할도 하지 않고 구

---

14 자세한 내용은 윤광원, 『존 칼빈의 자기부정의 렌즈로 본 신앙생활의 핵심』, 76–99를 참조.

15 마태복음 16장 24절, "이에 예수께서 제자들에게 이르시되 아무든지 나를 따라 오려거든 자기를 부인하고 자기 십자가를 지고 나를 좇을 것이니라."

16 윤광원, "John Calvin의 『로마서 주석』에 나타난 이성과 계시에 대한 이해," 안명준 편, 『칼빈 신학 2009』(서울: 성광문화사, 2009), 151.

17 박윤선, 『성경신학』(수원: 영음사, 2001), 18.

18 이 문제에 대하여는 윤광원, "정암 박윤선 박사의 생애와 성경해석 방법," 안명준 외, 『칼빈 신학과 한국 신학』 (서울: 도서출판 기쁜날, 2009), 431–468을 참고.

원은 오직 하나님의 전적인 은혜라는 신앙을 견지한다.[19]

또한 신앙은 국가와 민족이라는 이념을 초월하는 자기부정을 전제로 한다.[20] 민족을 내세워 반일과 친북을 주장하거나, 국가를 내세워 친미와 반북을 주장하는 것은 바른 교의에 어긋난다. 신앙은 국가와 민족이라는 이데올로기를 훨씬 뛰어넘는 자기부정이기 때문이다. 요나에게 민족은 단지 사랑하고 좋아하는 것 정도가 아니라 우상이 되어 버렸기 때문에 자기(민족)와 다른 사람들(민족)은 배제하고 거부하며 폄하하고 피하고 분리하였다.[21] 물론 그것은 하나님의 뜻이 아니며 요나서나 '선한 사마리아인의 비유'는 그것을 명백하게 보여 준다.

개교회주의(個敎會主義) 또한 자기를 부정하지 못한 '나' 중심의 확장일 뿐이다. 재정 중에서 교회 외부 지출 비율을 보면, 그 규모가 클수록 그 비율이 점차로 줄어드는 비정상적인 사실을 확인할 수 있는데, 이는 국가공동체를 위하여 누진(累進)으로 빈익빈부익부(貧益貧富益富)를 해소하려고 노력하는 세상과 대조적이다. 물론 예외적인 교회도 많다. 분명한 것은 참된 신앙은 개교회주의를 훨씬 뛰어넘어야 한다는 점이다.[22] 신앙은 자기 왕국, 개교회 왕국을 건설하는 것이 아니라 철저하게 하나

---

19 윤광원, "John Calvin에게 있어서 'Coniectura Morali'에 대한 이해," 안명준 외, Ibid., 373-74.

20 칼빈이 자기부정을 'Abnegatio Nostri(denial of ourselves, 우리 자신의 부정)'로 해석한 이유가 바로 이런 점을 염두에 둔 것으로 보인다.

21 Timothy Keller, 홍종락 역, 「팀 켈러의 방탕한 선지자」(The Prodigal Prophet, 서울: 두란노, 2019), 221.

22 고린도후서 8장 13-14절의 "이는 다른 사람들은 평안하게 하고 너희는 곤고하게 하려는 것이 아니요 균등하게 하려 함이니 이제 너희의 넉넉한 것으로 그들의 부족한 것을 보충함은 후에 그들의 넉넉한 것으로 너희의 부족한 것을 보충하여 균등하게 하려 함이라."라는 말씀은 이 점을 분명하게 가르쳐 준다.

님 나라를 세워 나가는 것이기 때문이다.

예수님은 '누구든지 자기를 부인하지 않고는 예수님의 제자가 될 수 없다.'고 분명하게 선언하셨다.[23] 개혁주의 신앙의 진수(眞髓, the quintessence)를 제시한 칼빈은 자기부정은 신앙생활의 전체 요약(summa vitae christianae) 또는 핵심이라고 보았으며, 그는 마태복음 16장 24절을 주석하면서 자기부정은 특별한 사역자만이 아니라 복음에 대한 믿음을 고백하는 모든 사람들에게 일반적이고 초보적인 것이라고 하였다.[24] 모든 그리스도인에게 있어서 자기부정은 신앙생활의 출발점이고 핵심이며, 하나님께서 요구하시는 주된 희생이다.[25] 칼빈은 고린도전서 주석 헌사 (2)에서 카라치올로(Galliazo Carracciolo) 경이 무엇보다도 본받기를 더 원하는 것은 모든 탁월한 것 중에서 첫 번째는 자기부정이라고 말함으로써 자기부정이 그의 신학의 중심 사상임을 분명히 하였다.[26] 그는 이사야 주석에서도 하나님께서 무엇보다도 원하시는 제사는, 신자가 진정한 자기부정에 의하여 자기자신에 대하여 교만한 마음을 품기보다 자신을 무(無)로 전락하기까지 낮추는 것임을 역설하였다.[27] 피터슨(Robert

---

23 예수님의 제자가 될 수 없다는 말씀은 신앙의 본질에서 벗어난다는 뜻이기도 하다.

24 *Comm., Matthew 16:24*, "But in that passage the apostles were only reminded of the persecution which awaited them, as soon as they should begin to discharge their office; while a general instruction is here conveyed, and the initiatory lessons, so to speak, inculcated on all who profess to believe the Gospel."

25 *Comm., Mark 12:43*, "And our Lord applauds this sincerity, because, forgetting herself, she wished to testify that she and all that she possessed belonged to God. In like manner, the chief sacrifice which God requires from us is self-denial."

26 "Above all things, I should wish that all resembled you in that first of all excellences … self-denial."

27 *Comm., Isa. 66:2*, "The amount of what is said is, that God prefers this sacrifice to all others, when believers, by true self-denial, lie low in such abasement as to have no lofty opinion about them-

A. Peterson)의 지적대로 칼빈의 신앙생활에 대한 교리에 있어서 자기부정보다 더 중요한 것은 없다.[28]

자기부정은 육신의 정욕(the lusts of our flesh)을 죽여 세속으로부터 경계선이 그어지고 구별, 분리되어[29] 하나님께 바쳐진 자로서, 참으로 순결한 생활을 하며 율법에 순종함으로써 하나님의 뜻을 섬기고, 모든 수단을 다하여 하나님의 영광만을 나타내는 데 관심을 갖는 것이다. 이러한 자기부정은 자신 안에 왕국을 건설하고 자신이 왕좌에 앉으려는 정욕과 교만으로 가득 찬 맹목적인 자기사랑을 버리고 청지기로서의 삶을 추구하게 한다. 그러므로 소유욕과 권세욕과 명예욕, 인간적인 영광에 대한 야심과 열망 등의 육신의 정욕을 죽이는 자기부정은[30] 그리스도께서 제자들에게 가장 절실하게 요구하시는 것으로(마 16:24)[31] 하나님 절대 주권 신앙이다.

III. 자기부정과 성육신적 목회

창조주 하나님 되신 예수님은 성육신을 통하여 자기부정의 모범을

---

selves, but to permit themselves to be reduced to nothing. Thus also the Psalmist says, 'The sacrifice acceptable to God is a contrite spirit; an afflicted heart, O God, thou wilt not despise.' (Psalm 51:17.)"

28 Robert A. Peterson, *Calvin's Doctrine of the Atonement*, 79.

29 Alfred Göhler, *Calvins Lehre von der Heiligung*, 유정우 역, 『칼빈의 성화론』(서울: 한국장로교출판사, 2001), 22.

30 *Inst.*, 3. 7. 2

31 *Inst.*, 3. 7. 2

보여 주셨다. 성육신(化身, 降生, Incarnation)은 요한복음 1장 1절의 "태초에 말씀이 계시니라. 이 말씀이 하나님과 함께 계셨으니 이 말씀은 곧 하나님이시니라."라는 말씀과 요한복음 1장 14절의 "말씀이 육신이 되어 우리 가운데 거하시매 우리가 그의 영광을 보니, 아버지의 독생자의 영광이요, 은혜와 진리가 충만하더라."라는 말씀과 로마서 8장 3절의 "율법이 육신으로 말미암아 연약하여 할 수 없는 그것을 하나님은 하시나니, 곧 죄로 말미암아 자기 아들을 죄 있는 육신의 모양으로 보내어 육신에 죄를 정하사"라는 말씀에서 분명하게 확인할 수 있다.

니케아-콘스탄티노폴리스 신경은[32] "우리 인간을 위하여, 우리의 구원을 위하여, 하늘에서 내려오셔서, 성령으로 또 동정녀 마리아께 혈육을 취하시고 사람이 되셨음을 믿으며"라고 고백하였고, 칼케돈 신경은 "거룩한 교부들을 따라 우리는 한 분이시요 동일하신 우리 주 예수 그리스도를 고백하며 모두가 일치하여 가르치는 바는, 그 동일하신 분은 신성에서 완전하시며 동일하신 분이 인성에서도 완전하시며, 완전한 하나님이요 완전한 인간이십니다."라고 고백하였으며,[33] 사도신경은

---

[32] 381년 제1차 콘스탄티노폴리스 공의회에서 니케아 신경을 보완하여 제정한 것으로 전해지는 '니케아-콘스탄티노폴리스 신경'은 약칭하여 니케아 신경이라고 부르기도 하나, 정확한 의미로 325년 제정된 본래의 니케아 신경과는 구별된다.

[33] 예루살렘 공의회 이후의 기독교 최초의 공의회인 니케아 공의회(First Council of Nicaea, *Concilium Nicaenum Primum*, 325년)에서는 동방교회의 주교 1천명, 서방교회의 주교 800명 정도가 모여 부활절과 삼위일체 등을 논의하였으며, 니케아 신경을 채택하여 삼위일체 교리를 바른 교리로 선택하였고, 특히 성육신한 그리스도께서는 영원하신 하나님의 아들로서 신위격(*deitas*) 가운데 신성(*divinitas*)을 지니셨음을 명확하게 고백하였으며 아리우스파를 파문하였다. 이 회의는 그리스도께서 그분의 위격 안에서 하나님인 동시에 사람이시라는 사실은 결정하였지만, 한 위격 안에 존재하는 두 본성 사이의 관계에 대하여 규명하는 일이 여전히 남아 있었다. 기독교의 4번째 세계 공의회인 칼케돈 공의회(Council of Chalcedon, 451)에서는 520명 가량의 주교 또는 대표자가 참석하여 니케아 신경(325), 콘스탄티노폴리스 신경(381, 그 뒤 니케아 신경으로 알려짐), 카릴루스의 서신 2통(네스토리우스의 이론에 반대하여 그리스도의 신성과 인성의 통일성을 주장)을 승인했다. 이 회의는

"그 외아들 우리 주 예수 그리스도를 믿사오니, 이는 성령으로 잉태하사 동정녀 마리아에게 나시고, 본디오 빌라도에게 고난을 받으사, 십자가에 못 박혀 죽으시고."라고 고백하고 있다.

그리스도의 성육신은 우리의 죄를 대속, 구원하시기 위하여 자신을 피조물인 인간으로 자신을 낮추심(卑下)을 의미한다. 성육신하신 그리스도는 자기를 온전히 낮추시고 섬기시며 끝내는 자기 백성의 죗값을 지불하시기 위하여 십자가에 죽으셨다.[34] 그것은 육신, 섬기는 종, 가장 멸시받는 자가 되셔서(사 53:2-3) 가장 천한 곳에 내려와 십자가에 죽기까지 순종하신 것이다(빌 2:8).[35] 이로써 택자(擇者)에게 자신을 전가(轉嫁)하심으로써 자신의 모든 유익을 그들에게 주셨다.[36] 이 사실은 어떤 자세로 신앙생활을 해야 하며, 어떤 자세로 목회를 해야 하는지를 명백하게 가르쳐 준다. 그것은 바로 자기를 부정하는 성육신적 자세다. 성육신 자체는 시간 속에서 단 한 번 예수님에게서 발생한 사건이고 피조물인 우리에게는 성육신 자체는 근본적으로 불가능하지만, 우리는 자기부정을 통하여 성육신에 참여할 수 있다.[37]

제자들은 몸으로는 예수님을 따르고 있었지만, 마음은 그렇지 않았다. 그들의 목적은 예수님을 따름으로써 얻어질 세상적인 성취였기 때

한 신적 인격에 두 본성, 즉 한 인성과 한 신성이라고 대답함으로써 그리스도의 위격에 대한 오랜 논쟁을 종식시키고 그리스도가 하나의 본성만 가지고 있다는 단성론을 부인하였다.

34 장일권, 『성경의 맥』 (수원: 도서출판 케쉐트, 2019), 98-99.

35 Herman Bavinck, *Gereformeerde Dogmatiek 1*, 박태현 역, 『개혁교의학 1』(서울: 부흥과개혁사, 2014), 574.

36 Herman Bavinck, *Gereformeerde Dogmatiek 4*, 박태현 역, 『개혁교의학 4』, 265.

37 Herman Bavinck, *Gereformeerde Dogmatiek 1*, 박태현 역, 『개혁교의학 1』, 509.

문이었다. 그들이 십자가 대속을 말씀하시는 예수님 앞에서 누가 큰가를 놓고 다투었다는 사실은 그것을 단적으로 보여 준다. 예수님께서 십자가에 돌아가실 것이라고 말씀하셨을 때 그들은 모두 그것을 이해하지 못했으며, 베드로조차도 결코 그런 일이 일어나도록 그냥 두지 않겠다고 나섰다. 모든 것을 버려 두고 전적으로 예수님을 따랐던 그들의 목적과 배치되었기 때문이다. 몸은 예수님을 따랐지만 그들이 실제로 따른 것은 자신들의 꿈, 육신의 정욕에 불과했다.

우리도 그런 식으로 목회할 위험성이 크다. 자신의 꿈과 육신의 정욕을 위하여 모든 것을 버려 두고 예수님을 따른다면 그것은 예수님을 따르는 것이 아니다.[38] 자신의 꿈과 육신의 정욕을 성취하기 위해서는 모든 것을 버려 두고 예수님을 따라야 한다고 가르친다면, 그는 거짓 교사임에 틀림없다. 왜냐하면 예수님은 자신의 꿈과 육신의 정욕을 버리는 자기부정이 없이는 어느 누구도 예수님의 제자가 될 수 없다고 분명하게 말씀하셨기 때문이다. 예수님은 지상왕국을 건설하시는 대신에 십자가에 돌아가셨고, 제자들에게 그 어디에서도 세상의 종말이 오기 전에 지상에서의 영광스런 미래가 올 것이라고 약속하지 않았다.[39]

---

38 자신의 꿈과 육신의 정욕을 위하여 모든 것을 버려 두고 예수님을 따른다는 말은 모순된 말이다. 모든 것을 버려 두는 것에 자신의 꿈과 육신의 정욕을 포함하지 않았기 때문이다.

39 Herman Bavinck, *Gereformeerde Dogmatiek 4*, 박태현 역, 「개혁교의학 4」 799.

Ⅳ. 포노 사피엔스와 성육신적 목회

젊은 세대들은, 포노 사피엔스(Phono Sapiens)[40]라는 신조어가 만들어질 만큼, 스마트폰 없이는 일상생활이 곤란할 정도가 되었다. 스마트폰은 주요 정보를 얻고 소통하며 쇼핑과 은행 업무, 각종 공무, 비즈니스, 학습, 여가와 취미 생활, 교회생활과 목회에 이르기까지 삶의 거의 모든 영역에서 필수적인 수단이 되었기 때문이다.[41] 사물인터넷(IOT, Internet of Things)의 등장에 따라 스마트폰을 활용한 O2O(Online to Offline)나 스마트홈(Smart Home),[42] 스마트 모바일, 증강현실(AR, augmented reality), 홀로그램, 3D 입체, 초고속 3D 네트워크 기술, 위치 추적 기술, 가상현실, 클라우딩 컴퓨팅 기술, 유비쿼터스(Ubiquitous) 기술이 급속히 융합되고 있다.[43]

이러한 C&C(Computer and Communication, 컴퓨터와 통신을 통합한 종합적 정보 기술) 산업의 발달로 교회도 싫든 좋든 가상 교회(virtual church)로 나아갈 가능성이 높아졌다.[44] 코로나19 바이러스 사태를 계기로 이러한 가능성은 더욱 커졌다. 경제적, 시간적 제약을 덜 받고 좀 더 편하고 쉽고

---

40 The Economist, "Smartphones: Planet of the Phones," 2015.02.26. https://www.ec onomist.com/leaders/2015/02/26/planet-of-the-phones)에 따르면 포노 사피엔스는 2015년 2월에 영국의 경제 관련 주관지인 『이코노미스트』가 포노 사피엔스의 출현으로 새로운 시대가 도래했음을 발표하면서 사용된 용어다.

41 강명현 외 12인, 『모바일 미디어』(서울: 커뮤니케이션북스, 2006), 56.

42 LG 디스플레이 블로그, "포노 사피엔스(Phono Sapiens)', 스마트폰이 만든 신인류의 등장." 2016.8.15. http://blog.naver.com/PostView.nhn?blogId=wlgid0727&logNo=220787910747.

43 최윤식, 『2020-2040 한국 교회 미래지도』(서울: 생명의말씀사, 2013), 229.

44 양창삼, "가상 교회의 출현시대 교회는 어떻게 대응할 것인가." 2015. 01. 14., http://blog.daum.net/hopeyard/8218.

자유롭게 예배하고자 하는 인간의 본성에 비추어 보면 이러한 전망은 빗나가지 않을 것이다.

가상 교회도 그 나름대로 여러 가지 장점이 있을 수 있지만, 가상 교회가 가지는 한계점이나 윤리적 문제도 많을 뿐만 아니라 가상 교회가 교회일 수 있는가 하는 근본적인 문제가 대두될 수 있다.[45] 신앙생활은 홀로 하는 것이 아니다. 성도의 교통, 공동체성을 무시한다면 그것은 신앙생활일 수 없기 때문이다. 교회 공동체 안에서 성육신적 자세로 자신을 부정하고 다른 지체를 섬기면서 성화되어 가는 삶은 신앙생활의 본질적인 측면이며, 그리스도의 제자가 본받아야 할 모범이다(벧전 2:21).[46] 그러나 가상 교회는 이러한 신앙생활의 본질적인 측면에 소홀 (negligence)함으로써 신앙생활을 허사로 만들 수 있다.

여기에 또 다른 심각한 문제가 있다. 어느새 교회는 시대와 세상의 변화를 감지하지 못하고 뒤처진 상태로 고립되어 버리고, 소통과 참여를 중시하는 젊은 세대와는 가까이 하지 못하는 기성세대들로 채워져 있다. 교회 안의 모든 결정권은 중직자 중심의 기성세대에게 있고 교회 안에서 포노 사피엔스인 젊은이가 소통하며 참여할 수 있는 자리는 거의 없다. 교단의 최고 의결기관인 총회의 총대들도 마찬가지다.[47]

이러한 상황에서 어떻게 자기를 부정하는 성육신적 목회를 할 수 있을까? C&C 산업의 발달로 현대 교회가 점진적으로 가상 교회로 나아

---

45 이러한 문제에 대해서는 지면의 제약과 본 장의 중심 논의가 아니기에 다른 자료를 참조하기 바람.

46 Herman Bavinck, *Gereformeerde Dogmatiek 3*, 박태현 역, 「개혁교의학 3」, 506.

47 대한예수교장로회 제100회 총회(합동) 전체 총대(목사, 장로) 1,562명의 연령 분포도를 보면 1,562명 중에 60세 이상이 1,000명(64%), 50대가 526명(33.6%), 40대가 36명(0.02%)으로 나타났으며, 2019년 대한예수교장로회 총회(통합)의 총대 평균연령도 평균 62.5세로 나타났다.

갈 가능성이 현실화된 상황에서 더 많은 사람이 '가나안 교인'이 되지 않도록 그에 걸맞은 대책을 세워야 한다. 그 가운데 하나는 컴퓨터와 통신을 통합한 종합적 정보 기술을 교회의 소통과 전도와 신앙교육을 위한 수단으로 적절하게 활용하여 교회 공동체 안에서 성육신적 자세로 자신을 부정하고 다른 지체를 섬기면서 성화되어 가는 삶을 살도록 이끄는 것이다.

젊은 세대들은 SNS(Social Network Service)를 통해 소통하는 일에 더 익숙하다. SNS는 참여자 간 자유로운 의사소통과 정보 공유, 교제 등을 통해 사회적 관계를 맺고 강화시켜 주는 온라인 플랫폼[48]이다. 디지털 플랫폼은 현대인을 위한 가장 보편적이고 표준화된 소통 플랫폼이 되었고, 스마트폰은 그 주역이다.[49] 앞으로 교회를 이끌어 가야 할 젊은 세대에 대하여 교회는 관심을 가지고, 그들을 교회 안으로 데려오기 위해서 기성세대는 성육신적 자세로 자유로운 의사소통과 정보 공유, 교제 등을 통해 사회적 관계를 맺고 강화시켜 주는 온라인 플랫폼을 매우 중요하게 여기고 적극적으로 활용해야 한다.

이를 위하여 각 교회와 기독교 단체가 생산한 다양한 콘텐츠와 프로그램을 공유할 수 있는 네트워크를 형성하고 플랫폼을 구축하여 공유하는 시스템을 개발해야 한다.[50] 필요한 전문 인력의 양성과 필요한 재

---

48 윤상진, 『플랫폼이란 무엇인가?』 (서울: 한빛비즈 2014), 43에 따르면 플랫폼은 하나의 컴퓨터 시스템을 기반으로 무수히 많은 하드웨어 또는 소프트웨어가 실행되듯이 공급자와 수요자가 관계를 형성하고 비즈니스 적인 거래를 할 수 있는 시스템이라고 이해할 수 있다.

49 김동규, "21세기와 소통하는 설교 플랫폼의 구축: 하나님과 인간의 성경적 소통플랫폼으로서의 설교," 미간행 박사학위논문(총신대학교 목회신학전문대학원, 2019), 27.

50 박병기, 『제4차산업혁명 시대의 리더십, 교육&교회』(수원: 거꾸로미디어, 2018), 108.
필자는 이 분야에 대하여 문외한이기 때문에 구체적인 방법이나 원리를 제시하기에는 역부족이다.

정을 대형 교회가 지원하는 방식으로 플랫폼을 구축하여 자체적으로 콘텐츠 제작이 어려운 교회도 다양한 콘텐츠를 제공받을 수 있어야 한다. 모든 교회가 이 시대 상황에 적합하게 목회를 할 수 있도록 디지털 플랫폼을 구축하여 공동으로 활용할 수 있도록 성육신적인 자세로 도와야 한다.

최근 발표된 이 분야에 대한 다음 학위 논문을 참고하면 큰 도움이 될 것이라 사료된다. 김동규, "21세기와 소통하는 설교 플랫폼의 구축: 하나님과 인간의 성경적 소통 플랫폼으로서의 설교," 미간행 박사학위논문(총신대학교 목회신학전문대학원, 2019). 전수희, "디지털 시대의 선교 – 유튜브를 활용한 새로운 선교 플랫폼 연구," 미간행 석사학위논문(장로회신학대학교 일반대학원, 2019). 최근종, "수용성 확대를 위한 플랫폼 선교전략과 교회 성장," 미간행 석사학위논문(총신대학교 선교대학원, 2014). 최영화, "탈종교 세대 SNS 선교 전략," 미간행 석사학위논문(성결대학교 신학대학원, 2019) 등.

참고문헌

외국서적

Calvin, John. *Institution of the Christian Religion*. ed. John T. McNeil. trans. Ford Lewis Battles. Vol. 3. Library of Christian Classics. Philadelphia: The Westminster Press, 1960.

_____. *Commentary on the Gospel According to Mark. The Ages Digital Library Commentary*. Books for the Ages, AGES Software, 1998.

_____. *Commentary on the Gospel According to Matthew, The Ages Digital Library Commentary*, Books for the Ages, AGES Software, 1998

_____. *Commentary on the Psalms. Vol. 1. The Ages Digital Library Commentary*. Books for the Ages, AGES Software, 1998.

_____. *Commentary on the Prophet Isaiah. Vol. 2. The Ages Digital Library Commentary*. Books for the Ages, AGES Software, 1998.

Gleason, Randall C. *John Calvin and John Owen on Motificaation: A Comparative Study in Refomed Spirituality*, New york: Peter RangPublishing, Inc., 1995.

Parker, T. H. L. *Calvin: An Introduction to His Thought*, London: Geoffrey Chapman, 1995.

Peterson, Robert A. *Calvin's Doctrine of the Atonement*, Phillipsburg: Presbyterian and Reformed Publishing Company, 1983.

Richard, Lucien Joseph. *The Spirituality of John Calvin*, Atlanta, Georgia: John Knox-Press, 1974.

국내서적

강명현 외 12인. 『모바일 미디어』. 서울: 커뮤니케이션북스, 2006.

박병기. 『제4차산업혁명 시대의 리더십, 교육 & 교회』. 수원: 거꾸로미디어, 2018.

박윤선. 『성경신학』. 수원: 영음사, 2001.

서춘웅. 『성경난제해설 · 구약』(3판). 서울: 크리스챤서적, 2008.

윤광원. 『존 칼빈의 자기부정의 렌즈로 본 신앙생활의 핵심』. 파주: 한국학술정보, 2009.

_____. 『성경해석 바로잡기 500』. 파주: 한국학술정보, 2019.

윤상진. 『플랫폼이란 무엇인가?』. 서울: 한빛비즈, 2014.

장일권. 『성경의 맥』. 수원: 도서출판 케쉐트, 2019.

최윤식. 『2020-2040 한국 교회 미래 지도』, 서울: 생명의말씀사, 2013.

번역서적

Bavinck, Herman. *Gereformeerde Dogmatiek 1*, 박태현 역. 『개혁교의학 1』. 서울: 부흥과개혁사, 2014.

_____. *Gereformeerde Dogmatiek 3*, 박태현 역. 『개혁교의학 3』. 서울: 부흥과개혁사, 2014.

_____. *Gereformeerde Dogmatiek 4*, 박태현 역. 『개혁교의학 4』. 서울: 부흥과개혁사, 2014.

Göhler, Alfred. *Calvins Lehre von der Heiligung*, 유정우 역. 『칼빈의 성화론』. 서울: 한국장로교출판사, 2001.

Keller, Timothy. *The Prodigal Prophet*, 홍종락 역. 『팀 켈러의 방탕한 선지자』. 서울: 두란노, 2019.

Russell, Bertrand. *Why I Am Not a Christian*, 이재황 역. 『나는 왜 기독교인이 아닌가』. 파주: 범우사, 2015.

논문 및 기타

권문상. "한국 교회의 문제점과 극복방안." 안명준 외. 『한국 교회의 문제점과 극복방안』 서울: 이컴비즈넷, 2006, 145-170.

김동규. "21세기와 소통하는 설교 플랫폼의 구축: 하나님과 인간의 성경적 소통 플랫폼으로서의 설교." 미간행 박사학위논문, 총신대학교 목회신학

전문대학원, 2019.

박해경. "한국 교회의 문제점에 대한 극복 방안." 안명준 외.『한국 교회의 문제점과 극복방안』. 서울: 이컴비즈넷, 2006, 53-70.

안명준. "한국 교회의 신학적 문제점." 안명준 외.『한국 교회의 문제점과 극복방안』. 서울: 이컴비즈넷, 2006, 13-34.

_____. "모든 성도의 필독서로, 또 신학교의 필수 교재로 본서를 추천합니다." 윤광원.『존 칼빈의 자기 부정의 렌즈로 본 신앙생활의 핵심』. 파주: 한국학술정보, 2009, 4.

윤광원. "정암 박윤선 박사의 생애와 성경해석 방법." 안명준 외.『칼빈 신학과 한국 신학』. 서울: 도서출판 기쁜날, 2009.

_____. "John Calvin의 *Abnegatio Nostri*의 관점에서 본 주일 성수."「칼빈 연구」. 제7집 (2010): 201-02.

_____. "John Calvin의『로마서 주석』에 나타난 이성과 계시에 대한 이해." 안명준 편.『칼빈 신학 2009』. 서울: 성광문화사, 2009, 151.

전수희. "디지털 시대의 선교 - 유튜브를 활용한 새로운 선교 플랫폼 연구." 미간행 석사학위 논문, 장로회신학대학교 일반대학원, 2019.

최근종. "수용성 확대를 위한 플랫폼 선교 전략과 교회 성장." 미간행 석사학위 논문, 총신대학교 선교대학원, 2014.

최영화. "탈종교 세대 SNS 선교 전략." 미간행 석사학위논문, 성결대학교 신학대학원, 2019.

The Economist. "Smartphones: Planet of the Phones," 2015. 02. 26. https://www.ec onomist.com/leaders/2015/02/26/planet-of-the-phones

LG디스플레이 블로그. "포노 사피엔스(Phono Sapiens),' 스마트폰이 만든 신인류의 등장," 2016. 08. 15., http://blog.naver.com/PostView.nhn?blogId=wl-gid0727&logNo=220787910747.

양창삼. "가상 교회의 출현시대 교회는 어떻게 대응할 것인가." 2015. 01. 14., http://blog.daum.net/hopeyard/8218.

기독교의 바른 교의는 무엇인가? 우리
는 개혁주의(改革主義)를 기독교의 바
른 교의로 받아들인다. 개혁주의는 칼
빈의 신학이 그 바탕이며, 그 중심은 하
나님 중심, 하나님의 절대 주권이라는
사실은 일반 백과사전에서도 확인할 수
있을 만큼 기독교 밖에까지 널리 알려
진 사실이다. '하나님 중심, 하나님의 절
대 주권'은 기독교 신앙의 본질적인 내
용이다.

장도선 목사

항상 주님을 바라볼 수밖에 없는 종이다. 순천과 광양에서 쓸모 있는 종으로 살려고 노력하고 있다. 서울공대 공업화학과 재학 중 주님의 부름을 받고 개혁 신학원과 이스라엘, 미국 칼빈, 남침례교신학교에서 구약학 전공 마지막에 모든 것을 내려놓게 하신 주님께 감사드린다. 귀국 후 순천에서 조용히 구약학을 가르치며, 광양선원선교회, 온세계 외국인교회 등을 섬기며 지금에 이르렀다. 주의 은혜로 본 GM선교회 성육신 운동에 참여하여 기고하게 되었다. 여기까지 오는 여정에 함께 해 주신 주님과 여러분께 감사드린다.

GM 연구위원. 온세계외국인교회 담임.

섬김: 인간의 길,
본질로 돌아가자

본 장에서는 2020년 6월 7일 설교를 요약하여 교신형태로 게재하여 소통과 대화의 기회로 삼고자 한다. 필자는 18년간 외국인 선교와 목회를 통해 성경을 보았으며, 그러한 관점에서 한국 교회와 선교에 대하여 입장을 피력코자 한다.

1. 서론

창조의 섭리는 오묘하다. 큰 나무 밑에 작은 나무가 자라기 어렵다. 그러나 큰 나무가 있기 전, 풀씨가 나고, 관목이 생기고 땅이 비옥해지기 시작할 때 큰 나무 씨앗이 떨어진다. 큰 나무가 자라면서 작은 나무와 풀은 사라진다. 큰 나무가 쓰러지면 양분이 되어 작은 나무가 다시 자란다. 인간도 창조 섭리에 예외일 수 없다. "큰 자는 어린 자를 섬기리라(창 25:23)."는 말씀은 마가복음 9장 35절의 "누구든지 첫째가 되고

자 하면 뭇 사람의 끝이 되며 뭇 사람을 섬기는 자가 되어야 하리라."
와 더불어 양의적 의미(ambiguity)와 보완적 관계를 지닌 예언이다. 작은
자에게 달콤한 소리처럼 들릴 수도 있지만 결국은 순환될 수밖에 없다.
이런 창조섭리는 성경에 맥처럼 흐른다. 18년 동안 외국인 사역의 끝
에서 최종적으로 거두시는 분은 하나님이시다. 후회없는 풍성한 흘려
보냄을 위한 사역을 희망한다.

2. 본론

1) 창조경륜 속의 섬김

하나님께서는 창조의 마지막 날에 사람을 창조하셨지만 그를 머리
로 두셨다. 마지막이 처음 되어 창조를 다스린다. 창세기 1장 28절의
소위 '문화명령'은 인간의 피조물에 대한 주재권을 천명한다.

> 하나님이 그들에게 복을 주시며 그들에게 이르시되 생육하고 번성하여 땅
> 에 충만하라, 땅을 정복하라, 바다의 물고기와 하늘의 새와 땅에 움직이는
> 모든 생물을 다스리라 하시니라.

'정복하라', '다스리라'는 말씀은 사람의 피조물에 대한 왕적 권세를
나타낸다. 그러나 "여호와 하나님이 그 사람을 이끌어 에덴 동산에 두
사 그것을 다스리며 지키게 하시고(창 2:15)" 말씀은 정반대의 역할을
부여한다. '다스리며'의 히브리어는 **레아브다**(לְעָבְדָהּ)로 '일하게 하기 위
하여'로 번역되어야 한다. 일한다는 동사 **아바드**(עָבַד)는 다중적 의미를

지닌다. '일하다,' '예배하다,' '섬기다'로 대표적으로 번역될 수 있다.[1]

모든 일은 결국 타자를 섬기는 것이다. 즉 모든 일은 섬김의 요소를 가지고 있다. 농업도, 축산도, 공업도 1차적으로 타자를 섬김으로 자신에게 유익이 온다. 예배도 하나님을 섬기는 것이다.[2] 인간이 피조물을 다스리고 정복하는 방법은 섬김과 지킴이다(창 2:15). 이것은 왕의 직무인 다스리고 통치함의 대척점에 있는 방법이다.

이 역설은 왕에 대한 성경의 호칭에서 알 수 있다. '주(여호와)의 종'이라는 표현이 모세(신 34:5, '여호와의 종'), 여호수아(삿 2:8), 사울 왕(삼상 14:41), 다윗 왕(삼상 23:21; 삼하 3:18; 왕상 8:25; 왕하 8:19)과 같은 왕적 리더들에게 쓰이고, 종종 선지자에게도 사용된다(왕하 9:7, 10:10). 특히 다윗 왕에 대해 빈번히 사용되었으며 그와 관련해서는 특별한 은총(다윗언약)을 입은 자의 호칭이다. 즉 여호와의 종은 하나님만 섬기는 것이 아니라 하나님의 뜻대로 백성을 섬기는 것이다. 하나님만 섬기는 자는 제사장들이기 때문이다.

2) 족장사 속의 섬김: 장자권을 내려놓기

족장사는 가족 간의 갈등의 역사이기도 하다. 사라와 하갈, 이삭과 이스마엘, 에서와 야곱, 레아와 라헬, 야곱의 열두 아들 간의 갈등이 요

---

1 https://www.pealim.com/articles/word-of-the-day-to-work/ 아바드 동사는 아마드(서다) 동사와 상호대척점에 있다. 아바드는 섬기기 위하여 구부리거나 무릎을 꿇거나 하는 자세를 의미한다.

2 모세가 바로에게 이스라엘 백성이 광야에서 하나님을 섬기고 오겠다고 통고한다(출 9:1, 10:3, וְיַעַבְדֻנִי). 아보다(עֲבוֹדָה)는 예배의 뜻도 있지만, 바로의 에베드(עֶבֶד, 종)이 바로를 아바드(섬기다, עָבַד)해야 하는데 하나님을 위해 아바드하고(일하고) 오겠다니 바로가 노발대발한다. 바로를 섬길 때 노역이지만 하나님을 위해 일할 때 예배가 되며, 바로를 위해 일했던 이스라엘 백성이 하나님을 위하여 일할 때 거룩한 사역, 예배가 된다.

셉을 통한 화해로 대단원의 막을 내린다. 항상 누가 크냐의 질문이며, 장자권 쟁탈전이다. 이는 모든 소유 또는 두 배를 장자가 상속받기 때문이다. 그런데 이상하게 항상 작은 자가 장자가 된다. 이스마엘보다는 이삭이, 에서보다는 야곱이 장자가 되고, 라헬은 동생이지만 야곱의 사랑을 먼저 받은 첫째 부인이 되었으나 밤 사이에 뒤바뀌어 둘째 부인이 된다. 라헬은 사실상 첫째 부인이지만 무자한 후에 나중에 요셉과 베냐민을 다른 형제의 끝에 두고 떠난다. 야곱의 아들 중 르우벤이 장자이지만, 실질적 리더십은 유다가 갖는다. 유다의 말이 옳한다. 요셉은 어머니의 서열상 장자지만 하나님의 질서 가운데 11번째로 태어나서 고난을 받고 팔린다. 그러나 요셉을 꿈에서 본 것 같이 형제 중에서 가장 높임 받고 실질적인 장자의 권리인 두 배의 땅이 에브라임과 므낫세 지파에게 수여된다. 이런 태생 순서와 실질적 장자의 순서가 뒤바뀌는 것은 무엇 때문일까?

"큰 자가 어린 자를 섬기리라(רב יעבד צעיר))."는 예언적 선언은 족장사를 관통한다. 이 예언도 섬긴다는 **아바드**(עבד) 동사를 사용한다.

하갈과 이스마엘은 무고히 차별받고 쫓겨난다. 이들은 버림받은 자인가? 아니다. 무슬림은 유대인과 비교할 수 없이 많으며, 곧 기독교 인구를 능가할 것이다. 하지만 이스마엘은 이삭을 섬길 때 진정한 구원이 있게 될 것이다. 반대로 법적 장자인 이삭의 후예 유대인이 진정으로 이스마엘을 섬길 때 구원이 완성될 것이다.

에서와 야곱 이야기에서 에서는 일방적으로 나쁘고 야곱은 좋다는 이야기는 아니다. 에서는 약속과 유업에 무관심한 반면, 야곱은 관심이 지대하여 야곱이 장자가 되었다는 이야기가 아니며, 에돔이 유다에 복속되었다는 유래설을 말하는 것도 아니다. 주전 1세기경에 에돔은 유다를 압도하고 헤롯은 에돔 출신이다. 그러나 에돔은 역사 속에서 사라졌다. 그러면 에돔은 완전히 사라진 것인가? 이방인으로서 여전히 권리를 가지고 있다. 야곱(이스라엘)이 이방인 구원의 사명을 섬김으로 완수할 때 야곱의 장자권은 확립될 것이다. 그것은 왕 같은 제사장의 사명이다. 실제로 야곱이 아람에서 돌아와서 에서를 주로 섬겼다는 것은 하나의 예표이다(창 33:3, 5 "주의 종," 8절 "주께," 10절 "하나님의 얼굴을 본 것").

라헬은 첫사랑이지만, 둘째가 되고, 모든 총애에도 무자한 끝에 요셉과 죽음으로 베냐민을 얻는다. 첫째가 나중이 되었고 자녀들도 나중이 된다. 그런데 나중 된 요셉이 타국에서 장자의 자리에 오른다. 요셉은 고난받고 팔려가서 모진 섬김의 삶, 노예의 삶을 통하여 애굽의 총리가 되어 가족을 구출하고 가족 간에 용서와 화해, 하나님의 위대하신 일을 말하는 종이 되고, 세상을 살리는 위대한 역할을 한다. 그러나 그의 후손 에브라임과 므낫세는 장자의 유업을 받았으나 결국 형제 갈등을 일으키고 여호와와 형제 섬김에서 실패하고 다윗 가문을 떠나서 망하고 잃어버린 바 되었다. 그들은 장자의 섬김보다 패권 주장으로 결국 실패하였다(삿 8:1; 왕상 11:26, 에브라임 족속 여로보암, 12:16; 시 78:10, 67).

베냐민 지파에서 사울 왕이 나온 것은 라헬의 권리이며 잃어버렸던 요셉의 자리를 대신했던 오른손의 아들 베냐민의 권리이다. 그러나 사울은 가나안적인 왕의 길, 주장하고 위세하는 길을 가서 형제들을 섬기는 데 실패하였다.

르우벤은 아버지에게 자신의 두 자식을 볼모로 베냐민을 애굽으로 데려가도록 허락해 주기를 구한다(창 42:37). 르우벤은 변화된 모습을 보여 준다. 유다는 자신을 볼모로 베냐민을 애굽으로 데려갈 수 있게 허락해 달라고 아버지에게 구한다(창 43:9). 애굽에서 베냐민을 대신하여 자신을 요셉에게 볼모로 드리고 베냐민을 풀어 주어 아버지께 보내 달라고 간청한다(창 44:32-33). 유다의 변화를 통해서 야곱의 마음이 녹아졌고 요셉의 마음에 화목에 대한 확신을 주었다. 유다는 며느리 다말 사건을 통해서 변화되었고 형제들을 섬기기 위해서 모든 것을 내려놓을 준비가 되었다. 그 결과 하나님은 유다 지파를 매우 번성케 하셨고 유다에게서 왕권이 나올 것을 미리 말씀하셨다(창 49:8-10). 고난, 섬김, 자기를 내어 줌 그리고 용서와 화해가 결국 이스라엘의 열 두 아들 간의 갈등을 종식시키고 비로소 민족으로서 웅비하게 된다.

레위는 장자가 아니지만 애굽의 장자 심판과 출애굽을 통해 장자로 부름을 받는다. 즉 장자의 사명이 형제를 대속하는 것이며, 애굽의 장자가 모두를 대신하여 심판받고 죽은 것처럼, 이스라엘의 장자도 마땅히 형제를 대신하여 죽는 것이 마땅하나 살려 주셨으니 형제를 위하여 목숨을 내어 주는 삶을 살아야 함으로 하나님께 바쳐졌다(민 1:47,49, 3-4장). 즉 여호와의 장막을 지키고 운반하고 세우는 일로 부름 받았다. 따라서 세상의 유업을 포기함으로 세상에 대하여는 죽은 자요, 하나님께 대하여는 산 자로 살아야 한다. 제사장적 사무는 원래 장자의 직무이며 (아브라함과 이삭과 야곱이 여호와께 제단을 쌓고 예배함) 하나님께서 레위 지파를 그 사명으로 지명하셨다. 레위인은 유업을 받을 수 없도록 권리를 내어 놓게 하셨고 대신 여호와가 그들의 기업이고 그들은 여호와의 것이 되었다. 모세와 아론, 비느하스로 이어지는 레위 지파는 기업을 내어 줌으로서 하늘의 장자로 구별되었다.

큰 자가 작은 자를 섬기는 원리는 왕 같은 제사장적 섬김의 삶이다. 예수님은 '누구든지'로 이 말씀을 확장시킨다.

> … 누구든지 첫째가 되고자 하면 뭇 사람의 끝이 되며 뭇 사람을 섬기는 자가 되어야 하리라(막 9:35).

3) 왕의 섬김의 실패와 고난받는 여호와의 종

왕의 섬김은 작은 자가 큰 자를 섬기는 형태로 시작되었다. 가나안 적인 왕을 구하는 이스라엘에 주신 군림하는 왕이 된 사울은 이스라엘 의 가장 약한 지파, 마지막 지파의 가장 미약한 기스 가문의 집안에서 뽑혔다(삼상 9:21). 작은 자가 큰 자를 섬길 기회가 왔다. 그러나 그는 군 림하는 가나안적 왕으로 끝났다. 그의 아들 요나단은 정반대의 길을 갔 고 다윗을 위하여 모든 것을 내려놓았다. 요나단의 내어 줌으로 베냐민 지파는 끝까지 유다 지파와 연합하여 메시아의 오심을 준비하고 이방 의 빛이 된 이방인의 사도 바울을 배출하여 자기의 소명을 다했다.

다윗은 미약한 이새의 집안의 마지막 아들로 뭇 사람을 섬길 기회를 얻었다(이방 여인 라합과 룻의 후예, 삼하 7:18). 그는 온전한 마음으로 하나님 을 섬겼고 무고한 고난을 통과한 후에 왕으로 승귀되었다. 다윗은 사 울의 핍박 중에도 이스라엘을 위한 싸움에 자신을 바쳤다. 사울에 의 해 핍박 받는 가운데서도 그는 사울을 왕으로 섬겼다(삼상 24:6; 삼하 1:14). 핍박 중에도 이스라엘을 위해 싸움에 나갔다(삼상 23:1-5). 자기의 집보 다 여호와의 집을 세우려고 할 때, 하나님은 다윗 왕가를 세우셨다. 모 든 것을 내려놓은 다윗을 하나님께서 내 마음에 합한 자라고 칭하고(삼상 13:14; 렘 3:15; 행13:22) 유다의 존속의 이유가 되었다("내 종 다윗을 위하여" 사 37:5; 왕상 8:25, 11:32, 11:38; 시 132:10; 왕하 8:19, 19:34, 20:6). 더 나아가 사무엘하 7장 18-19절은 다윗의 승귀의 인류를 위한 목적을 진술한다.

> 다윗 왕이 여호와 앞에 들어가 앉아서 이르되 주 여호와여 나는 누구이오며 내 집은 무엇이기에 나를 여기까지 이르게 하셨나이까 주 여호와여 주께서 이것을 오히려 적게 여기시고 또 종의 집에 있을 먼 장래의 일까지도 말씀하셨나이다 주 여호와여 이것이 사람의 법이니이다(삼하 7:18-19).

즉 지극히 미약한 자를 승귀시키어 왕 같은 제사장을 세우는 것이 다윗 한 사람의 일이 아니라, 모든 인간의 길이라고 진술한다. 19절의 '인간의 길' **토라트 아담**(תורת האדם)으로 토라는 길, 모범의 뜻이기도 하다. 즉 모든 인간을 향한 하나님의 뜻은 섬김의 길, 여호와의 종의 길을 통한 영광으로 승귀이다.[3]

다윗 왕가가 패망의 길을 걸을 때, 히스기야와 요시아의 개혁이 잠시 멸망을 늦추었다. 하지만, 히스기야는 바벨론과 이집트의 반앗수르 동맹에 들어가게 되고 그것이 갈고리가 되어 바벨론으로 이거될 것이란 심판선고를 듣는다(사 39장). 요시아는 종교개혁으로 통일왕국에 대한 꿈을 꾸었지만 바로의 말을 듣지 않고 바로의 군대를 저지하다 므깃도에서 결국 죽게 된다. 그 이유는 단지 앗수르가 망하기를 원해서뿐 아니라, 히스기야와 같이 요시아도 바벨론과 연결고리가 있었던 것으

---

[3] 요한복음의 주제, 즉 십자가가 영광의 길.

로 사료된다.[4] 요시아는 유다의 멸망에 대한 경고를 받았음에도 불구하고, 신바벨로니아를 막는 완충지대 앗수르의 멸망을 동인한 국제정치학적 분쟁에 끼어들었다. 신바벨로니아 왕국을 저지할 수 있는 앗수르를 지원하려는 이집트의 바로 군대에 대항하여 나섬으로 결국 요시아는 죽고 유다의 멸망이 가속화되었다.[5] 히스기야와 요시아는 최고의 유다 왕들이었지만 결국 섬김이 아니라, 자고함에서 나온 오판으로 멸망을 초래하였다(사 39장; 대하 32:25, 35:22).

이스라엘의 섬김의 길은 여호와의 종으로 호칭된 이스라엘의 왕같은 제사장들에 의해 열방의 빛이 되는 것이었으나(사 39장; 대하 32:23), 솔로몬 이후 이방 제국의 길을 걷게 되고 이방의 국제정치학을 따르다 열강에 멸망하고 말았다. 열방의 빛이 되는 섬김의 종의 길은 이스라엘과 유다의 멸망으로 인한 디아스포라의 삶에서 다윗 왕의 후손인 여호와의 종을 통해 열리게 된다(사 2:1-5, 49:3, 6, 61:9). 왕국의 멸망이 이스라엘을 향한 하나님의 뜻의 성취가 되었다.

이사야 49장은 여호와의 종의 이방의 빛의 역할에 대해 언급한다.

섬들아 내게 들으라 먼 곳 백성들아 귀를 기울이라 여호와께서 태에서부터 나를 부르셨고 내 어머니의 복중에서부터 내 이름을 기억하셨으며 내 입을

---

4 아하스왕도 유사한 전략적 실수를 저질렀는데 이는 선지자의 말을 거역했기 때문이다. 북이스라엘과 아람을 제거하기 위해 아하스는 앗수르를 불러들인다. 이것을 이사야가 꾸짖고 하나님만을 신뢰할 것을 명령했지만 아하스는 거절했고 결국 완충지대는 무너지고 앗수르의 창일한 물은 유다의 목 구멍까지 들어차게 되었다(사 7-8장).

5 역대하 35장 22절은 바로의 말을 하나님의 입에서 나온 말씀으로 이해하며 그것은 아하스에게 주신 이사야의 예언과 일맥상통한다.

날카로운 칼 같이 만드시고 나를 그의 손 그늘에 숨기시며 나를 갈고 닦은 화살로 만드사 그의 화살통에 감추시고 내게 이르시되 너는 나의 종이요 내 영광을 네 속에 나타낼 이스라엘이라 하셨느니라 그러나 나는 말하기를 내가 헛되이 수고하였으며 무익하게 공연히 내 힘을 다하였다 하였도다 참으로 나에 대한 판단이 여호와께 있고 나의 보응이 나의 하나님께 있느니라 이제 여호와께서 말씀하시나니 그는 태에서부터 나를 그의 종으로 지으신 이시요 야곱을 그에게로 돌아오게 하시는 이시니 이스라엘이 그에게로 모이는도다 그러므로 내가 여호와 보시기에 영화롭게 되었으며 나의 하나님은 나의 힘이 되셨도다 그가 이르시되 네가 나의 종이 되어 야곱의 지파들을 일으키며 이스라엘 중에 보전된 자를 돌아오게 할 것은 매우 쉬운 일이라 내가 또 너를 이방의 빛으로 삼아 나의 구원을 베풀어서 땅끝까지 이르게 하리라(사 49:1–6).

여호와의 종이 민족을 나타내든지 개인을 나타내든지 상관없이 이스라엘이 이방의 빛으로서 여호와의 구원을 땅끝까지 완성하는 것이다. 이 사명이 위 본문에서 흩어진 사람들이 여호와의 종에게 모이는 것과 동시에 이루어질 것을 예고한다. 동일한 여호와의 종이 53장에서는 개인으로서 사명을 완수할 것인데 그 길은 왕적 제사장의 죽음을 통한 길이다. 자기의 목숨을 내어 주는 것이 섬김의 궁극적인 길이며 장자의 길이다.

4) 구약적 관점에서 예수님의 섬김

이사야 53장은 왕의 목숨을 내어 주는 섬김의 교과서다. 이미 살펴본 바와 같이 '여호와의 종'은 왕적인 호칭이다. 그 여호와의 종이 다윗 왕가가 실패한 것을 성취하실 분이다. 이사야는 전체적으로 다윗 왕가에 대한 예언이다.[6] 아하스에서 히스기야로 그리고 여호와의 종으로 이어지는 다윗 왕가의 운명에 대한 예언이라고 볼 수 있다. 다윗 왕조의 패망 후 다윗 언약의 미래는 과연 어떻게 될 것인가?

다윗의 후손, 예수님께서 그 왕적 제사장의 소명을 완수하기 위해 오셨다. 예수님은 갈릴리에서 사역을 시작한다. 가버나움, 가나, 나사렛 등이다. 그러나 예수님의 사역 중에 주목받지 않았던 부분이 바로 이방사역과 소외된 지역 사역이다. 이사야 49장을 성취하기 위하여 예수님은 이방 지경으로 다닌다. 거라사는 데카폴리스가 건설된 지방으로 이방인이 살던 지역에 친히 가셔서 광인을 만난다. 두로와 시돈 지방으로 다니면서 수로보니게 여인의 딸을 고치신다. 사마리아 수가성을 일부러 찾아서 유대인의 통상적 통행로를 벗어나서 사마리아를 관통하신다.

예수님은 소외된 자들을 찾아 다니신다. 예루살렘으로 오가시는 길에 베다니를 지난다. 베다니는 마리아, 마르다, 나사로, 문둥병자였던 시몬(마 26:6-3; 막 14:3-9)이 살던 곳이다. 베다니란 이름에서 유추할 수 있는 것은 이곳이 **아니**(עני)의 집이라는 것이다. 히브리어 **아니**는 '가난한', '고난받은' '억울한 일을 당한'의 매우 광범위한 어의를 담고 있다. 구약에서 자주 불치병과 무고하게 고소당한 사람, 무고하게 상처받은 사람의 상태를 **아니**라고 한다(시 10:2, 10:9, 18:27; 욥 34:28, 36:6). 산상수

---

6 이사야 6, 7, 9, 36–39장 등에서 다윗계 왕을 다루며 이 내러티브 장이 이사야의 프레임을 형성한다.

훈 마태복음 5장 1절의 '심령이 가난한 자'에 해당하는 히브리어다. 문둥병자, 피부병도 그에 해당될 수 있다. 윗 못 근처에 위치했던 베데스다 연못은 병자가 있는 곳이다. 로마총독의 관저와 군인의 요새인 안토니오 요새 북쪽으로 예수님께서 가실 일이 별로 없는 곳인데 병자들을 만나러 가셨다.[7]

예수님은 삶의 현장에서 제자들을 만나고 부르셨다. 갈릴리 해변에서 그물을 깁는 베드로, 야고보, 요한 등을 부르고, 세관에 앉은 마태를 부르셨다. 자신의 사무실에 앉아서 찾아 오는 사람들을 부른 것이 아니다. 허다한 갈릴리의 마을을 전도하며 다니셨다. 예수님은 허다한 무리의 굶주림을 보시고 먹이셨고, 제자들도 먹일 것을 요청하셨다. 병든 자를 고치시고, 귀신을 쫓아 자유케 하시고, 나서부터 소경된 자를 고치시고, 문둥병자를 만지시고 고치셨고, 수많은 병든 자와 귀신들린 자들을 고치셨다. 이런 모든 것이 섬김의 사역이다(사 53장).

예수님은 자기에게 나아오는 자들을 가르치셨다. 가르치시는 것도 섬김이다. 이사야 50장 4절에 여호와의 종이 다음과 같이 고백한다.

주 여호와께서 학자들의 혀를 내게 주사 나로 곤고한 자를 말로 어떻게 도와 줄 줄을 알게 하시고 아침마다 깨우치시되 나의 귀를 깨우치사 학자들 같이 알아듣게 하시도다.

예수님의 사역은 가르치시고, 병든 자를 고치시고, 귀신들린 자를 자

---

7 요한복음 5장 2절. 양문 근처에 존재.

유케 하시고, 가난한 자에게 복음을 전하는 것인데 이 모든 것이 여호와의 종의 사역이었다(사 61:1-3). 이 여호와의 종의 사역은 이스라엘이 이방의 빛이 되는 도상에 반드시 있어야 하는 사명이다.

예수님의 섬김 사역의 방점은 십자가에서 목숨을 내어 주는 사랑이다. 마가복음 9장 33-37절에서 누가 크냐의 문제를 다루신다. 본 장의 초두에 언급한 바와 같이 35절에 주님은 "아무든지 첫째가 되고자 하면 뭇사람의 끝이 되며 뭇사람을 섬기는 자가 되어야 하리라."고 하시면서 족장사에서 다루어진 주제를 언급한다. 요한복음 13장에서 친히 제자들의 발을 씻기신 후에 결론적으로 34-35절에 말씀하셨다.

> 새 계명을 너희에게 주노니 서로 사랑하라 내가 너희를 사랑한 것 같이 너희도 서로 사랑하라 너희가 서로 사랑하면 이로써 모든 사람이 너희가 내 제자인 줄 알리라.

새 계명의 본질은 서로 사랑하는 것인데, 서로 먼저 사랑하는 것이고, 주님이 사랑하신 것 같이 가장 큰 자가 목숨을 내어 주시는 사랑으로 서로 먼저 사랑하라는 뜻이다.

족장 유다가 자신을 내어 주며 형제를 대신하듯이, 요셉이 사랑으로 복수를 용서로 바꿔 형제 화목을 이루고 가족을 구원하듯이, 레위가 세상에 대하여는 죽고 하나님께 대하여는 삶으로 모든 기득권을 내려놓음으로 형제들의 지도자가 되었듯이, 주님은 만유의 주재로서 모든 사람들을 위하여 자신의 목숨을 속량물로 내어 줌으로써 만물의 으뜸이 되시고 부활의 첫 열매가 되셨다.

5) 사도들의 섬김

예수님께서 하신 것과 똑같이 사도들은 말씀을 가르치고, 귀신을 쫓아내고, 병든 자를 고치고, 죽은 자를 살리고, 과부와 고아를 먹이고 돌보고 살리는 사역과 이방의 사역을 감당했다(행 7:1-4, 도르가 사건; 행 9:36 이하).

베드로는 이방인의 사도로 고넬료 집안을 유대인의 첫 사도로 방문하여 이방의 문을 열었고, 바울은 이방인을 위하여 고난받는 종으로 택함받아 그 사명을 완수한다.[8] 바울은 자신을 '예수 그리스도의 종'으로 부르는 데 이사야서의 종과 같은 단어를 사용한다.[9] 사도 바울의 자기 정체성은 예수 그리스도의 자기 정체성에 참여하는 것으로 이해한다. 또한 가르치는 사역, 즉 마땅히 사도들이 하나님의 비밀을 맡은 자로 여길 것을 고린도 성도에게 요청한다(고전 4:1).

사도의 직분은 성도로 하여금 다양하고 완전하게 섬기도록 만드는 것이다(엡 4:11-12). 섬기는 영역은 다양하다. 성령의 은사가 다양한 것과 같이 섬김도 다양하다. 성령의 은사가 교회에 5중직으로 주어졌고, 5중직의 목적은 성도를 온전히 구비시켜 봉사의 일(ἔργον διακονίας)을 하게 하려 함이라고 말한다.[10] 봉사, 즉 섬김의 일을 위한 것이다. 사도

---

8 사도행전 9장 15-16절(주께서 이르시되 가라 이 사람은 내 이름을 이방인과 임금들과 이스라엘 자손들에게 전하기 위하여 택한 나의 그릇이라 그가 내 이름을 위하여 얼마나 고난을 받아야 할 것을 내가 그에게 보이리라 하시니), 사도행전 20장 22-23절(오직 성령이 각 성에서 내게 증언하여 결박과 환난이 나를 기다린다 하시니), 골로새서 1장 24-29절 등에서 자신을 이사야의 고난받는 종으로 부르셨음을 언급한다. 같은 맥락에서 '예수 그리스도의 종'이라는 호칭은 '여호와의 종'과 동일한 의미로 사용하였는지도 모른다.

9 이사야 49장 3절. ידבע. LXX Δοῦλός μου

10 마가복음 9장 35절의 섬김도 동일한 단어를 사용한다. 온갖 궂은 일, 즉 집사가 하는 일을 의미한다.

바울은 다른 이들보다 더 많이 수고했다고 한다.

> 그러나 내가 나 된 것은 하나님의 은혜로 된 것이니 내게 주신 그의 은혜
> 가 헛되지 아니하여 내가 모든 사도보다 더 많이 수고하였으나 내가 한 것
> 이 아니요 오직 나와 함께 하신 하나님의 은혜로라(고전 15:10).

3. 결론

성육신적 목회는 그리스도의 삶을 본받는 것이며 이것은 육신의 힘
이나 의지로는 불가능하며, 오직 성령의 주권 아래 맡길 때만 가능하
다. 그리스도의 사랑과 그의 영이 우리를 강권할 때 감당할 수 있다. 분
명한 표상이신 우리의 믿음의 사도이신 예수께서 우리 앞에서 이끌며
가시는 길이다. 먼저 된 자가 나중되고 나중된 자가 먼저 되고, 큰 자가
어린 자를 섬기고, 모든 사람의 종이 되는 길이 바로 인간의 왕적 제사
장의 길이다. 큰 교회가 작은 교회를 섬기고 작은 교회가 큰 교회를 섬
기고, 큰 자가 작은 자를 섬기고, 작은 자가 큰 자 되어 큰 자를 섬기는
이 길에 용서와 화해와 구원이 있다. 목회의 본질은 성육신 정신으로
돌아가는 것이다.

3부

성육신 목회의
신학적 관점

Incarnation ministry
Platform church

정용신 목사

10대 때 예수님을 만났다. 총신대학교 신학대학원 재학 중에, 성경신학을 깊이 연구하고 싶어 영국으로 유학을 떠났다. 애버딘에서 성경신학 박사과정을 공부하는 7년 동안 영국 현지인 교회에서 국제학생 사역을 인도했다. 한국에 돌아와 성경신학과 실천신학을 연결해 사역하는 CEMI(IVP에서 출판) 대표로 섬기며 한국 교회 회복을 위해 헌신하고 있다. 총신대학교, 신학대학원, 평생교육원에서 강의하고 있다. 하늘나무교회를 개척해 주님을 사랑하고 교회에 헌신하는 성도들과 행복하게 교회를 섬기고 있다.

GM 연구위원. 하늘나무교회 담임.

성경신학 입장의
성육신 목회

I. 시작하는 말

요한복음 1장 14a절 "말씀이 육신이 되어"에 나타난 성육신 사건의
독특성과 중요성을 살펴본 후 성경적 성육신 사상을 실천적 목회에 적
용하는 부분에 대해 간략히 논의하고자 한다.

II. 요한복음에 나타난 성육신 사상의 독특성

말씀이 육신이 되어 우리 가운데 거하시매 우리가 그의 영광을 보니 아버
지의 독생자의 영광이요 은혜와 진리가 충만하더라(Καὶ ὁ λόγος σὰρξ
ἐγένετο καὶ ἐσκήνωσεν ἐν ἡμῖν, καὶ ἐθεασάμεθα τὴν δόξαν α
ὐτοῦ, δόξαν ὡς μονογενοῦς παρὰ πατρός, πλήρης χάριτος κα

ἱ ἀληθείας, 요 1:14).

이 말씀에 나타난 성육신 사건(ὁ λόγος σάρξ ἐγένετο)은 헬라세계와 유대세계 모두에게 익숙한 로고스를 사용하면서[1] 동시에 충격을 주는 선언을 담고 있다.[2]

헬라세계에서 로고스는 만물을 지배하는 비인격적인 원리로서 합리적 사유를 가능케 하는 중요한 수단이다.[3] 그러나 로고스와 같이 본질적인 요소가 불완전하고 비본질적인 육체가 되는 성육신 개념은 헬라사상에서 볼 때 혁명적인 발상이다.[4]

유대세계에서도 창조의 도구로서 로고스, 지혜문헌에서 의인화되어 사용되는 로고스[5](잠 8:22-31; 집회서 1:1-10)는 계시와 창조의 수단이지 로고스가 하나님이며 창조주가 피조물이 되는 로고스의 육화개념(incarnation) 즉 성육신 사상은 유대세계에서는 신성 모독적이다.[6]

알렉산드리아의 필로(Philo)도 창조의 중재자로서 로고스를 1,300회 이상 사용하지만 역시 로고스의 육화개념은 사용하지 않는다.[7] 그러므로 요한의 프롤로그에 나타난 말씀(로고스)은 하나님이며 '그 말씀이 육

---

1 Smalley 1998:47-48; 62-63; 243-244.

2 Neyrey 2007:45. Neyrey는 이 사건을 불가능하고 스캔들적이라고 한다.

3 Barrett 1978:35.

4 Köstenberger 2004:41

5 Köstenberger 2004:27-28.

6 Köstenberger 2011:339. Köstenberger는 말씀이 하나님과 함께 계셨을 뿐만 아니라 말씀 자체가 하나님이셨고 육체가 되셨기에 1세기 유대인들의 유일신 사상(momotheism)으로는 수용할 수 없을 주장이라고 한다.

7 Keener 2003:343-347; *TDNT* IV 80.

신이 되셨다(요 1:1, 14).'는 성육신 사건은 로고스라는 잘 알려진 공통분
모를 플랫폼으로 사용하되 헬라사상과 유대사상에 없는 독특한 기독
교 사상을 그 내용으로 담고 있음을 보여 준다.

III. 요한복음에 나타난 성육신 사상의 중요성

요한복음에 나타난 성육신 사상의 중요성은 요한복음 1장 14절에서
특별히 성전과 연관된다. 요한복음 1장 14b절에서 "우리 가운데 거하
시매(ἐσκήνωσεν ἐν ἡμῖν)"는 우리 가운데 "성막이 되시매(ἐσκήνωσεν)"로 번
역 가능하다.[8] 예수의 성육신과 성막 되심의 연관성은 요한복음에서 두
가지 중요한 의미를 지닌다.

첫째, 요한복음은 예수를 구약 성전(the Temple)의 성취로서 종말론적
인 성전으로 소개한다.

둘째, 요한복음은 예수의 정체성을 여호와의 용사되심이라는 관점
에서 신적 전사 패턴(Divine Warrior Pattern)을 통해 오직 승자만이 성전을
지을 수 있는 승리하신 신적 전사(Divine Warrior)로 나타낸다.

1. 구약 성전(Temple) 성취로서의 성육신 이해

요한복음 1장 14절에서 로고스의 성육신 사건(ὁ λόγος σάρξ ἐγένετο)은

---

8 이 소논문 3.1.을 참고하라.

육체가 된 로고스가 구약의 성막 및 성전의 성취임을 나타낸다(καὶ ἐσκή νωσεν ἐν ἡμῖν).⁹

요한복음 1장 14절의 "말씀이 육신이 되어 우리 가운데 거하시매 우리가 그의 영광을 보니"에서 '거하시매'와 '영광'의 사용이 성육신하신 예수와 연관되어 사용되는 것은 예수의 성전되심을 표현함이다.

'거하시매'는 σκηνόω의 부정과거 동사를 사용하는데 LXX에서 κατασκηνόω는 하나님이 그의 백성과 함께 하는 성막(민 35:34; 시 78:60; 렘 7:12), 성전(대상 23:25) 또는 에스겔에게 보여 주신 미래 성전(겔 43:7, 9)을 표현할 때 사용한 단어다.¹⁰

성막과 성전에 임한 영광은 모세의 광야 성막 봉헌식에서 성막(출 40:34)에 충만했고, 솔로몬의 성전 봉헌식에서도 제사장들이 서서 섬기기 어려울 만큼 강력하게 임했다(왕상 8:10, 12). 그 영광은 에스겔 10 장에서 떠나고, 에스겔 43장에서는 떠났던 순서 정반대의 여정을 통해 돌아온다(겔 43:4-5). 그러나 돌아오는 이 영광은 에스겔의 비전에서 본 것이지 실제 현상이 아니다. 바벨론 포로에서 귀환해 스룹바벨 성전을 봉헌할 때 기대했던 것은 과거의 성막 성전 봉헌식에 임하셨던 '영광'이지만 학개는 이전보다 더 큰 영광으로 채우실 것만을 약속할 뿐 그 영광의 실체는 언급하지 않는다(학 2:3, 9).¹¹

---

9 이 주제에 대해서 Hoskins의 *Jesus as the Fulfillment of the Temple in the Gospel of John*(London: Paternoster, 2006)을 참조하라.

10 Koester 1989:100–115; Keener 2003:408.

11 One of the earliest references to the Shekinah is in the Peshitta(Syriac) of 1 Chronicles 29:1, see Brock 2006 2:110; Evans(1993:79–83) compares and contrasts the second half of the prologue with Exodus 20–40, in particular 35–40, where tabernacle and glory appear in combination.

중간기 이후 예수님 당시 혜롯 성전은 46년째 지어지고 있는 거대한 성전이었지만 성전에 임한 영광에 대한 언급은 없다. 성전에 부재한 영광은 요한복음 1장 14절에서 성전의 본체시요 완성이신 예수 위에 다시 임함(καί ἰσκὶνωσεν ἰν ἱμὶν, καί ἰθεασάμεθα τὶν δὶξαν αἰτοὶ)[12]으로 예수를 종말론적인 성전으로 계시한다.

2. 신적 전사 패턴(DWP)을 통한 성육신 이해

획일화된 DWP을 규정하기는 어렵지만,[13] 대부분의 DWP이 함축하고 있는 주요한 요소는 충돌(전쟁), 승리 그리고 성전(건축)이라는 삼중 요소이다.[14] 여기서 주목하고자 하는 요소는 승리와 성전 건축과의 관계다. 대적에게서 승리를 거둔 결과로서 성전을 건축하는 것은 고대근동 문헌(예, Enuma Elish)에 보편적으로 나타난다.[15] 전쟁에서 승리를 거두고 돌아온 승자의 승리의 영광을 기념하기 위해 짓는 것이 성전이다.[16] 그러므로 성전(Temple)은 단순한 종교적 건축물 이상이다. 성전은 전쟁에서 승리한 자가 짓고 그 승자(victor)의 승리를 상징한다.[17]

---

12 Koester 1989:102.

13 For various patterns, see Longman 1995:83–88.

14 See Cross 1973:162–63; Hanson 1975:302–303; Smith 1990:49.

15 Hurowitz(1992:312) concludes that '[T]he similarities between the biblical "building account" and the traditional Mesopotamian "building account" are no less and no different in nature than the recognized"'. Fishbane(1979:13) sees the building of the temple as a common symbol of victory in both Mesopotamian mythology(Inanna and Ebih) and in Canaanite myths(the Ugaritic Baal Epic).

16 Hurowitz 1992:93.

17 Speiser 19693:61.

고대근동 문헌에 나타난 DWP과 같은 특징을 보이는 대표적인 구약 본문은 출애굽기 15장(cf. 시 24편; 사 24-27)이다. P. D. Hanson은 출애굽기 15장을 전쟁 모티브의 중요한 공식구조라는 관점으로 이해한다.[18]

  (a) 충돌—승리(1–12)

  (b) 신적 용사의 현현(8)

  (c) 이스라엘 백성의 구원(13–16a)

  (d) 성전 건축 및 승리의 행진(16a–17)

  (e) 여호와의 우주적 통치 선언(18)

P. C. Craigie는 출애굽기 15장에서 DWP의 근본적인 요소가 발전되었다고 주장한다.[19] 궁극적인 승리를 거둔 여호와는 승리의 상징으로 그의 성전에 좌정하실 것이다(v.17). 그리고 영원히 다스린다(v.18).[20] 승리의 노래(출 15:1-18)는 애굽과의 전쟁에서 승리한 하나님의 구속행위를 찬양하면서 전쟁, 승리 그리고 성전 건축이라는 DWP의 삼중 구조를 잘 보여 준다.[21]

1) 출애굽기 15장 1-18절에 나타난 δοξάζω와 성전(Temple)

여기서 우리가 주목하는 것은 적을 패배시킨 승리를 성전(Temple)과

---

[18] Hanson 1975:301.

[19] Craigie 1983:89.

[20] Craigie 1983:89.

[21] Miller 1973:113–117.

함께 영광으로 기술하고 있는 부분이다.

출애굽기 15장 1-18절에서 다섯번 δοξάζω가 사용된다. 15장 1절에서는 대적자들의 말과 그 탄자를 바다에 던지시는 용사 특히 승자의 모습을 영화로우심(δεδόξασται)으로 기술한다.[22] 15장 6절에서 여호와의 오른손이 나타내는 영광(δεδόξασται)을 노래한다. 그 영광은 권능으로 원수를 패배시킴과 연결되어 있다. 15장 11절에서 여호와가 애굽 군대를 패배시킨 승자임을 축하하면서 영화롭다(δεδόξασμένος)고 표현한다.

다양한 히브리어가 사용되었고 상호배타적이지는 않지만 지배적인 의미는 승리한 전사를 높이는 승리의 문맥에서 사용되었다. 15장 3절에서 여호와를 전사(κύριος συντρίβων πολέμους, יהוה איש מלחמה)로 표현하고 애굽과의 군사적 충돌에서 승리한 후(출 14장) 승리한 전사(Warrior)로 지칭한다. 출애굽기 14, 15장의 문맥에서 영광의 의미가 전쟁 문맥에서 승리를 나타냈고 이를 LXX에서 δοξάζω를 사용해 전형적인 신적 전사의 승리를 표현하고 있다.

DWP에서 성전의 기능은 승리를 상징하는 부분임을 재확인 할 뿐만 아니라 이 사상이 구약에도 여전히 나타나고 있음을 보여 준다.

IV. DWP으로 본 요한복음의 성육신 이해

요한복음의 프롤로그는 요한신학의 주요한 주제와 요한복음 전체를

---

22 Propp 1999:511.

이해하는 데 중요한 역할을 한다.[23] 우리는 요한복음 1장 1-14절을 중심으로 프롤로그 안에 DWP이 나타나는지를 주목하고, 성육신하신 예수를 DWP을 통해 살펴본다.

1. 프롤로그에 나타난 예비적 사례로서의 DWP

충돌	빛과 어둠의 충돌	καὶ τὸ φῶς ἐν τῇ σκοτίᾳ φαίνει(1:5a)
승리	어둠이 빛을 이기지 못함	καὶ ἡ σκοτία αὐτὸ οὐ κατέλαβεν(1:5b)
성전	성육신과 성전 되심	Καὶ ὁ λόγος σὰρξ ἐγένετο καὶ ἐσκήνωσεν ἐν ἡμῖν (1:14a)
영광	우리가 그 영광을 봄	καὶ ἐθεασάμεθα τὴν δόξαν αὐτοῦ, δόξαν ὡς μονογενοῦς παρὰ πατρός, πλήρης χάριτος καὶ ἀληθείας(1:14b)

요한의 프롤로그에서 DWP의 기본적 패턴인 충돌(전쟁), 승리, 성전, 영광이 나타난다.

2. 빛과 어둠의 충돌/전쟁 모티프

프롤로그를 시작하는 첫 단어인 Ἐν ἀρχῇ는 창세기 1장 1절을 상기시킨다. Brown이 창세기에서의 빛의 출현을 빛과 어둠(공허와 혼돈의 세력)의 대립으로 이해하고, 창세기 3장 15절을 이 빛과 어둠의 대립 관

---

23 Harris 1994:9–25, esp. 12; Schnackenburg 1968–1982:I. 221; Carson 1991:111.

계의 연장선상에서 여인과 뱀의 적대관계를 여인의 후손이 뱀의 후손을 정복하는 관계로 언급한다.[24] 이러한 해석은 시편 74편 13-17절과 시편 89편 9-13절에도 나타난다.[25] 요한의 프롤로그에서도 빛과 어둠의 대립은 뚜렷하다(요 1:5).

3. 충돌 그리고 승리의 선포(καταλαμβάνω)

요한복음에서 καταλαμβάνω는 요한복음 12장 35절에서 사용되는데 예수와 예수를 죽이려는 대적자 간의 갈등구조 배경에서 어둠에 붙잡히지 말라는 의미로 사용된다. 요한의 용례상 '깨달음'을 의미하지 않고 모두 대립 구조에서 승패를 논하는 표현으로 사용된다. 어둠과 빛은 동등한 전투 상대가 아님을 시작부터 밝힌다.[26] 어둠이 주관하는 세상에 빛이 침투해 들어와 충돌하지만 결국 어둠의 패배를 선언하고 빛의 승리를 단언하고 있다.

4. 승리의 상징인 성전(Temple)

우리의 이전 논의에서 DWP에서 성전(Temple)은 종교적 기능을 담당하는 건물 이상의 의미인 전쟁에서 승리한 자가 승리의 상징으로 짓는

---

24 Brown 1966:26; 이러한 해석을 반대하는 의견은 McCarthy 1967:393–406; Saggs 1978:53–63를 참고하라.

25 Ballard 1999:64.

26 Köstenberger 2004:32.

건물임을 살펴보았다.[27]

V. 성육신 사건과 예수의 승리 이해

우리는 요한복음의 프롤로그에서 DWP의 삼중요소인 충돌, 승리 그리고 성전이 있음을 살펴보았다. DWP은 요한복음의 프롤로그를 이미 전쟁에서 승리한 용사의 승리를 찬미하는 개선가로 소개한다. 이러한 관점은 요한복음 신학의 일부를 새로운 관점으로 접근하게 해 준다.

예수의 성막(요 1:14, ἐσκήνωσεν ἐν ἡμῖν)되심과 성전(요 2:21, 예수는 성전 된 자기 육체를 가리켜 말씀하신 것이라.)되심의 inclusio는 예수가 성막 성전의 본체이자 십자가와 부활로 성전을 건축하는 자임을 드러낸다(요 2:19, 너희가 이 성전을 헐라 내가 사흘 동안에 일으키리라.). 요한복음 2장 19절은 성전 건축의 필수 요소로 십자가의 죽음과 부활을 언급한다는 점이다. 요한에게 십자가는 고난이 아닌 영광의 사건이요 승리의 사건이기에 성전 건축이 필수 불가결의 요소이기도 하다.

성전과 함께 요한의 영광도 승리 개념을 함축한다. 요한복음에서 십자가는 '고난'이라는 단어로 표현되지 않는다. 오히려 '영광'의 사건으로 일관되게 기술한다. 이 영광은 하나님의 성품이나 존재적 속성을 배제하진 않지만 DWP으로 볼 때 요한복음에서 '영광'은 전쟁에서 이긴 승자의 승리를 구체적으로 묘사하는 개념이다. 이는 요한의 ὑψόω 구절

---

27 이 소논문 3.2.를 참고하시오.

(요 3:14, 8:28, 12:32)과 함께 인자의 영광의 때와 연결되어 있다.

십자가에서 인자의 승리가 선포되고 이 세상 임금의 패배가 확정된 다. 요한은 이때를 '영광'의 때, 승리의 사건으로 기술한다. 이 세상의 임금을 축출(cf. 계 12:9)하고 승리한 인자는 십자가에서 즉위식을 갖고 '영광(요 17:1b, 아들을 영화롭게 하사 아들로 아버지를 영화롭게 하옵소서)'을 나타내는 신적 전사로 묘사된다.

요한은 예수의 십자가 들림 사건을 이 세상 임금을 정복한 예수의 우주적 승리(cosmic triumph)로 본다.[28] 거시적 안목에서, 사탄의 하늘 거 처는 욥기 1-2장, 이사야 14장, 에스겔 28장, 스가랴 3장, 1 에녹서 (Enoch) 45장 106절과 46장 4-8절 그리고 요한계시록 12장 7-13절에 나타난다. 신약 전반에 사탄의 거처는 더 이상 하늘(οὐρανός)이 아니 다. 비록 사탄의 활동은 계속되지만(요 16:33, 너희가 환난을 당하나 담대하라 내가 세상을 이기었노라. 요일 4:4, 너희 안에 계신 이가 세상에 있는 자보다 크심이라.), 그들의 활동 영역은 더 이상 하늘이 아니다.

에베소서 2장 2절, 3장 10절, 6장 12-17절에서 '공중(ἀήρ)'과 '천상 적(강조, 명사가 아닌 형용사다. ἐπουράνιος)' 장소로 국한된다. 요한의 하늘, 아니 신약의 하늘에는 '이 세상 임금'이 없다.[29]

요한복음은 십자가 사건을 통해 '이 세상 임금'을 축출함으로서 승 리의 단회적이면서도 결정적 단면을 보인다. 귀신이 아닌 '이 세상 임

---

28 Cf. Griffith 2002:107; Wendland(1998:50) argues that the effect of reiterating these contrasting concepts(light and darkness) is to highlight the urgent requirement for a firm commitment to a right Christological confessional statement.

29 필자의 논문 6장을 참조하라.

금'의 축출은 사탄의 돌이킬 수 없는 최종적 패배인 것이다.

VI. 성육신 사건과 실천적 목회

요한복음 전체의 거시적 관점에서는 성전(요 1:14, 2:21)이 먼저 제시
되고, 충돌(요 3-18장)과 승리(요 19-21장)로 전개된다.

필자는 예수의 승리를 부각시킨 이유를 요한의 실현된 종말론의 강
조와 신자 공동체에 승리의 확신을 주기 위함으로 해석한다. 이는 예수
의 성육신과 성전되심을 부각해 예수 자신의 승리가 확실한 것처럼 예
수를 따르는 공동체의 승리도 확실함을 강조한다.

요한의 성육신 사상은 예수의 종말론적인 성전되심을 통해 성전
(Temple)으로서의 교회라는 성경적 교회 정체성의 본질을 로고스라는
헬라세계와 유대세계 모두에게 익숙한 틀을 통해 소통하면서도 그 틀
에 담긴 본질(예수와 그의 복음)은 헬라세계와 유대세계에 존재하지 않는
독특한 기독교적인 내용을 고수한다.

이러한 로고스의 성육신 사상은 성육신 사역의 기준과 패턴을 보여
준다. 기준은 타협 없는 순도 높은 성경적 진리를 담고 있어야 한다는
것이다. 로고스의 성육신 사상이 철저하게 유일한 기독교 사상인 것과
같은 이치다. 패턴은 진리의 소통을 위해선 매개체 선택에 유연할 수
있음을 보여 준다. 플랫폼은 매개체가 되어 소통의 장을 마련함에 있어
융통성을 극대화할 수 있어야 하면서도 소통되는 내용은 철저히 성경
적 복음이어야 한다는 것이다.

VII. 나가면서

성육신 사건은 예수의 종말론적 성전(요 1:14, 2:21)되심을 통해 신자와 교회의 성전된 정체성을 드러내며, 예수가 승리한 우주적 전사로서 어둠의 세력을 정복하고 이미 획득한 종말론적인 승리를 근거로 신자와 교회도 영적 전사의 삶과 사역을 감당해야 함을 보여 준다.

만일 '상황화(contextualization)'에 대해 요한에게 묻는다면 무엇이라고 답할까? 로고스라는 헬라세계와 유대세계 모두에게 익숙한 매개체를 사용하면서도 로고스가 육체가 되는 유일한 기독교 본질을 양보하지 않는 것이라고 하지 않을까? 로고스가 육신이 되신 성육신 사상은 실천적 목회에 있어서 형식과 내용의 절묘한 균형을 제안하는 정도가 아니라 이렇게 사역해야 한다는 당위성마저 부여한다. 포스트모던 시대에 교회는 본질(성전 됨, 영적 전사 됨, 십자가의 승리의 복음)은 더욱 강조하면서도 동시에 사역 방법은 창의적이고 독특하며 유연해야 할 것이다.

참고문헌

Bauckham, "The Sonship of the Historical Jesus in Richard. Christology," *SJT 31* (2009), 245-260.

Barrett, Kingsley, *The Gospel according to ST John C.* (London:SPCK, 1978)

Beasley-Murray, *John* (WBC 36; Nashville: Thomas Nelson, George. R. 1999).

Brown, Raymond. *The Gospel according to John I-XII E.* (New York: Doubleday, 1966).

Carson, Don A. *The Gospel according to John* (Leicester: Apollos,1991).

Keener, Craig S. *The Gospel of John: A Commentary* (2 vols;Peabody: Hendrickson, 2003).

Köstenberger, John (Grand Rapids: Baker Academic, 2004).

Andreas J. A., *Theology of John's Gospel and Letters* (GrandRapids: Zondervan, 20011)

Kysar, Robert. *John* (ACNT; Minneapolis: Augsburg, 1986).

Moloney, Francis. *The Gospel of John* (Sacra Pagina Series 4; J. Collegeville: Liturgical Press, 1998).

Motyer, Stephen. *Your Father the Devil? A New Approach to John and 'the Jews* (Paternoster Press: Carlisle, 1997).

Neyrey, Jerome. *The Gospel of John* (Cambridge: Cambridge H. University Press, 2007).

Nicholson, *Death as Departure: The Johannine Descent-Godfrey C. Ascent Schema* (SBL.DS 63; Chico: Scholars Press, 1983).

Pagels, Elaine. *The Origin of Satan* (London: Penguin, 1995).

Piper, Ronald A. 'Satan, Demons and the Absence of Exorcisms in the Fourth Gospel', in D. G. Horrell and C.M. Tuckett(eds.), Christology, Controversy and Community: New Testament Essays in Honour of David R. Catchpole(NovT.S 99; Leiden: Brill,2000), 253-278.

Plumer, Eric. 'The Absence of Exorcism in the Fourth Gospel', Biblica 78 (1997), 350-368.

Smalley, Stephen. *John:Evangelist & Interpreter*(London:Paternoster, 1998)

Thatcher, Tom. *Greater than Caesar: Christology and Empire in the Fourth Gospel*(Minneapolis: Fortress, 2009).

Twelftree. I*n the Name of Jesus: Exorcism Among Early Graham H. Christians*(Grand Rapids: Baker Academic, 2007).

Witherington III. *John's Wisdom*(Louisville: Westminster Ben. John Knox Press, 1995).

류명렬 목사

일찍이 부친을 여의고 하나님을 아버지로 바라보며 살았다. 교육전도
사로 부임한 대전남부교회에서 황승기 목사님을 만나, 아버지의 사랑
을 받으면서 목회자로서의 모습 뿐 아니라 사람으로서, 신자로서의
모습을 배웠다. 신대원 은사이신 서철원 교수님께 '믿음으로 신학함'
의 자세를 배웠다. 대전남부교회는 18년 동안 교육전도사, 강도사, 부
목사로 섬기던 나를 제6대 담임목사로 청빙하였다. 지금은 30여 년
동안 기도와 지지를 아끼지 않는 성도와 '시대와 세상의 본이 되는
주님의 건강한 교회'가 되기를 꿈꾸며, 서로를 격려하고 사랑하며 목
양하고 있다. 예장합동 교단의 미래 자립 교회를 돕는 "교회자립개발
원" 서기로 섬기고 있다.

GM 연구위원. 대전남부교회 담임.

조직신학 입장의
성육신 목회

I. 들어가는 말

'성육신적 목회 사상'은 교회론적인 고민에서 출발하였다고 할 수 있다. 하나님의 백성에 대한 관심이다. 즉 하나님이 자기 백성 삼으신 교회가 진리의 말씀 위에 올바르게 세워져야 하는데, 그 교회다움의 바른 모습을 잃어버리고, 왜곡된 모습으로 존재하는 것에 대한 고민을 담고 있다.[1]

---

1 장일권, "성육신적 문화사역의 실제와 적용"(미간행 논문), 2–3.
성육신 목회를 주장하는 장일권 박사는 다음과 같이 말한다. "성경이 예수 그리스도께서 성육신하신 목적을 십자가 구속을 이루기 위한 것뿐 아니라, 공생애의 삶을 통해 성화생활을 할 수 있게 하기 위한 것임을 분명하게 제시하고 있음을 발견하게 되어 이를 밝히려고 한다" 즉 그리스도의 성육신의 목적을 '구속'과 아울러 '성화'로 바라보고 있다. 장일권 박사가 성육신의 목적을 '구속'의 측면을 강조하는 전통적인 관점에서 '성화'의 측면을 강조하고, 더 나아가 '성화'를 성육신의 양대 목적(double–purpose)으로 바라보는 것은, 하나님의 백성이 구원의 확신에 안주하는 것을 넘어, 거룩한 백성으로 살아가는 성화, 즉 교회를 교회답게 세우기 위한 소망을 담고 있는 것이다. 장일권 박사는 다시 한 번 자신의 의도를 분명히 한다.

'성육신 목회'라는 용어가 낯설 수도 있고, 그 용어에 대한 정의가 분명하게 이해되지 않을 수 있다. 그러나 분명한 것은 '성육신 목회'가 단지 예수님이 보이신 낮아지심과 겸손의 모습으로 목회를 하자는 개념에 한정지어지지 않는다는 것이다.

'성육신 목회'는 실천신학의 분야에서 목회의 태도나 자세에 대해 언급하는 것이 아니다. '성육신 목회'는 하나의 사상체계라고 말할 수 있다. 죄와 혼돈 가운데 존재하는 인간 현존에 대한 이해, 삼위일체 하나님의 구원경륜, 구속과 성화를 위한 그리스도의 성육신 그리고 하나님의 백성의 삶의 자리(sitz im leben)로서 현실과 그 현실에서의 교회를 세우는 방법, 즉 상황화(contextualization)의 문제 등을 포함하고 있는 사상체계라고 말할 수 있다.

필자는 이러한 '성육신 목회 사상'을 조직신학적인 관점에서 고찰해 보고자 한다. 이 고찰을 통해서 '성육신 목회 사상'의 교리적인 검증을 시도하고, 이를 통하여 그 사상의 개념이 더욱 분명하게 조명되고, 마지막으로 그 필요성이 부각되어 '성육신 목회 사상'이 목적하는 바 교회를 살리고 하나님의 백성을 굳게 세우는 일에 일조하기를 소망한다.

"필자는 예수 그리스도의 성육신이 구속받은 하나님의 새 언약 백성의 삶 곧 성화를 이루기 위한 목적임을 밝히면서 '성화' 곧 구원론적인 관점에서 예수 그리스도의 성육신을 살펴보려고 한다." 이처럼 예수 그리스도의 성육신을 "구속과 성화"의 관점에서 보는 것은 교회론적 고민과 관심의 결과라고 말할 수 있다.

II. 성육신 목회 사상의 배경.

기독교는 지난 2천 년 동안 많은 변화를 경험하였다. 초대교회로부터 오늘에 이르기까지 교회는 다양한 환경 가운데 존재하였다. 적지 않은 변화가 있었다. 그러나 오늘날 교회는 '격변의 시대'에 처해 있다고 해도 과언이 아니다. 4차산업혁명의 시대가 도래하였고, 지금 진행 중인 코로나19 사태로 인하여 이런 미래 사회로의 진입이 가속화되었다. 미래학자 최윤식은 지금은 격변의 시대이고, 그 상황을 "땅이 움직이고 과녁이 흔들리는 것"에 비유하였다.[2] 과거의 사고와 관점으로는 결코 움직이는 과녁을 맞출 수 없다고 진단하였다.

> 지금 우리가 겪고 있는 이 엄청난 변화를 담아낼 말이 있다. 바로 '땅이 움직이고 있다'는 것이다. 지금껏 항상 변함없이 그 자리를 지키고 있을 줄 알았던 '그 땅'이 움직이고 있다. 그야말로 '격변'의 수준이다. 여기서 격변은 엄청난 속도의 변화만을 의미하지 않는다. 방향 또한 급격하게 바뀌고 있다. 규모와 속도, 방향을 제대로 인식하기조차 힘든 격변과 그에 따른 새로운 기회가 지금 우리가 맞고 있는 오늘과 내일의 모습이다. 역설적이지만 지금 우리가 직면하고 있는 불확실성의 증대야말로 가장 규칙적이고 확실한 진실이다. 이 시대는 표층을 흐르는 트랜드만이 변화하고 있는 것이 아니다. 디디고 있는 땅이 움직이는 거대한 변화가 진행 중이다.[3]

---

2 최윤식 김건주, 『2030 기회의 대이동』(서울: 김영사), 57, 103
3 위의 책, 57.

포스트모더니즘의 영향으로 전통적인 권위는 배척되고 있고, 전통적인 형태의 목회도 한계상황에 직면하고 있다.[4] 세속화의 물결은 점점 더 거세게 밀려오고, 인간은 자기 스스로를 하나님의 자리에 올려놓는 신화화(deification)의 과정에 열중하고 있다. 아이러니하게도 이런 신화화의 과정에서 인간은 점점 더 소외를 경험하고 고독과 불안과 존재적인 절망을 경험하고 있다. 이런 현실에서 복음은 어떤 의미이며, 교회는 어떤 정체성을 가지고 있는가?

이러한 현실에서 교회는 두 가지 잘못된 방향으로 흐를 수 있다. 첫째는 실용주의적인 비즈니스 모델로 향하는 것이다. 상황화(contextualization)에서 비슷한 문제가 발생하는데, 기독교의 본질을 잃어버리고 '부흥', '번영'의 길을 추구하는 현상이다.[5] 다른 하나는 새 포도주를 새 부대에 담지 못하는 고립주의적인 현상이다. 소위 '두 지평(Two horizions)'을 염두해야 하지만, 현실을 도외시하고 대처하지 않아 신학적, 교리적인 자기 함몰 현상이 일어나는 것이다. 데이비드 웰스는 다음과 같이 말한다.

---

4 레슬리 뉴비긴, 『포스트모던 시대의 진리』(서울: IVP), 9–17.
  현대성이란 권위에 대한 불신임이다. 현대성은 외적인 권위로 보이는 것으로부터의 해방운동에서 탄생했고, 진리에 대한 경쟁적인 주장 사이의 판단을 위해 개인의 이성과 양심의 자유와 책임에 호소했다.

5 데이비드 웰스, 『용기 있는 기독교』, 53–98.
  이러한 비즈니스 모델 교회의 저변에 깔린 생각은 복음주의 세계가 정체 상태에 빠졌다는 위기의식과 과거의 운영방식이 신세대에는 통하지 않는다는 것이다. 교회는 운영방식을 바꾸지 않는다면 도태될 위험에 처해 있다는 생각이다. '전통적인' 교회는 세월의 흐름과 혁신적인 변화를 따라잡지 못해 쓸모없는 상품과 같다는 여론이 조성되었다. 이들은 기업으로부터 힌트를 얻었다. 마케팅 이론이다. 문제는 고객에 영합하는 대폭할인 세일을 교회가 시작하였다는 것이다. 이들은 고객의 필요와 욕구를 분석하여, 그들의 외로움, 깊은 심리적인 욕구를 채우려고 한다. 관계상의 단절을 느끼고, 내적인 고통에 시달리고, 의미를 잃어버리고, 절대적인 것이 없고, 변화무쌍한 무거운 인생에 눌려 큰 불안감을 느끼는 고객의 필요가 그들의 최우선 고려대상이 되었다. 교회의 본질은 뒷전이다.

우리가 주님 앞에 스스로를 낮추고 주님의 말씀을 새롭게 들음으로써 주님
이 오늘 복음주의 교회를 다시 세우지 않으면, 교회는 결코 다시 세워지지
않을 것이다.[6]

이러한 현실적인 상황이 '성육신 목회 사상'의 배경이라 말할 수 있
다. "이러한 상황에서 하나님의 백성을 어떻게 세워갈 것인가?" "이러
한 상황 가운데 하나님의 교회는 무엇을 해야 하는가?"

III. 성육신 목회 사상의 교리적 고찰

1. 성육신 목회 사상의 삼위일체론

성육신 목회 사상의 뿌리는 삼위일체 신학이다. 서철원 박사는 삼위
일체 교리의 중요성에 대해서 "그리스도교의 근본 교리"라고 하였고,
"교회의 서고 넘어짐이 전적으로 이 교리를 고백하고 붙드느냐 아니
냐에 달려 있다."[7]고 강조했다. 또한 삼위일체 교리와 하나님의 성육신
(incarnatio Dei) 교리가 하나로 연결되어 있음을 말했다.

---

[6] 위의 책, 357

[7] 서철원, 『교의신학 II 하나님론』, 76–77.
　그리스도교의 근본 교리는 삼위일체 교리다. 유일한 하나님이 세계의 창조와 섭리 그리고 구원사역
과 교회의 설립과 보존의 과정에서 자신을 아버지와 아들과 성령 세 위격으로 계심을 계시하였다.
… 삼위일체 교리는 그리스도교의 근본 진리로서 영원한 신비이다. 그러므로 믿음 고백으로 굳게
붙들어야 할 교리다. 삼위일체 교리가 그리스도교의 근본 교리여서 교회의 서고 넘어짐이 전적으로
이 교리를 붙드느냐 아니냐에 달려 있다.

삼위일체 교리가 부정되면 하나님의 성육신 교리가 자동적으로 부정된다. 하나님의 성육신 교리를 고백하고 붙들면 자동적으로 삼위일체 교리도 고백되고 붙들게 된다.[8]

'성육신 목회 사상'은 이 성육신 교리에 근거한다. 성육신 교리는 삼위일체 하나님의 창조와 구속을 배경으로 한다. 삼위 하나님이 세상을 창조하시고, 또한 죄로 인하여 타락한 자기 백성을 구원하시기 위해서 행하신 일이 바로 성육신이다. 성육신 목회 사상은 그리스도 신앙의 가장 근본적인 삼위일체 신학과 성육신 교리에 기초하고 있다. 교회는 유일하신 하나님이 창조와 구속 사역에서 자신을 삼위일체 하나님으로 계시하셨음을 믿어야 한다. 또한 하나님이 창조주와 구속주로서 한 하나님이시지만, 그의 사역 과정에서 삼위일체이심을 드러내신 것을 믿어야 한다.[9] '성육신 목회 사상'은 삼위일체 하나님의 일하심을 확신하고, 그 일하심에 근거한다.

장일권 목사는 특별히 삼위일체 하나님께서 사람을 자기 인식과 자기 결정권을 가진 인격체, 인격적인 존재로 지으신 것과 마귀로 인한 반역과 그로 말미암은 감정과 의지 그리고 소원의 왜곡을 지적하였다.[10] 다시 말해 하나님의 형상으로 지음 받아 자기 인식과 자기 결정권을 가지고 세상을 다스려야 할 사람이, 죄와 타락으로 말미암아 감정과 의지와 소원의 왜곡된 악순환의 고리에서 벗어나지 못하게 되었음을

---

8 위의 책, 77.
9 위의 책, 45
10 장일권, 미간행 논문, 9.

말하는 것이다. 하나님을 향한 순전성(purity)을 잃어버린 것이다.[11] 이러한 상황에서 삼위일체 하나님은 자기 백성을 구원하시려 사람의 모양으로 오셨다. 이것이 그리스도교 신앙의 핵심이자, 성육신 목회 사상의 근간을 이루는 사상이다. 타락한 자기 백성을 위하여 삼위일체 하나님이 사람의 몸을 입고 이 땅에 오신 성육신은 인간의 유일한 희망이요, 구원이다.

성육신 목회 사상에는 삼위일체 하나님 그리고 그 하나님의 창조경륜과 구속경륜 그리고 이 하나님을 대적하는 악의 실체가 분명하게 드러나 있다. 성육신의 주체는 삼위일체 하나님이고, 그 하나님이 자기 백성을 구원하시기 위하여, 사람의 몸을 입으신 것이다.

그러므로 서론에서 언급한 바와 같이 성육신 목회 사상은 단지, 낮아짐과 겸손과 같은 목회적인 태도에 국한된 것이 아니다. 세상을 창조하시고, 구원하시며, 심판하실 삼위일체 하나님의 존재를 분명하게 인식하게 하고, 그 하나님의 섭리와 경륜을 인정하게 하는 것이 바로 성육신 목회 사상이라 할 수 있다. 성육신 목회 사상은 인간을 자기 형상대로 지으신 창조주 하나님을 바라보게 하고, 자기 백성을 구원하시려는 삼위 일체 하나님을 앙망하게 한다.

2. 성육신 목회 사상과 그리스도론과 구원론

그리스도론과 구원론의 핵심은 이신칭의(justification by faith) 교리에

---

11 장일권, 『하나님 나라의 회복』 37-38.

있다. 이신칭의 교리는 삼위일체론, 기독론 교리와 아울러 기독교의 3대 교리다. 이 이신칭의 교리의 근간도 바로 성육신 교리다.

우리의 죄를 위하여 사람의 몸으로 오시고, 십자가를 지신 그리스도를 믿는 믿음으로 구원을 받을 수 있다는 믿음, 행위나 공로에 의하지 않고, 오직 하나님의 선물인 믿음으로 그리스도를 바라봄으로 구원을 얻을 수 있다는 이신칭의의 근거는 바로 성육신 교리다.

서철원 박사는 이신칭의와 성육신의 관계를 이렇게 정리하였다.

> 의(義)는 본래 하나님 앞에서 살 수 있는 생존권(生存權)을 뜻한다. 그런데 사람이 하나님을 반역하므로 생존권을 상실하여 다 죽게 되었다. 반역죄를 지었으므로 영원히 죽게 되었다. 죄에서 벗어나 의를 얻어 다시 살 수 있는 길은 전혀 없게 되었다. 사랑이 넘치신 하나님은 마땅히 죽어야 할 사람들을 다시 살리기로 하셨다. 그것은 죗값을 지불함으로 반역죄를 무효화해야 하는 것이다. 어떤 사람도 이 일을 할 수 없기 때문에 하나님 자신이 죗값을 대신 지불하기로 하셨다. 하나님이 사람이 되셔서 피 흘리심으로 우리의 죗값을 지불하셨다. 그러므로 하나님의 구속사역을 믿기만 하면 죽지 않고 생명을 얻어 영생에 이르게 하셨다. 믿기만 하면 모든 죄를 용서하고 하나님 앞에 사는 생존권을 주시기로 하셨다. 따라서 믿게 되었다(요 3:16) 이런 하나님의 구원 경륜 때문에 믿음이 바로 의가 된다.[12]

그러므로 이신칭의 교리의 근거가 바로 성육신 교리다. 장일권 목사

---

12   서철원, 『교의신학 V. 구원론』, 83-84.

는 그의 "성육신 목회 사상"에서 구원론에 있어 중요한 점을 지적한다. 바로 그리스도의 성육신이 십자가 구속사건을 이루시기 위해서만이 아니라 성육신을 통한, 예수 그리스도의 공생애를 통해서 성화의 모습도 우리에게 보여 주시고 있다는 점을 피력한다.[13]

이 점은 칭의와 성화의 문제에 대한 균형이라는 측면에서 의미를 부여할 수 있다. 한국 교회의 구원론이 일면, 성육신과 십자가 사건으로 말미암은 죄사함과 의롭다 하심에 치우쳐 있는 모습을 부인할 수 없다. 예수 그리스도의 성육신과 십자가 사건에 대한 인식이 죄사함을 위한 지적 동의의 수준에서 받아들여지고 있고, 예수 그리스도의 제자로서 성도의 삶과 실천이 동반되지 않는 현실을 볼 때, '거룩하게 하심'이 간과되는 '의롭다 하심'은 구원의 한 축을 잃어버린 것과 다름없다고 말할 수 있다. 하나님의 사역은 믿는 사람들을 거룩하게 하시는 것이다.[14]

'성육신 목회 사상'은 하나님의 백성, 하나님의 교회의 삶의 회복에 초점을 두고 있다. 의롭다 하심을 얻은 백성이 어떻게 거룩하게 되는가 하는 문제에 주목한다. 성육신의 목적이 하나님의 백성의 의롭다 하심뿐만이 아니라, 거룩에 있음을 강조하고 있다.

그런 의미에서 '성육신 목회 사상'은 성육신을 단지 칭의의 영역에 치우치지 않게 하고, 성화의 영역을 포함한 전존재적 구원을 지향한다

---

13 장일권. 미간행 논문. 27.
성육신하신 예수 그리스도께서 공생애의 삶 곧 사랑으로 섬기는 삶을 보여 주셨다. 사랑의 섬김이 이루어지기 위해서 마음을 비우고 자세는 낮추는 겸손의 중요성을 친히 보여 주시며 또 그렇게 살도록 권고하셨다(요 13:15). 겸손한 자세로 섬기는 삶은 성령의 도우심에 전적으로 의존해야만 가능하다.

14 서철원. 『교의신학 Ⅴ. 구원론』 170.

고 할 수 있다. 다시 말해서 '성육신 목회 사상'은 오직 믿음으로 의를 얻을 수 있다는 개혁 신학에 든든히 기초하고 있고, 그리스도의 공생애의 삶을 닮음으로 성화를 강조하여 구원론을 강화하는 사상이라고 평가할 수 있다.

3. 성육신 목회 사상과 교회론

교회는 하나님의 백성이다. 성육신 목회 사상은 하나님께서 자기 백성 삼으시고, 구원하신 교회를 생각하게 하는 든든한 신학적 기반을 가지고 있다. 장일권 목사는 시대별로 하나님은 하나님의 백성에게 정체성(identity)과 사명(mission)을 주셨다는 것을 밝힌다. 창조 언약(창 1:26-28)에서는 하나님의 형상으로서의 정체성과 다스리는 왕권을 위임받은 사명이 있었고, 시내산 언약에서는 제사장 나라, 거룩한 백성(출 19:5-6)으로서의 정체성과 사명 그리고 새 언약에서는 '세상의 소금, 세상의 빛(마 5:13-16)'으로서의 정체성과 사명을 교회는 부여받았다고 했다.[15]

창조주 하나님께서 성육신하신 첫 번째 이유는 십자가의 죽음을 통해 죄의 값을 해결해 주실 뿐 아니라 구원한 자들을 자기의 몸된 교회로 세우는 것이고, 둘째는 교회가 그의 공생애로 보여 주신 성육신적인 삶을 살게 하여 하나님의 나라를 회복하시는 것이다.

이 정체성과 사명은 하나님의 교회에 있어서 중요한 요소이다. 세상 가운데 하나님의 교회는 어떤 존재이며, 어떤 일을 해야 하는가에 대

---

15 장일권, 「하나님 나라의 회복」 74.

한 의식이 그 존재를 결정한다고 볼 수 있기 때문이다. 성육신 목회 사상은 하나님의 백성으로서 교회가 어떤 존재이며, 무엇을 해야 하는지를 분명히 한다. 성육신 목회 사상은 교회의 사명에 대해, ① 선교명령을 수행하는 교회, ② 문화명령을 수행하는 교회라고 정의한다. 교회가 해야 할 일은 주님의 지상명령인 전도와 선교를 수행하는 선교적 교회(Mission oriented Church)이며, 십계명의 원리와 같이, 하나님과 이웃을 사랑으로 섬기는 삶을 통해 진정한 하나님의 문화명령을 실천해야 할 사명이 있다.[16]

성육신 목회 사상은 하나님이 성육신하심으로 구원하신 교회를 주목하고, 그 교회의 정체성과 사명을 부각시킴으로 교회를 교회답게 세우는 사상이다. 지식적인 차원에서 동의하고 끝나는 칭의와 구원이 아니라 자신의 삶에서 그리스도를 본받는 성화의 삶과 선교명령과 문화명령을 실천함으로 하나님의 나라를 확장해 나감으로, 교회를 교회답게 세우는 유익이 있다.

Ⅳ. 성육신 목회 사상의 실천적인 적용

이미 서론에서 성육신 목회 사상을 실천할 시대에 대해서 언급하였다. '격변'이라고 말할 수밖에 없는 변화가 일어나고 있고, 그것은 속도만이 아니라, '땅이 흔들리고 과녁이 움직이는 상황'이라고 표현하였

---

16 장일권, 미간행 논문, 19-20.

다. 성육신 목회 사상의 무대는 이러한 시대이며 세상이다. 과연 이런 상황과 시대 가운데 어떻게 교회는 존재해야 하고, 사명을 감당해야 하는가? 이 문제에 연관된 단어가 '상황화(contextualization)'이다. 특별히 4차산업혁명 시대에 진입한 우리는 이 문제를 간과할 수 없다.

팀 켈러는 상황화를 구체적으로 설명하기 위해서 '폭파'의 예를 들었다.[17] 바위를 효과적으로 폭파하기 위해서는 바위 중앙부에 구멍을 뚫는 일과 폭약을 폭발하게 하는 일이 필요하다. 만일 구멍을 뚫지 않고, 화약을 폭발하게 한다면, 그저 표면만 그을릴 뿐 바위는 그대로 남아 있게 된다. 반대로 폭약을 폭발시키지 않으면 바위는 구멍만 뚫었을 뿐 그대로 있을 것이다.

> 문화 속에서 균형 있게 상황화를 하고 사람들에게 성공적으로 전도하기 위해서는 문화를 존중하고 공감하면서 문화 속으로 들어가야 한다(드릴로 바위를 뚫는 것과 비슷하다.). 문화가 성경적 진리와 충돌하는 곳에서 문화에 맞서야 한다(폭약을 터뜨리는 것과 비슷하다.). 이 두 가지가 모두 필요하다. 우리가 단지 '터뜨리기(문화의 악한 요소를 비난하기만)'만 한다면 전도하려는 사람들의 귀를 열어 듣지 못하게 할 것이다. … 다른 한편으로 우리가 단지 '뚫기(문화를 긍정하고 반영하며 사람들이 받아들일 만한 것만 이야기)'만 한다면 진정한 회심을 보기 어려울 것이다. … 복음이 사람들에게 영향력을 끼치는 것을 보려면 먼저 구멍을 뚫고, 뒤이어 폭발을 시킬 때만 가능하다. 문화가 믿고 있는 타당한 가치를 근거로 문화의 오류에 맞설 때

---

17 팀 켈러, 『센터 처치』, 254-255.

복음의 영향력이 나타난다.[18]

팀 켈러가 지적한 대로, 우리는 문화의 포로가 되는 것, 즉 문화에 동화되어 비성경적인 관점과 가치를 수용함으로 기독교의 정체성과 고유성을 잃어버릴 위험과 혹은 문화에 대한 몰이해로 소통과 공유를 잃어버릴 위험에 처해 있다. 두 가지 모두 극복해야 할 현상이다.

존 스토트는 소통에 대해서 설교적 관점에서 우리의 이해를 돕는다.

> 성경과 현대 세계의 소통을 다리를 놓는 것에 비유했다. 어떤 설교들은 '도착지가 없는 다리'와 같아서 성경 본문에 대한 견실한 주석은 있지만, 전혀 현실로 내려오지 않고, 다른 설교는 '출발지를 찾아 볼 수 없는 다리'와 같아서 현대의 관심사들은 잘 반추하지만, 현대 사회의 문제와 필요에 대한 그 영감들이 성경 본문에서 흘러나온 것이 아니라고 했다.[19]

이 쌍방의 소통에 있어서 우선권은 성경에 있다. 최고의 권위는 성경에 있다. 성경과 문화는 소통이라는 상호작용을 하되, 결국 그 둘을 하나님 말씀의 더 나은 이해로 이끌어 가는 '나선형(spiral)' 운동이 되어야 한다.

포스트모더니즘의 철학과 세계관이 지배하고 있으며, 4차산업혁명 시대로 이미 진입한 우리의 환경에서 어떻게 교회는 성육신적 목회를

---

18 위의 책, 255.
19 존 스토트, 『현대 교회와 설교: 성경적 강해설교』 위의 책에서 재인용.

할 것인가는 숙제로 남겨져 있다. 위에서 제시한 팀 켈러의 '바위 뚫기'의 비유와 존 스토트의 '다리 예화'를 기억하면서, 복음이 상황을 변화시킨다는 원리를 기억하여야 할 것이다.

V. 나가는 말

성육신 목회 사상은 단지 목회의 자세나 태도를 말하는 것이 아니다. 성육신 목회 사상은 개혁 신학의 건전한 교리 바탕 위에 하나님의 백성인 교회가 나아가야 할 방향을 제시하는 사상 체계라고 말할 수 있다.

삼위일체 하나님은 영원하신 작정 가운데 창조와 구원 사역을 행하시고, 자기 백성을 구원하시기 위해 사람의 몸을 입고 오셨다. 성육신 목회 사상의 배후에는 삼위일체 하나님의 작정과 창조, 구원의 경륜이 포함되어 있고, 오직 믿음으로 의를 얻을 수 있다는 이신칭의의 교리와 뗄 수 없는 연관성을 가지고 있다.

뿐만 아니라 성육신 목회 사상은 하나님이 백성을 하나님의 백성답게 세우는 성화 교리와 하나님의 백성의 정체성과 사명을 분명히 함으로 교회를 교회되게 하는 교회론의 강점을 지니고 있다.

이러한 신학적 기초 위에서 건전한 상황화를 진행한다면, 성육신 목회 사상은 시대를 품고, 변혁시키는 목회적 실천과 사상이 될 것이다.

참고 문헌

David Wells. 황병룡 역.『용기 있는 기독교』. 서울: 부흥과개혁사, 2008.

Lesslie Newbigin. 김기현 역.『포스트모던 시대의 진리』. 서울: IVP, 1996.

Timothy Keller. 오종향 역.『센터 처치』. 서울: 두란노, 2018.

김광열.『그리스도 안에 있는 구원과 성화』. 서울: 총신대학교출판부, 2000.

서철원.『하이델베르크 요리문답 해설』. 서울: 쿰란출판사, 2019.

_____.『서철원 박사 교의신학 I 신학서론』. 서울: 쿰란출판사, 2018.

_____.『서철원 박사 교의신학 II 하나님론』. 서울: 쿰란출판사, 2018.

_____.『서철원 박사 교의신학 III 인간론』. 서울: 쿰란출판사, 2018.

_____.『서철원 박사 교의신학 IV 그리스도론』. 서울: 쿰란출판사, 2018.

_____.『서철원 박사 교의신학 V 구원론』. 서울: 쿰란출판사, 2018.

_____.『서철원 박사 교의신학 VI 교회론』. 서울: 쿰란출판사, 2018.

장일권. "성육신적 문화사역의 실제와 적용." 미간행 논문.

_____.『하나님 나라의 회복』. 수원: 도서출판 케쉐트, 2009.

최윤식. 김건주.『2030 기회의 대이동』. 파주: 김영사 2014.

최재붕.『포노 사피엔스』. 파주: 샘앤파커스, 2019.

장 석 목사

고등학교 졸업할 무렵, 천국에 가면 하나님께서 "너 세상에서 뭐 하다가 왔느냐?" 물으시면 뭐라고 대답할까 고민했다. 하나님은 "전도하다가 왔습니다."라는 대답을 원하실 것 같았다. 1979년 선교사 파송예배에 참석했다가 선교사로 헌신했다. 중국 선교사가 되기 위해 전남대학교 중문과에 입학하였고, 중문과에서 중국 선교 헌신자인 성은희를 만나 결혼하고, 함께 개혁 신학교에서 신학을 공부하였다. 1993년, 교역자로 일하던 전주서문교회 100주년 기념 선교사로 중국으로 파송받았다. 25년 동안 중국에서 선교하다가 2018년 강제 추방되어 새롭게 적응이 필요한 한국에서 좌충우돌하며 살고 있다. 북경대학교에서 국제정치학 석사와 중국근현대문화사상사로 박사학위를 받은 은혜로 현재 광대신학교 교수로 재직 중이다.

GM 선교·연구위원. C국 선교사.

역사신학 입장의
성육신 목회

I. 들어가는 말

우리는 고민한다. 이 시대에 어떻게 목회를 해야 잘하는 것인가? 우리가 살고 있는 이 시대의 주류 사상을 포스트모더니즘(postmodernism)이라고 한다.[1] 이 사상의 특징이 다원주의, 감성주의, 혼합주의다. 포스트모더니즘의 만연은 성경의 절대 진리를 믿는 믿음을 거부하기 십상이다. 그래서 성경의 절대 진리를 전파하는 그리스도인들에게 포스트모더니즘은 큰 장애가 아닐 수 없다. 그럼에도 사명자는 목회를 해야 하고, 더 나아가 성육신하신 주님께서 솔선수범하신 목회를 후진들이 따라야 하기에 그에 대한 개념을 우선 정의해 보고 그에 따른 실천도

---

[1] 이 포스트모더니즘은 20세기 인문, 사회 과학 분야에서 등장한 사상적 경향으로 근대의 이성 중심주의에 대해 근본적인 회의를 내포하고 있다. 18세기 이후 계몽주의를 통해 이성 중심주의가 만연했는데 두 차례의 세계 대전 이후 이성 중심주의에 대한 회의로 인하여 탈 중심적 다원적 사고, 탈 이성적 사고 중심의 포스트모더니즘이 확산되었다.

진지하게 고민을 할 수밖에 없다.

먼저 우리는 성육신적 목회를 전제하기로 한다. 예수 그리스도께서는 원래 하나님의 본체셨으나 종의 형체로 이 땅에 오셨기 때문에 그분으로부터 목회적 관점을 세워야 한다. 성육신적 목회는 예수께서 인간의 모습으로 오셔서 함께하시며, 인간의 언어로 구원의 소식을 전해 주시고, 그 뜻에 합당하게 살도록 가르치신 일을 본받아 실천하는 목회로 이해한다. 따라서 이러한 예수 정신을 실천한 목회자의 사역을 역사적 입장에서 해석하고 서술하는 것을 "역사신학적 입장에서 본 성육신적 목회"라고 본 장은 정의한다.

오순절 성령강림으로 출발한 교회는 시작부터 고난을 통해 성장과 발전을 해 왔다. 뿐만 아니라 복음이 전달된 후 그리스도인이 모이는 곳마다 교회의 성장과 발전에 따른 반대와 탄압이 극심했다. 그 이유는 바로 하나님의 창조와 구원의 목적을 방해하는 세력이 그때나 지금이나 여전히 기승을 부리기 때문이다. 따라서 본 장은 성육신적 목회의 역사적 관점에서 복음 전파에 따른 교회 성장과 복음 확장에 반대하는 요소 그리고 그 방해를 극복하면서 자라가는 교회의 모습을 사도행전과 근대 개신교의 중국 선교를 통해 간단하게 살펴보고자 한다.

II. 초대교회의 성육신적 목회(행 2-13장)

성육신적 목회는 성육신하신 예수 그리스도께서 승천하신 이후에 제자들에 의해 세워진 초대교회에서 가장 잘 나타났다고 할 수 있겠다.

사도행전의 초대교회를 통해 초대교회 성육신 목회 현장을 살펴보도록 한다.

1. 성령 강림으로 세워진 교회

그리스도께서 구속 사역을 마치시고 구속 사역을 완성하신 다음 승천하시고 성령을 세상에 보내셨다.[2] 그리고 오순절 성령 강림으로 인류 역사에서 처음으로 교회가 설립되었고, 설립된 교회는 성육신적 교회였다(행 2:1-4). 성령은 주의 몸 된 교회를 세우시기 위해 복음을 선포하러 오신 전도자이시다.[3] 성자께서 성육신의 몸을 입고 구속의 사역을 하신 것처럼, 성령께서도 교회를 몸으로 가지시고 하나님 나라를 확장해 가신다.[4]

2. 흩어져 복음 전하는 교회

스데반의 죽음으로 흩어진 성도를 통해서 땅끝까지 복음 증거의 길로 가게 된 교회: 제자들은 스데반의 죽음으로 땅끝까지 복음을 전하라는 주님의 마지막 부탁, 곧 증인된 삶을 회복하게 된다(행 6-13장). 그리고 하나님은 특별히 다메섹으로 가는 길에서 회심한 바울을 이방인의 사도로 준비하셨다(행 8-9장). 또 예수님은 가이사랴의 고넬료 가정

---

2 서철원, 『교의신학 교회론』(서울: 쿰란출판사, 2018), 30-31.
3 장일권, 『성경의 맥』(수원: 도서출판 케쉐트, 2019), 93.
4 op.cit, 93.

을 베드로가 방문케 함으로 유대인과 이방인의 벽을 허무셨다(행 10장). 스데반의 순교로 흩어진 성도가 안디옥에 정착하여 교회를 이루고 교회가 성장하여 선교사를 파송함으로써 땅끝을 향한 하나님이 명하신 선교사역이 본격적으로 시작되었다.

그리스도의 복음은 바울을 통해 그리스와 로마에 전해지고 그 후 전 유럽으로 전파된다. 유럽에서 가장 먼저 복음이 전파된 곳은 아일랜드로 432년에 성 패트릭(Saint Pactrik, 387-461)에 의해 전파되었다.[5] 주후 1,000년까지 전 유럽에 복음이 전파되었다.[6] 11세기까지는 콘스탄티노플을 중심으로 로마, 안디옥, 예루살렘, 알렉산드리아의 5개 지역을 연합한 공교회의 모습을 띤다. 그러나 서로마제국 지역의 왕권 강화, 이슬람 세력의 동로마 침략, 로마 지역 교회의 독립적 활동 결과로 교회는 분열하고야 만다. 그 후 기독교는 십자군 전쟁(1095-1291)과 종교개혁(1517)에 이르게 된다.

종교개혁으로 새로 출발한 개신교는 30년 종교전쟁(1618-1648) 등 130년간 종교 분쟁의 소용돌이에 휩쓸리다가, 18세기 말에 이르러서야 윌리엄 캐리를 인도에 선교사로 파송하게 된다.[7]

---

5 Carmel McCaffrey, Leo Eaton "In Search of Ancient Ireland" Ivan R Dee (2002)PBS 2002 https://ko.wikipedia.org/wiki/기독교의_역사에서 재인용.

6 서유럽 지역인 프랑스와 독일, 오스트리아, 스위스, 이탈리아 북부 등에는 기독교로 개종한 프랑크 왕국 왕 클로비스1세(Chlodovechus I, 466-511)가 486년 게르만족의 땅을 정복하고 프랑크 왕국을 건설하면서 전파되었다. 잉글랜드에는 600년 경 켈트족의 기독교 전파에 영향을 받아 기독교가 전파되었다. 로마 가톨릭 교회는 598년 아우구스티누스를 초대 캔터베리 대주교로 파견하였다. 북유럽의 슬라브족에게 기독교가 전파된 것은 820-830년대 초이다. 북유럽의 기독교 전파는 비교적 느린 속도로 진행되었지만, 주후 1,000년 무렵에는 대부분의 지역이 기독교로 개종하였다.

7 1793년 윌리엄 캐리(1761-1834)는 영국 침례교회가 파송한 인도 선교사이다. 선교사의 입국을 꺼리는 동인도 회사와의 갈등으로 덴마크령인 세람푸르 지역에서 40년간 활동하였다. 주요 사역은 교회 설립과 성경 번역이었고 그는 근대 개신교 현대 선교의 아버지로 불린다.

III. 중국 개신교의 성육신적 선교

선교가 성육신하신 예수 그리스도를 세상에 전하는 것이라면, 기독교 선교 역사의 현장에는 성육신 목회 정신이 나타날 것이다. 개신교 중국 교회 선교에 성육신 목회 정신이 어떻게 나타나는가를 살펴보고자 한다.

1. 모리슨의 선교 정책

1720년 청나라 황제 강희제는 천주교가 중국에서 선교하는 일을 금지한다. 그 후 다른 황제도 강희제의 뜻을 따라 금교 정책[8]을 계속 시행하게 된다. 바로 이러한 배경 가운데서 개신교 선교가 시작된다.

1807년 모리슨(Robert Morrison, 1782-1834, 马礼逊)은 런던선교협회(The London Missionary Society)의 파송으로 중국에 왔다. 개혁 교회 선교사 중 가장 먼저 중국에 온 모리슨은 중국 사람을 만날 수 없는 척박한 환경 가운데서, 한 사람의 중국 사람이라도 만나고, 이해하고, 복음을 전하기 위해 중국의 문화, 예절, 관습에 대해서 연구하였다. 모리슨이 중국에서 사역한 지 무려 7년이 흐른 후에야 첫 열매를 얻게 되었다.[9] 모리

---

[8] 금교에는 외국인이 중국인에게 종교를 전하는 것, 중국인이 종교를 믿는 것, 중국인이 외국인에게 중국어를 가르치는 것, 외국인이 중국어를 배우는 것 등이 금지되었다(장석, "한학자 파버의 사상 연구(汉学家花之安思想研究)," 知识产权出版社, 2013, 99). 만약 위반 시에는 사형에 처했다. 모리슨의 중국어 선생님은 모리슨에게 선금을 받고 중국어를 가르쳤으며, 관가에 잡힐 때를 대비해 죽기 위해 독약을 품고 다녔다(양쟈린, 중국교회연구소 역, 『중국에 축복이 임하다』, 서울: 그리심, 2013, 30.).

[9] 양쟈린, op.cit, 38.

슨은 25년이나 사역을 하였지만 중국에는 겨우 10명의 교인이 있을 정도였다.[10]

바로 이 대목에서 간접 선교를 의미하는 "공자 더하기 예수"라는 선교 전략을 말하고자 한다. 왜냐하면 이 과정을 통해 성육신 목회, 곧 복음을 전하기 위해 문을 찾고 두드린 성육신적으로 복음을 전한 목회자의 참 모습을 찾아볼 수 있기 때문이다.

2. 파버[11]의 성육신 선교 전략

"공자 더하기 예수"의 선교 정책은 중국에서 금교가 시행된 지 약 150년이 지난 후, 개신교 미국선교사 알렌(Young John Allen , 1836-1907, 林乐知)이 기독교를 유교사상과 결합한 "공자 더하기 예수"의 슬로건을 처음으로 제안했다.

독일 선교사 에른스트 파버(Ernst Faber, 1839-1899, 花之安)는 당시 중국의 현실을 연구하는 데 그치지 않고, 중국 고전문헌을 정밀히 살펴서 유학의 신론과 인론 상의 문제점을 파악했다. 복음이 선교지에서 전파

---

10 양자린, op.cit, 44.

11 에른스트 파버(Ernst Ludwig Friedrich Faber, 1839년 4월 25일-1899년 9월 26일)는 독일 바이에른 주 코버어그(koburg)에서 출생하였다. 그는 선교를 위하여 1858년에 바아먼(the Seminary at Barmen)신학교에 입학하여 공부했다. 1862년에 신학 공부를 마치고, 레니시선교회(Rhenish Missionary Society)에 가입하여 파송받았다. 1864년 9월에 독일을 출발하여 1865년 4월 25일, 그의 생일날 홍콩에 도착하였다. 초기에 광동의 호먼(虎门)에서 1864년부터 1880년까지 신학교 사역과 안과 진료소를 개설하여 사역하였다. 1881-1884년까지 홍콩에 머물면서 책을 출판했고, 1884년부터 1888년까지 상해에서 주로 중국 경전에 대한 연구와 저술 활동에 매진했으며 독일인 예배를 인도하였다. 그 후 독일이 산동의 칭다오를 조차지역으로 삼으니 1888-1889년 칭다오로 선교지를 옮겨 사역하다 이질로 9월 26일에 사망하였다. 그는 중국에서 35년간 사역하였다.

되기 위해서는 동일화 과정을 거치는데[12] 파버는 이 부분에서 성육신적 동일화를 시도했다. 선진유가 (先秦儒家)[13]에는 일련의 윤리와 도덕의 규범이 있으나, 신과 내세에 대한 교리가 터무니없이 부족했다. 또 유가에는 인간에 대한 논술은 많지만, 인간의 근원, 죽음의 원인과 사후의 귀속에 대해서는 결코 설명한 적이 없다는 것을 간파했다. 그래서 그는 기독교 교리를 사용하여 유교의 부족한 점을 보충할 수 있다고 보았다.

중국에는 순자(荀子)의 '성악설'도 있지만, 더 많은 중국 사람들은 맹자(孟子)의 '성선설'을 받아들인다. 중국인들은 '인간의 본성이 선한 것이라 믿는데 어찌 악행이 있겠는가?'라는 질문에 그것은 인간이 '교화되지 않았기' 때문이라고 답한다.

> 선교사들이 '하나님의 구원'을 외쳤을 때, 중국인들은 선교사들이 중국의 '성(性)'에 관한 역사적 배경과 시대적 연원을 이해하지 못했기 때문에 편견을 가지고 있다고 오해했다.[14]

당대에 최고의 걸작인 파버의 『서쪽에서 동쪽으로 가다』(쯔시추동[自

---

12 선교지에서 복음을 선포하는 선교사가 그 복음을 들을 현지인들과의 접촉점을 찾기 위해 노력을 기울이는 모든 과정을 '선교사 동일화'라 한다. 김혜정, "초기 내한 선교사들의 성육신적 동일화 연구(마펫, 게일, 맥켄지를 중심으로)," 장로회신학대학원 박사학위논문, 2018, 14.

13 선교사들은 송명리학(宋明儒家)을 반대했다. 그들은 이미 스스로의 형이상학과 자급자족한 우주 생성론을 가지고 있었기 때문에 신론이 있는 기독교 사상을 수용할 수 없었던 것이다. 그러나 선진시대(先秦時期)의 공자는 특별히 미신에 대해 반대했기 때문에 선교사들은 공자를 지극히 존중하였다.

14 황즈천(黃紫宸), 『삐씨에지에 辟邪解』, 『포씨에지 破邪集』 제5권, 17–18.

西徂东])[15]는 중국의 伍常인 仁, 義, 禮, 智, 信과 성경을 비교하여 연구했다. 즉 예수님의 박애정신과 중국의 인(仁), 국제공법과 중국의 의(义), 예수님의 사랑(爱敬)과 중국의 예(礼), 서방 과학기술과 중국의 지(智), 서방의 종교 도덕과 중국의 신(信) 등을 통찰하여 중국과 서방의 소통에 이롭도록 소개하였다. 또 이 책은 공자와 예수를 서로 결합하여 중국과 서방의 윤리와 도덕관념을 하나로 융합해 중국의 군자들을 설득하고자 노력했다. 파버는 자신의 책 저술 목적을 "중국인에게 경성(警醒)을 주기 위함이라."[16]고 하였다. 중국인에게 경성을 주기 위한 이 책은 광서(光緒)황제 뿐만 아니라 과거시험에 참여한 유생들에게도 보급되어 큰 영향을 주었다.

3. 파버의 공자와 유교에 대한 비판

파버는 1873년 독일어로 쓴 『유학회전(儒学汇纂)』에서 유가와 기독교가 대인관계에 있어서 공통점이 많이 존재한다고 언급했다. 뿐만 아니라, 파버는 공자나 유가 학설에 있는 "많은 결점과 오류"의 문제점을 지적하였다. 그리고 그 책의 맨 끝 장에서 "유학의 부족과 오류" 24가지를 다루게 된다. 거기서 파버는 "유교는 인생이 세상에서 오류을 진력하는 바를 논하지만, 천륜(天伦)과 물륜(物伦=地伦)을 논하지 않는다."

---

15 파버의 自西徂东(Civilization: Chinese and Christian)은 1879년 10월부터 1883년까지 萬國公報에 실렸고, 1884년 영국 상인이 1,200달러를 보조하니, 중국학자들의 도움을 받아 책을 윤색하고 교정을 거쳐 1892년에 광학회(廣學會)에서 출판하였다.

16 장석, "한학자 파버의 사상 연구, 汉学家花之安的思想研究," 知识产权出版社, 2013년, 19–20.

는 것을 지적했다. 또 "유가는 도를 말하지만, 도에 진력하지 않으며, 도를 다하여 나라에 충성하지만, 온 천하에는 진력하지 않는다."[17]라고 그 맹점을 지적하기도 하였다.

또 공자에 대해서 지적하기를 "공자가 인간과 하나님의 관계를 모르고 창조주가 누구인지 모르기 때문에, 죽음의 문제에 대해 정확하게 설명할 방법이 없는 것"이라고 생각했다. "유가학설은 사회의 하층 민중에게 어떠한 위로도 제공해 줄 수 없었다."[18]라고 비판했다. 또 "공자는 사람의 영혼을 육체와 구별하지 않았다. 비록 신뢰에 대해 자주 이야기를 하였지만, 신뢰의 전제인, 사실을 말하는 것(誠實)을 강조하여 설명하지 않았고, 부녀자는 천박한 노예로 여겼다."라고 비판하였다. 중요한 것은 파버가 유교를 인정하는 것이나 또 공자와 유교를 비판한 이유는 바로 중국인들이 '유일한 참 신'을 알기를 원했기 때문이다.

이렇게 공자와 유교에 대해서 비판한 파버를 중국인 중 어느 누구도 공격하거나 비판하지 않았다는 사실이 중요하다.[19] 우리는 그 원인을 구홍밍(辜鸿铭)[20]의 글에서 찾아볼 수 있다. 구홍밍은 그의 저서 『중국학』(中国学·一)에서 파버를 매우 높게 칭찬하여 말하기를 "현재 모든 중국학자는 광둥의 파버 목사를 제일로 친다." 왜냐하면 파버는 저서의 각 문

17 파버, 『경학불염정 经学不厌精』 3권 『십삼경고리 十三经考理』 "맹자론 孟子论."

18 Ernst Faber, Lehrbegriffdes Confucius, Hongkong 1872. 68.

19 광서황제는 개량파의 사상의 영향으로 129권의 서양 책을 구독했다. 그중에 『自西徂东』도 포함되었고 청대에 2,000여 회 일어난 교안(教案)의 배후 조정자인 유생들, 그가 마지막 사역(1889년 졸)했고, 1901년 의화단을 일으켰던 산동 사람들도 그를 비판하지 않았다. 장석, op.cit, 20

20 구홍밍(辜鸿铭,1857-1927)은 중국어 이외에 영어, 독일어, 불어, 라틴어 등 9개 언어에 능숙했다. 제1차 세계대전 당시 서양에서 타고르, 오카쿠라 텐신(岡倉天心) 등과 함께 동양을 대표하는 철학자이다.

장구절에서 당시 다른 서구 학자들에게서는 찾아보기 힘든 중국 문학과 철학의 원칙을 잘 장악했고"[21] 또 "파버가 저작한 책 가운데서 중국에 대해 우호적인 마음을 가지고 있음을 엿볼 수 있다."라고 평가했기 때문이다.

IV. 나가는 말

근대 개신교의 중국 선교는 정치적, 문화적으로 중국인과 충돌이 발생한 가운데 진행되었기에 선교사가 직접 복음을 전하는 일은 별 효과가 없었다. 이 문제를 극복하기 위하여 문서, 병원, 교육, 구제를 통한 간접 선교 방법론이 제기되었다. 1887년 제1차 재중 선교사 대회부터 선교사 간에 직접 선교 방법과 간접 선교 방법에 대한 논쟁이 시작되었다.

홍콩 건도신학교 양쟈린 교수는 직접 선교를 주장하는 허드슨 테일러와 간접 선교를 주장한 디모데 리차드에 대해 다음과 같이 지적한다.

> 시간과 자원이 제한적이고, 더구나 종말의 도래에 대한 절박한 시각을 갖는 허드슨 테일러는 내지회의 모든 구성원에게 그들이 접할 수 있는 대중에게 복음을 힘써 전해야 한다고 강조했다. 반면 디모테 리차드는 중국을 신속히 복음화하기 위해서는 무엇보다 '공자 더하기 예수'라는 간접전도

---

21 辜鴻銘著, 陳高華译《中国人的精神》, 陝西师范大学出版社, 2006年, 第211頁.

방법인 문서, 교육, 의료, 구제의 방법을 사용해서 기독교 신앙이 중국 정부의 고위 관료 및 사회 지도자에게 영향을 미치도록 하는 것이 급선무라고 주장했다.[22]

오늘날의 관점에서 볼 때 우리는 허드슨이 중국인을 주께로 데려 오는데 힘을 쏟는 방법이 상당히 성공적이었다는 것을 지적할 수 있다. 그런데 간과할 수 없는 것은 21세기인 지금 중국 교회의 부흥의 원인이 오직 직접 선교를 했던 방법 때문이라고 말할 수 없다. 병원, 재난 구제와 교육에 관여했던 선교사 때문에 양교인 기독교가 중국의 기독교가 될 수 있도록 한 계기가 역사적으로 많이 있었기 때문이다. 그 결과물인 병원과 학교 등은 공산화 이후에 그 이름이 바뀌어서 남아 있지 않는 것 같이 보이나 지금도 그 영향력이 적지는 않다. 중국이 자유화되면 그 영향력은 더 커질 것이다.

이 논쟁에서 중요한 것은 제한된 시간과 자원 아래서 우선순위일 뿐이다. 공정하게 말해서 교회가 문화의 사명을 무시하고, 기독교 신앙에 대한 문화와 사회의 부정적인 영향을 간과한다면 오늘날의 한국 보수 교회와 같이 복음을 위한다면서, 정의와 진실을 외면한 우를 범하게 될 것이다.

위에서 살펴본 바와 같이, 과거 초대교회 사도나 근대 중국 선교사들이 복음을 청중의 눈높이에 맞추어 증거하기 위해 노력했다. 이 시대에도 이러한 성육신적인 목회자가 절대적으로 필요하다.

---

22 양쟈린(梁家麟), 『中华福临-中国教会历史十讲』 第五章, 중국교회연구소 역, 『중국에 축복이 임하다』 그리심, 2013년. 103-106.

구원받아 회복함을 입은 자들은 하나님께서 처음 주셨던 만물을 다스리고 관리하는 각자의 일을 직업으로 선택하도록 교육하고, 인도하고, 격려해야 할 것이다. 그리하여 교회에서의 삶과 일상의 삶이 통일되어 세상의 빛과 소금으로서 뭇 사람들로부터 칭송을 듣게 될 것이며, 주께서는 믿는 자들을 더하실 것이다.

사도들이 변명하지 않고 한 말이 있다.

> 열두 사도가 모든 제자를 불러 이르되 우리가 하나님의 말씀을 제쳐 놓고 접대를 일삼는 것이 마땅하지 아니하니 형제들아 너희 가운데서 성령과 지혜가 충만하여 칭찬 받는 사람 일곱을 택하라 우리가 이 일을 그들에게 맡기고 우리는 오로지 기도하는 일과 말씀 사역에 힘쓰리라(행 6:2-4).

이 말씀이야말로 우리가 하고자 하는 성육신 목회 사상의 근간이라고 생각한다.

참고문헌

김혜정. "초기 내한 선교사들의 성육신적 동일화 연구(마펫, 게일, 맥켄지를 중심으로)" 장로회신학대학원 박사학위논문, 2018.

서철원. 『교의신학 교회론』. 서울: 쿰란출판사, 2018.

양쟈린. 중국교회연구소 역. 『중국에 축복이 임하다』, 그리심, 2013.

장석. 『한학자 파버의 사상 연구』(汉学家花之安思想研究), 知识产权出版社, 2013.

장일권. 『성경의 맥』. 수원: 도서출판 케쉐트, 2019.

파버. 『경학불염정 经学不厌精』 3권 『십삼경고리 十三经考理』 "맹자론 孟子论."

황즈천(黄紫宸). 『삐씨에지에 辟邪解』 『포씨에지 破邪集』 제5권.

辜鸿铭著, 陈高华译. 『中国人的精神』, 陕西师范大学出版社, 2006年, 第211页.

Carmel McCaffrey, Leo Eaton. "In Search of Ancient Ireland" Ivan R Dee(2002) PBS 2002.

Ernst Faber. *Lehrbegriffdes Confucius*, Hongkong 1872.

고광석 목사

고광석 목사는 필리핀에서 선교사로 교회 개척과 신학교 사역(설립)을 했다. 풀러신학교에서 Ph. D. 학위를 받고 총신대학교 대학원에서 박사과정 학생들을 지도하고 있는 선교신학자이다. 주님 사랑, 이웃 사랑 가득한 광주서광교회를 담임하면서, 본인이 설립한 필리핀 안드레신학교 후원회장으로 여전히 필리핀을 섬기고 있다. 저서로는 『이슬람, 기독교와 뿌리가 같은가?』와 『개혁주의 선교신학과 문화론』이 있으며, 다수의 학술지(KCI)에 게재된 논문이 있다.

GM 선교·연구위원. 광주서광교회 담임.

실천신학 입장의
성육신 목회

I. 들어가는 말

급변하는 포스트모던 사상의 4차산업이 한데 엉켜 새로운 혁명의 소
용돌이를 서서히 일으키는 시대가 도래하였다. 지금도 목회 환경이 예
전과 같지 않다는 볼멘소리가 여기저기서 터져 나오고 있다. 하지만 그
소용돌이가 거세지기 시작하면 목회 생태계가 어떻게 바뀔지 예측하
기란 여간 쉽지 않다.

이런 상황에서 성육신(적)[1] 목회를 고찰하는 것은 유의미한 일이라고
할 수 있다. 성육신(적) 목회는 하나님께서 창조의 경륜을 따라 자기 백

---

1 '성육신 목회(incarnation ministry)'라고 할 때 이는 '성육신적 목회(incarnational ministry)'로 이해해
도 무방할 것이다. 성경신학자 크리스토퍼 라이트(Christopher Wright) 역시 '선교적(missional)'이라
는 말과 '선교(mission)'라는 말의 관계를 '언약적(covenantal)'이라는 말과 '언약(covenant)'이라는 말
과 같은 관계적 의미를 가지고 있다고 이해했다. 따라서 '성육신(incarnation)'이라는 말과 '성육신적
(incarnational)'이라는 말은 어떤 특정적인 것을 강조하기 위한 형용사이거나 혹은 특성이나 역동성
을 나타내는 동일한 관계적 의미를 가진다고 할 수 있다.

성으로 삼으시겠다고 '언약'하신 대로, 하나님이 자신의 창조 역사 속에 '성육신'하셔서 십자가로 자기 백성을 삼으시고, 그들을 교회로 불러 모아 '하나님 나라'의 축복을 경험하며 살게 하시는 하나님의 주권적 사역과 관계되는 일련의 목회 패러다임이라고 정의해 본다.

이런 관점에서 본 장은 언약과 성육신의 신학적 관계 그리고 성육신 목회는 궁극적으로 교회를 통한 하나님 나라의 사역과 관계됨을 고찰하고, 이어서 성육신 목회의 본질을 제시한 후 마무리하려고 한다.

II. 언약과 성육신의 신학적 관계

개혁주의의 신학과 신앙은 성경에서 시작되고 성경에서 멈춘다는 절대적 성경주의(Biblicism)인데, 이와 같은 개혁주의의 근본 원리인 성경을 전체로 함의하는 개념이 '언약(covenant)' 사상이다.[2] 언약은 성경의 중심 개념으로 하나님께서 택한 자녀들에게 하신 약속이다. 이 하나님의 언약은 쌍방 간의 계약(contract)이 아니다. 계약은 조건이 충족되지 않으면 파기할 수 있지만, 하나님의 언약은 우리의 불이행으로 취소되지 않는다.[3] 또한 이 언약은 인간의 요구나 쌍방 간의 합의 없이 하나님의 일방적인 선언으로 체결된다는 것이 개혁주의 사상이다.

언약의 핵심사상은 하나님께서 택한 사람들을 '자기 백성 삼는 것'

---

2 Michael S. Horton의 *Introducing Covenant Theology*(Baker Pub Group, 2009)를 읽어라.

3 브라이언 채플, D. A. 카슨 편집, 최요한 역, "복음이란 무엇인가" 『복음이 핵심이다』(*The Gospel Center*, 서울: 아가페북스, 2014), 130.

이다(렘 31:33-34; 히 8:8-13). 하나님은 자기 백성과 언약을 맺으시고(창 2:15-17, 3:15), 자기 백성 가운데 거하시면서(엡 3:17; 계 21:1-3), 자기 백성으로부터 찬양과 경배를 받으신다(창 2:1-2; 엡 1:3-14). 존 프레임(John Frame)은 언약에 대해 간결하면서도 성경신학적으로 설명하였다.

> 언약은 주님(Lord)과 주님께서 주권적으로 성별한 사람들 사이의 관계다. 하나님은 그의 법의 제재에 의해서 그들을 통치하신다. 그리고 그분의 은혜로운 목적을 그들 안(in)에서 그리고 그들을 통해서(through) 이루신다. 언약의 중심은 "나는 너의 하나님이 되고, 너는 나의 백성이 되리라."고 하신 약속이다(출 6:7; 레 26:12; 렘 7:23, 11:4; 계 21:22). 이는 하나님이 아브라함과 야곱과 다른 많은 사람들과 함께(with)하셨던 것처럼 우리와도 함께 하실 것이라는 것을 의미한다(창 26:3, 28:15, 31:3; 출 3:12). 하나님은 우리에게 약속하셨고 그리고 그 응답으로 우리의 신앙과 순종을 요구하신다.[4]

성경에 나타난 언약의 핵심사상은 하나님이 자기 백성을 삼으시고 그 백성은 하나님께 순종해야 한다는 것이다.

이런 언약사상에서 보면, 기독교 신앙은 하나님이 창세기 3장 15절에 '여자의 후손'으로 오셔서 택한 자를 자기 백성으로 삼으실 것을 약속하신 대로, 그리스도께서 자신의 창조 세계에 인간의 모습으로 오신 역사적 사실에 기초하고 있는데 이것이 성육신(incarnatio) 교리다.

그러므로 성육신은 언약에 기초하고(on covenant), 언약 안에서(in cov-

---

4 John M. Frame, 김용준 역, 『조직신학 개론』(Salvation Belongs To The Lord: An Introduction To Systematic Theology, 서울: 개혁주의신학사, 2017), 173-174.

enant) 나타난 역사적 사실이다. 성육신은 하나님의 언약이 추상적이거나 관념적인 개념이 아니라 구체적이고 실제적임을 보여 준 사건이다.

성육신은 요한복음 1장 14절에 기록된 대로 "말씀이 육신이 되어 우리 가운데 거하신" 사건이다.[5] 즉 하나님이 자기 백성을 삼기 위해 사람(육신)이 되어 사람들 중에 나타나신 사건으로써 유대 베들레헴에서 출생하심으로 실제화 되었다(미 5:2). 요한의 기록에 의하면, 이 말씀은 하나님이시고(요 1:1), 세상의 창조 이전부터 존재했으며(요 1:1-2), 존재하는 모든 피조물은 이 말씀을 통하여 지음을 받았다(요 1:3).

하나님은 이 "말씀"을 세상에 성육신하게 하셨고, 이 말씀을 "영접하는 자 곧 그 이름을 믿는 자들"을 자기 백성으로 삼으셨다(요 1:12). 칼빈의 예정론(predestination) 의하면, 하나님께서 창세 전에 예정된 자들을 자기 백성 삼으시기 위해 성육신하신 것이다.

III. 성육신 목회의 실제

이와 같은 언약과 성육신 신학의 관점에서, 성육신(적) 목회란 우리 가운데 임하신 그리스도(말씀)를 증언하여 그를 믿어 영접하게 하고, 하나님의 나라 안에서 그의 통치를 받으며 축복을 경험하며 살게 하는 것과 관련된 일련의 목회적 사역이라고 할 수 있다.

---

5 마태는 성육신을 "임마누엘('Εμμανουήλ)," 곧 하나님이 우리와 함께 하신다(God with us)로 표현했다(마 1:23).

1. 그리스도를 증언하여 믿게 함

성육신하신 그리스도를 증언하여 믿게 하는 것은 교회의 존재 목적이고, 목회의 가장 핵심사역이 되어야 한다. 왜냐하면 삼위 하나님께서도 그리스도를 증언하셨기 때문이고 또한 그리스도께서 제자들에게 자신을 증언하도록 명령하셨기 때문이다(눅 24:48; 행 1:8).[6]

성부 하나님은 창세기 3장 15절에서 "내가 너로 여자와 원수가 되게 하고 네 후손도 여자의 후손과 원수가 되게 하리니 여자의 후손은 네 머리를 상하게 할 것이요 너는 그의 발꿈치를 상하게 할 것이니라."고 하셨다. 여자의 후손인 예수 그리스도가 십자가에서 죄의 기원자인 사탄을 멸망시킴으로 타락한 인간 세상에 하나님의 구원을 이루실 것이라는 언약을 통해서 성부께서는 그리스도를 '여자의 후손'이라고 함으로 구체적이고 직접적으로 그리스도를 증언하셨다.

또한 그리스도 자신이 자신을 증언하셨다. 그는 "나와 아버지는 하나이니라(요 10:30)."고 하심으로 자신이 하나님과 동등한 분이심을 증언하셨고, 빌라도의 재판정에서 "네가 왕이냐?"는 빌라도의 물음에 "네 말과 같이 내가 왕이니라(요 18:37)."고 답변하심으로 자신이 왕이심을 자증(自證)하셨다. 특히 요한 문헌에는 그리스도께서 "나는…이다(ἐγώ εἰμι)."의 형태를 띤 자기 증언(self-testimony)이 일곱 번 기록되어 있다(요 6:35, 8:12, 10:7, 9, 10:11, 11:25, 14:6, 15:1, 5).

성부와 성자처럼 성령도 그리스도를 증언하기 위해 우리 곁에 오신

---

6 삼위 하나님의 그리스도에 대한 증언은 고광석의 글을 참조하라("그리스도의 증인으로서의 삼위 하나님과 교회의 증인된 사명," 「복음과 선교」 제46집, 2019, 9–41).

분이다. 이런 의미에서 그리스도는 성령을 보혜사(παράκλητος)라고 칭하셨다.[7] 특히 보혜사 성령은 세 가지 방식으로 그리스도를 증언하시는데, 자신이 직접 그리스도를 증언하시고(요 15:26),[8] 자신이 감동하여 기록하게 한 성경을 통해서 그리스도를 증언하시며(행 18:28)[9] 또한 여러 증인을 통해서 그리스도를 증언하도록 역사하신다(요 14:16, 26).[10]

삼위 하나님으로부터 증언을 받으신 그리스도께서 지상에서 자기 백성 삼는 성육신의 사역을 마치시고, 하늘로 올라가시기 전에 그의 제자들에게 자신의 증인이 될 것을 명령하셨다(마 28:19-20; 눅 24:48; 행 1:8). 그리스도의 이 명령(The Great Command)은 교회가 받은 최초의 사명으로 주님 다시 오실 때까지 그리고 땅끝까지 수행해야 할 대 사명이다. 구약의 선지자들과 신약의 사도들이 그리스도를 증언했던 것처럼, 이제 교회가 그리스도를 모든 민족에게 증언해야 한다.

그리스도는 제자들에게 "너희는 이 모든 일의 증인이라(눅 24:48)."고 하셨고, "내 증인이 되리라(되어라, 행 1:8)."고 하셨기 때문에 그리스도의 교회는 세상 안에서 그리고 세상을 위하여 그리스도를 증거하고 봉사하는 공동체요,[11] 그리스도가 다시 오실 때까지 그분의 증인으로 선택

---

7 "보혜사"는 요한 문헌에만 네 번 등장하는 성령의 다른 표현으로서 보혜사의 출처와 역할에 대한 말씀이었다(강웅산, 『구원론』[서울: 말씀과 삶, 2016], 86).

8 Donald Guthrie, *Jesus the Messiah: An Illustrated Life of Christ*(Grand Rapids: Zondervan Publishing House, 1972), 39-40.

9 John M. Frame, 김진운 역, 『성경론』(*The Doctrine of the World of God*, 서울: 개혁주의 신학사, 2014), 246.

10 F. F. Bruce, *Paul: Apostle of the Heart Set Free*(Grand Rapids: Eerdmans, 1977), 212-213.

11 Johannes Blauw, *The Missionary Nature of the Church*(London: Lutterworth Press, 2002), 180-181.

된 선교적 공동체(missional community)이다.[12] 그러므로 성육신 목회란 성육신하신 그리스도를 알도록 증언하고 마침내 그를 믿고 주(Lord)로 영접하여 그분의 다스림을 받게 하는 것이다.

이같이 하나님의 "자기 백성"이 될 수 있는 길은 오직 그리스도를 믿고 영접해야 한다는 것을 가장 잘 이해한 사람이 바울이다. 그래서 바울은 그의 사역을 통해서 이 일에 집중했으며, 그의 서신을 통해서 오직 그리스도를 믿음으로만 의롭게 되어 하나님의 백성이 된다는 것을 강조했다. 이것이 곧 그리스도의 복음(막 1:1; 빌 1:27)이고, 이 일이 곧 성육신 목회의 본질이다.

2. 하나님 나라의 축복을 누리게 함

성경에 의하면 그리스도를 믿어 영접한 자들은 하나님의 "자기 백성"이 되어 그리스도께서 세우신 자신의 나라, 곧 하나님의 나라에 살게 되는 축복이 주어진다(엡 5:5; 계 11:15).[13] 이런 관점에서 성육신(적) 목회는 성육신하신 그리스도를 믿고 하나님의 "자기 백성"이 된 자들을 그리스도가 세우신 하나님의 나라에서 그리스도의 통치를 받으며 현재적·미래적 축복을 경험하도록 하는 것이다.[14]

요하네스 블라우(Johannes Blauw)는 하나님 나라의 시제(時制)를 구약

---

12 Martin Allen, "What a Missional Church Looks Like," in Reformed Means Missional: Following Jesus into the World, ed. Samuel T. Logan(Greensboro: New Growth Press, 2013), 12

13 Johannes Verkuyl, *Contemporary Missiology: An Introduction*(Grand Rapids: Eerdmans, 1978), 200.

14 George E. Ladd, *The Gospel of the Kingdom*(Grand Rapids: Eerdmans, 1959), 23.

성경부터 신약성경과 연관하여 설명했는데, "아직(구약)"-"이미(신약)"-"아직(종말)"으로 표현했다.[15] 또한 오스카 쿨만(Oscar Cullmann)은 하나님 나라의 시제를 예수 그리스도를 중심으로 구분했는데, 하나님 나라는 그리스도의 초림으로 이미 성취된(already) 현재적 사건인 동시에 그리스도의 재림으로 완성될(not yet) 미래적 성격을 띠고 있다고 이해했다.[16]

이런 관점에서 보면 하나님의 나라는 예수 그리스도 안에서 이미 이세상 안에 세워졌고, 이 나라는 그리스도의 성취와 완성 안에 표출된 구원의 거대한 신적 사역이며 그리고 이 나라는 하나님의 백성이 축복을 향유하는 곳이다.[17] 그레이엄 골드워시(Graeme Goldsworthy)의 설명대로 "하나님의 나라($\beta\alpha\sigma\iota\lambda\epsilon\iota\alpha$)는 하나님께서 하나님의 장소에 있는 하나님의 백성을 다스리는 것이다."[18]

하나님의 나라에 대한 사복음서의 가장 큰 특징은 하나님의 나라가 현재 우리 가운데 임하였다는 것이다. 그리스도가 자신이 창조한 이 세상 역사 속에 성육신하여 자신이 "유일하신 주권자이시며 만왕의 왕이시며 만주의 주(딤전 6:15)"이심을 선언하셨고, 사탄이 지배하는 영역에 하나님의 통치가 시작되었음을 선포하셨는데, 십자가와 부활로 이를 증명하셨다(골 2:15). 그래서 그리스도가 하나님의 나라는 "이미 너희에

---

15 Johannes Blauw, *The Missionary Nature of the Church*(London: Lutterworth Press, 2002), 88.

16 Oscar Cullmann, *Christ and Time: The Primitive Christian Conception of Time and History*, trans. Floyd V. Filson(London: SCM, 1962), 81–83.

17 Herman Ridderbos, *The Coming of the Kingdom of God*(The Presbyterian and Reformed Publishing Co, 1962), 342–356.

18 Graeme Goldsworthy, *According to Plan: The Unfolding Revelation of God in the Bible*(Downers Grove: IVP, 1991), 95.

게 임하였다(has come upon you).”고 하셨고(마 12:28), 마태와 누가도 “하나님의 나라가 임하였다(the kingdom of God has come, 마 12:28; 눅 11:20).”고 함으로 이를 확인했다.

그러므로 성육신(적) 목회는 이 땅에 임한 하나님의 나라 안에 사람들을 인도하여 “그 나라의 축복”을 경험하도록 해야 한다. 실제로 그리스도께서 현재 임한 하나님의 나라를 잔칫집으로 비유하심으로 그곳으로 많은 사람을 초대하라고 하셨다(마 22:1-14). 이런 의미에서 언약과 성육신 그리고 하나님의 나라는 같은 뿌리에서 나온 여러 모양의 가지라고 할 수 있는데 그래서 그리스도의 가르침의 중심 사상과 사역의 핵심 주제가 하나님의 나라였던 것이다.[19]

IV. 나가는 말

본 장의 키워드는 “언약-성육신-하나님 나라” 구조이다. ‘언약’은 하나님이 그리스도를 통해 자기 백성을 삼겠다는 약속이고, ‘성육신’은 하나님이 인간이 되어 이 언약을 실제화한 사건이며, ‘하나님 나라’는 하나님이 자기 백성을 불러 모아 다스림으로 신령한 복을 경험하게 하는 현재적이며 미래적인 영역이다.

이런 패러다임(paradigm)에 따라 목회하는 것이 곧 성육신(적) 목회이다. 하나님의 언약사상에 근거해서, 인간 역사 안에 성육신하신 말씀(그

---

19 양용의, 『하나님의 나라 어떻게 이해할 것인가』(서울: 성서유니온선교회, 2007), 12.

리스도)을 증언하여 믿게 하고, 하나님의 "자기 백성들"을 교회로 초청하여 하나님 나라의 축복을 경험하게 하고, 나아가 전 피조세계에 하나님의 통치가 임하도록 하는 총체적인 사역이다.

성육신(적) 관점에서 교회론을 정의하면, 교회는 새 언약을 맺고 하나님의 '자기 백성'이 된 자들의 언약적 공동체(covenantic community)라고 할 수 있다. 좀 더 구체적으로 정의하면, 교회는 단순한 의미의 "불러냄을 받은 자(ἐκκλησία)"를 넘어서 "세상에서 부름 받아 세상으로 보냄 받은(call from world—send to world structure)" 공동체라고 정의할 수 있다.[20]

따라서 성육신(적) 목회는 교회의 본질을 추구하는 것이다. 하나님 나라 신학자(The kingdom theologian)였던 조지 래드(George Ladd)의 지적대로 교회가 하나님의 나라는 아니지만, 교회는 하나님의 나라를 증거하고, 하나님 나라의 도구로서 그 나라를 확장하고, 그 나라를 수호해야 할 사명이 있다.[21]

포스트모던 사상과 4차산업혁명의 융합으로 미래를 예측할 수 없고 목회 생태계가 이것으로 거센 도전을 받아 흔들린다고 할지라도, "언약-성육신-하나님 나라"의 패러다임에 굳게 정초하면 교회를 흔들 것은 아무것도 없을 것이다.

---

20 고광석, 『개혁주의 선교신학과 문화론』, 272.

21 George E. Ladd, A Theology of the New Testament (Grand Rapids: Eerdmans, 1974), 111–119.

참고문헌

강웅산. 『구원론』. 서울: 말씀과 삶, 2016.

고광석. 『개혁주의 선교신학과 문화론』. 서울: 도서출판 엔크, 2018.

브라이언 채플. D. A. 카슨 편집. 최요한 역. "복음이란 무엇인가" 『복음이 핵심이
    다』. *The Gospel Center*. 서울: 아가페북스, 2014.

양용의, 『하나님의 나라 어떻게 이해할 것인가』. 서울: 성서유니온선교회, 2007.

Bruce R. Ashford. "The Story of Mission: The Grand Biblical Narrative," in Theolo-
    gy and Practice of Mission: God, the Church, and the Nations, ed.
    Bruce Riley Ashford(Nashville: B & H Academic, 2011).

Charles Van Engen. *Mission on the Way*(Grand Rapids: Baker Books, 1996.

Christopher J. H. Wright. *The Mission of God*.

Donald Guthrie. *Jesus the Messiah: An Illustrated Life of Christ*(Grand Rapids: Zondervan Pub-
    lishing House, 1972).

F. F. Bruce. *Paul: Apostle of the Heart Set Free*(Grand Rapids: Eerdmans, 1977).

George E. Ladd. *The Gospel of the Kingdom*(Grand Rapids: Eerdmans, 1959).

Graeme Goldsworthy, *According to Plan: The Unfolding Revelation of God in the Bi-
    ble*(Downers Grove: IVP, 1991).

Herman Ridderbos. *The Coming of the Kingdom of God*(The Presbyterian and Reformed Publish-
    ing Co, 1962).

John M. Frame. 김용준 역. 『조직신학 개론』. *Salvation Belongs To The Lord: An Intro-
    duction To Systematic Theology*. 서울: 개혁주의신학사, 2017.

Johannes Blauw, *The Missionary Nature of the Church*(London: Lutterworth Press, 2002).

Johannes Verkuyl, *Contemporary Missiology: An Introduction*(Grand Rapids: Eerdmans, 1978).

John M. Frame, 김진운 역, 『성경론』. *The Doctrine of the World of God*. 서울: 개혁주의

신학사, 2014.

Martin Allen, "What a Missional Church Looks Like," in Reformed Means Missional: Following Jesus into the World, ed. Samuel T. Logan(Greensboro: New Growth Press, 2013), 12.

Michael S. Horton, Introducing Covenant Theology(Baker Pub Group, 2009).

Oscar Cullmann. Christ and Time: The Primitive Christian Conception of Time and History, trans. Floyd V. Filson(London: SCM, 1962).

성육신하신 그리스도를 증언하여 믿게
하는 것은 교회의 존재 목적이고, 목회
의 가장 핵심사역이 되어야 한다. 왜냐
하면 삼위 하나님께서도 그리스도를 증
언하셨기 때문이고 또한 그리스도께서
제자들에게 자신을 증언하도록 명령하
셨기 때문이다(눅 24:48; 행 1:8).

최병효 목사

최병효 목사는 대나무골 담양에서 태어나 주일학교에 다니면서 주님을 영접하였고, 목회자의 길을 걸으며, 겁도 없이 금성남부교회, 서수원교회(현, 한우리교회) 등을 개척하여 섬겼으며, 도무지 거절할 수 없는 선교적 부르심에 순종하여 몽골 선교사로 파송을 받아 교회 개척, 신학교, 연합사역 등 10여 년을 섬겼다.

이후 개혁교단 선교 훈련원 원감, GMS 본부 선교사로 사역하다가 지금은 선교적 열심을 내는 광주성광교회로 부르셔서 섬기며, 광신대학교에서 선교 훈련과 선교학 과목을 가르치며 선교의 꿈을 키우는 젊은 세대와 함께하고 있다.

GM 선교위원. 광주성광교회 담임.

성육신적 선교의
이해와 적용

들어가면서

21세기 선교 현장에 나타난 큰 변화의 흐름 중의 하나가 서구 교회 중심 선교에서 비서구 교회 중심 선교로의 변화다. 이러할 때 하나님께서 사용하시는 한국 교회의 선교적 역할과 책임이 매우 큼을 모두가 공감한다. 그동안 우리 스타일의 선교를 점검하고, 작은 경험과 관찰을 토대로 성육신적 선교의 방향을 정리해 보고자 한다.

I. 우리 선교의 현실

2019년 말 공식적 기관의 한국 선교사 파송 숫자는 171개국, 28,039

명으로 파악되었다.[1] 1년 전에 비해 약간(46명)의 증가세는 이어졌지만, 증가폭은 계속 줄어들고 있다.

우리 선교사들은 특유의 헌신과 신앙을 바탕으로 보냄을 받은 곳에서 열정을 쏟아내며, 인내와 믿음으로 사역을 잘 감당해 왔다. 그뿐만 아니라 영향력 있는 국제적 선교단체의 핵심 지도자가 되어 힘 있는 리더십을 발휘하고 있음도 고무적이다. 훈련되고 준비되어 탁월하게 선교사역을 감당하는 칭찬받을 만한 일도 많지만 연약한 모습도 상당하다. 더 나은 선교, 새로운 출발을 소망하며 몇 가지 선교의 문제를 아래와 같이 정리해 본다.

1. 성장 및 성과주의 결과로 만연된 물량 선교

선교 현장에 만연된 물량 선교의 중심은 한국 교회의 성장과 성과주의에서 이식된 것이며, 결국은 선교를 쇠퇴로 몰아가고 있다. 이러한 외형적 선교는 선교사 자신을 지치게 만들고 후원자에게 심각한 상처와 선교에 대한 부정적인 인식을 심어 준다.[2]

2. 훈련 부족과 전략 부재의 선교

열정만 가지고 적절한 훈련도 없이, 전략도 없이 현장으로 달려간

---

1 한국세계선교협의회(KWMA)가 2020년 1월 14일 여의도순복음교회(이영훈 목사)에서 제30회 정기 총회를 개최하고 지난해 해외선교사 파송현황을 발표한 통계다.

2 SIM 김연수 선교사의 글 "한국 교회와 한국 선교 현황" 중에서.

선교사가 많다. 그렇게 달려간 선교 현장은 선교 철학, 사역 방향 그리고 현장 문화에 대한 이해 결여로 연결되어 즉흥적 선교나 민족주의적인 선교로 이어지고 심각한 반항과 본인의 스트레스로 더 이상의 사역을 기대할 수 없게 되는 일이 빈번하다. 특히 선교 현장에 교회를 세우는 사역을 위한 선교사는 적어도 파송되기 전 국내 목회 경험을 가지는 것이 매우 중요하다.

3. 전문성이 부족한 선교

현대는 모든 분야에서 전문성이 요구되는 시대인데 혼자서 모든 것을 다 할 수 있다는 착각하는 경향이 선교사에게 많다. 결국은 전문성 결여로 말미암아 모든 것이 결여된 선교와 연합 없는 독단적인 선교의 결과를 만들어 낸다.

4. 현장에 대한 이해 부족

선교사는 선교지에 성육신해야 하는데, 현장의 정치, 경제, 사회, 문화 등에 관한 깊은 이해 없이 오직 믿음으로만 선교하는 경향이 있다. 아무리 탁월한 믿음과 헌신된 사역자여도 현장의 문화와 삶을 이해하지 못한 채 진행되는 선교는 현장을 한국형 기독교화하는 제국주의적 선교의 오류를 범하게 된다.

5. 재정에 대한 불투명성

선교비가 지나치게 모자라도 문제지만 지나치게 많은 선교비가 모금되는 것도 문제를 일으킬 수 있다. 선교비가 합당하게 사용되지 않거나 재정의 불투명성은 보내는 사람들과 현장에서 신뢰받지 못한다. 돈으로 현장을 다스리는 자본주의적 선교사로 군림해서는 안 되는데 종종 나타난다.

여타 크고 작은 다양한 숙제가 현장에 있을 뿐만 아니라 부흥이 정체되거나 급격한 성도 수의 감소, 교회 안의 젊은 층의 감소, 재정적 위기, 교회 안에 만연된 세상적 가치관, 자기중심적 사고, 집단이기주의, 목회자의 타락 등 보내는 한국 교회의 현실이 선교를 위축되게 만들고있다. 그럼에도 주님의 명령인 선교는 계속되어야 하기에 선교의 기본으로서 성육신적 선교의 이해와 적용이 필요하다.

II. 성육신적 선교의 이해

데이비드 보쉬(D. Bosch)는 그의 책 『변화하는 선교』(*Transforming Mission*)에서 마틴 켈러(Marrtin Kähler)의 말을 인용하여 "선교는 신학의 어머니"라고 주장하였다.[3]

신학은 제도화된 교회 내에서 교회를 유지하고 다스리는 기능을 가

---

3 데이비드 보쉬, 김만태 역, 『변화하는 선교』(*Transforming Mission*, 서울: CLC, 2017), 45.

진 성직자의 자격을 획득하는 과정을 가르치는 학문이 아니라 교회 공동체 안에서 끊임없이 선교 움직임을 끌어내고 구체화하는 학문적 기능이어야 한다.[4]

또한 선교하면 타민족, 타 문화권에서 사역하는 선교사의 일로만 여기던 개념에서 오늘날 선교는 더욱 넓은 의미를 부여하고 있다. 멕시코 선교사로 사역했고 풀러신학교 선교학 교수인 찰스 반 엥겐(Charles Van Engen)은 이렇게 선교를 정의했다.

> 선교는 하나님의 백성들이 의도적으로 교회 안에서 교회 밖으로, 신앙에서 불신앙으로 장벽을 넘어서, 말씀과 행동으로 예수 그리스도 안에서의 하나님 나라의 도래를 선포하는 것이다. 이 과업은 성령의 사역에 의해, 예수 그리스도 안에서 하나님 나라 도래의 표지로서 세상의 변화를 바라보는 것과 더불어 사람들을 하나님과 그들 자신과 다른 사람들과 그리고 세상과 화해시키고 예수 그리스도 안에서 회개와 믿음을 통해 그들을 교회 안으로 모으는 것이다.[5]

변화하는 글로벌 선교의 시대로 이제는 신학과 선교를, 교회의 목회와 선교를 지나치게 구분해서는 안 되는 시대가 되었다. 선교가 목회의 한 분야가 아니라 목회와 교회의 본질이 영혼 구원(선교)인 '타인을 위한 교회,' 즉 교회의 정체성과 목적을 하나님의 선교로 규정하는 선교

---

4 방동섭, 『선교 없이 교회 없습니다』(서울: 생명의말씀사, 2010), 43.
5 찰스 반 엥겐, 박영환 역, 『미래의 선교신학』(Mission on the Way, 서울: 도서출반 바울, 2006), 29.

적 교회로 존재해야 한다.[6]

4차산업혁명 시대요, 큰 변화의 시대일지라도 변해서는 안 되는 것은 선교의 바른 방향과 목적, 자세다. 이러한 선교를 위하여 신구약성경에 나타난 성육신적 선교의 모델과 예수 그리스도를 통하여 성육신적 선교가 가장 성경적이고 가장 효과적인 바른 선교의 길이며 원리임을 살피고자 한다.

1. 구약성경에 나타난 성육신적 선교(사역)의 모델

1) 아브라함

하나님의 부르심으로 익숙했던 혈육과 문화와 삶을 내려놓고 고향을 떠나 하나님께서 명하신 곳까지 순종하며 나아갔고, 그렇게 사랑했던 아들까지도 하나님의 요구에 순종하여 드렸던 결단 그리고 조카 롯에게 기꺼이 우선권을 양보하는 등 사역과 삶이 성육신적이다. 아브라함이 성육신적 삶과 사역을 이룰 수 있었던 것은 하나님의 언약[7]에 대한 신뢰와 확신에서 나온 열매이다.[8]

2) 이삭

모리아 산에서 희생제물로 바쳐진 이삭은 하나님께 생애를 드리는

---

6 김선일, "선교적 교회란 무엇인가?" 「한국선교 KMQ 2016」 가을호.

7 자손에 관한 것(창 12:2), 땅에 관한 것(창 12:1), 축복에 관한 것(창 12:2-3).

8 아브라함은 전 생애를 성육신적 선교의 삶과 사역으로 바로 왕과 소돔 왕, 그랄 왕 아비멜렉에게 하나님의 존재를 알렸으며, 이방인에게 할례를 시행하는 등 그의 삶을 통하여 애굽, 블레셋, 소돔과 고모라, 메소포타미아에 이르기까지 열방 선교사역을 탁월하게 이루었다.

성육신적 선교사의 출발 모델이며, 그랄 땅에서 하나님의 함께하심으로 형통했던 이삭은 원주민의 우물 요구에 언제든지 양보함으로 떠나라면 언제든지 떠나고,[9] 주라고 하면 다 내놓을 수 있는 내려놓음의 선교사요 하나님의 함께 하심을 이방에 나타내는 성육신적 삶을 살았던 선교 모델이다.[10]

3) 야곱

장자권을 얻은 후의 야곱의 길은 고난의 길이요 미지의 길이었으나 하나님의 동행과 약속[11]을 믿고 라반의 집에서의 14년의 삶은 성육신적 삶이었으며, 열두 아들을 낳아 열두 지파, 즉 구약의 약속된 하나님의 백성을 형성하시는 하나님의 선교에 쓰임 받은 선교사의 길었다. 특히 늙을수록 영성이 탁월해졌던 야곱의 삶은 오늘의 선교사가 추구하고 따라가야 할 모델이다.

4) 요셉

요셉은 아버지의 가장 사랑받는 아들이기에 미움의 대상이 되었고, 하나님의 꿈을 이루어 가는 과정이야말로 고난의 발걸음이었다. 이유 없는 미움을 받음, 구덩이에 던져짐, 종살이, 옥살이 이 모든 과정이 성육신적 삶과 사역이었다. 그는 언제 어디서나 하나님을 드러내는 선교적 삶이었고, 최고의 자리로 하나님께서 높이심을 권력 누림이 아닌 자

---

9 창세기 26장 16절. … 우리보다 크게 강성한즉 우리를 떠나라 ….
10 창세기 26장 12–33절.
11 창세기 28장 13–16절.

신을 통해서 가족(민족)을 살리고, 애굽(이방)을 살리는 하나님의 선교에 사용되었다.

2. 성육신적 선교의 모델 예수 그리스도

1) 성육신 선교(Incarnation)

요한복음 1장 14절에 "말씀이 육신이 되어(ὁ λόγος σαρξ ἐγένετο)"라는 말씀은 기독론의 중요한 교리의 근간인 '예수의 인성'을 보여 주는 말씀일 뿐 아니라 인류 최대의 선교적 사건을 보여 주는 말씀이다. 성육신(Incarnation)은 그 자체가 예수 그리스도께서 인류문화 속에 들어오시는 선교적 움직임으로, 오늘 주님의 교회가 실천하려는 선교의 출발점과 핵심이다.[12]

초문화적(cross-cultural) 사건인 예수의 성육신은 천상의 문화를 넘어 지상의 문화로 내려오심이며, 성육신은 선교의 주인이 되신 성자께서 하나님과 동등됨을 포기하고 인간의 모습으로 가장 낮은 자리에 내려오신 사건이다. 곧 선교는 단순히 타 문화권을 경험하려는 모험심이나 동경심이 아니라 낮은 자리로 내려가는 운동이다. 선교는 인간의 밑바닥으로 내려가 그 처절한 아픔에 동참하고 그들의 고뇌에 찬 삶을 같이 나누면서 낮은 데로 내려오신 예수 그리스도를 보여 주는 사역이다. 따라서 선교는 예수 그리스도의 성육신 정신을 철저하게 따르는 성육

---

12 방동섭, 『선교 없이 교회 없습니다』 103.

신적 선교여야 한다.[13]

2) 동일시 선교(Sympathize, Identification)

히브리서 기자는 매우 독특한 단어를 사용했는데 예수께서 "우리의 연약함을 체휼하셨다."[14]는 것이다. 체휼하다는 '같은 위치, 같은 입장이 되어 고통을 당하는 것'으로 예수 그리스도의 인간과 동일시(Sympathizing)의 삶을 보여 준다.

자신을 따르는 사람들을 자기의 가족으로 인정하셨고(막 3:33-35), 제자들을 친구라 불렀다(눅 12:4; 요 11:11), 반대하는 사람들이 예수 그리스도를 '세리와 죄인의 친구(마 11:19)'로 이해했다. 복음을 받아들이는 사람들과 함께 먹고, 마시고, 잠을 자고, 그들 가운데 하나로 살며 선교하셨다. 예수 그리스도의 성육신 선교는 '거룩하고 악이 없고 죄인에게서 떠나 계시지만'[15] 근본 하나님의 본체시나 하나님과 동등됨을 취할 것으로 여기지 아니하시고 오히려 자기를 비어 종의 형체를 가져 사람과 같이 되셨기에[16] 하나님의 완전한 선교다. 모든 선교의 모델로 선교는 인간이 만들어 놓은 모든 장벽을 뛰어넘는 가운데 이루어진다.[17]

---

13 방동섭, 『선교 없이 교회 없습니다』, 104.

14 히브리서 4장 15절.

15 히브리서 7장 26절.

16 빌립보서 2장 6-7절.

17 한국선교신학회, 『선교학 개론』(서울: 대한기독교서회, 2013), 54-55.

3) 섬김 선교(Diakonia)

예수 그리스도는 친히 하나님이시면서 스승으로 제자들을 섬기셨는데 "내가 주와 또는 선생이 되어 너희 발을 씻겼으니 너희도 서로 발을 씻어 주는 것이 옳으니라."[18]는 말씀처럼 섬김의 본을 보이셨고, 그렇게 섬기면서 살고 사역하도록 명하셨다. 주님의 섬김의 마지막은 성육신 선교의 절정으로 자신의 생명을 주는 것이었다.[19]

교회는 섬김으로써 존재하며, 교회 공동체의 삶의 방식을 규정하는 원리일 뿐만 아니라, 모든 선교사가 따라야 할 성육신적 선교를 실천하는 기본원리다.

3. 신약성경에 나타난 성육신적 선교(사역)의 모델

1) 베드로

베드로는 유대적 사고와 문화에 메인 자였으나 주님께서 보여 주신 보자기 환상을 통하여, 자신을 내려놓고 이방인 고넬료의 집으로 가서 복음을 전한 성육신적 선교의 모델이다.

2) 바나바

바나바는 변호와 보증으로 바울을 바울 되게 세우는 역할을 하고, 모든 존경과 영광 그리고 이름을 내려놓고 늘 2인자로 만족해 했던 성

---

18 요한복음 13장 14절.
19 방동섭, 「선교 없이 교회 없습니다」, 105.

육신적 협력 선교의 큰 모델이다.

3) 바울

비자발적인 부르심 속에 사도가 되고 선교사가 되었으나 보배이신 예수 그리스도, 친히 성육신하셔서 육체를 입으신 주님의 주되심을 발견하고 그에게 있던 학력, 혈통, 신분, 신앙 등 모든 것을 내려놓고[20] 사나 죽으나 주님만을 위하여, 복음 증거만을 위하여 온 생애를 쏟아내버린 성육신적 위대한 삶으로 쓰임 받은 선교사였다.

III. 성육신적 선교의 적용

오늘의 교회는 유람선이 아닌 죽어가는 자를 구출해야 하는 긴급 구조선으로 역할을 감당해야 하며, 선교사는 성경적 선교의 모델과 예수 그리스도의 성육신 선교를 기본으로 하되 몇 가지 성육신적 선교의 적용을 제안하고자 한다.

1. 성육신적 선교 훈련

훈련 없는 군사가 있을 수 없듯이 영적 전투의 현장으로 가는 선교사는 선교 훈련은 필수다. 선교 이론, 선교 역사, 선교 전략, 선교 언어

---

20 빌립보서 3장 5-12절.

등 다양한 훈련을 통해서 훈련되어 현장으로 가야 함은 당연하다. 더 중요한 것은 '내려놓음'의 성육신 훈련이다. 그동안 경험과 지식, 알고 있는 모든 것을 내려놓고 오직 그리스도 예수께 잡힌 바 된 그것을 잡으려고 달려갈 새로운 계획을 세우고 준비되어야 한다. 정복적인 자세를 내려놓고 성육신적 자세, 곧 섬김의 십자가의 정신을 길러야 한다.

단지 사람들을 조직하는 테크닉을 배우는 것이 아니라 믿음과 인격에 초점을 맞추는 성육신적 삶의 훈련이 필요하다. 인격이 없는 테크닉들은 위선을 낳기 때문이다.[21] 다양하고 위대한 것을 모두 내려놓고 부르심의 방향, 자기 은사와 현장의 상황과 필요를 정확하게 인식하고 그 사역을 정말 잘할 수 있는 전문성을 기르고 훈련하는 것이 성육신적인 선교 훈련이다.

2. 성육신적 선교전략

선교는 선교사의 문제로 사람을 어떻게 세워서 보내느냐? 어떤 자세로 어떻게 사역하느냐에 따라 결과는 달라진다. 전략 없는 선교는 많은 경우에 경험과 돈으로 군림하는 선교가 되고 현지인과 갈등하게 된다.

오늘의 선교는 입구 전략, 사역 전략, 출구 전략이 분명하되 이 모든 전략은 성육신적이어야 한다. 왜냐하면 아무리 선교를 위하여 많은 것들을 준비했어도 언어, 문화 등 현지에 대해 모르는 것이 더 많으니 지나친 주장도 특권도 포기해야 한다. 선교사는 무언가를 해 줄 수 있으

---

21 조나단 봉크, "선교와 섬김 예수님께 배운다." 「GMS 2018 세계선교대회 자료집」, 63.

므로 그곳 사람들을 변화시키는 것이 아니라 오히려 자신의 연약함을 드러낼 때 그 연약함 때문에 크게 유익할 수 있다.

선교의 바른 전략은 선교사가 성공적인 사역을 완수하는 것이 아니라 그들을 세워서 그들이 하나님의 영광을 드러내는 것이다. 성육신적인 선교전략은 어떻게 성공적인 사역을 할 것인가 보다는 어떻게 사람을 잘 세워서 사역하도록 하고 이름 없이 빛도 없이 잘 떠날 줄 아는 전략이 선교의 성공적 전략이다.

3. 성육신적 문화 이해

선교지의 문화 이해는 언어 습득 이상으로 중요하다. 자문화중심주의(Ethnocentrism)의 성향으로 타문화 접촉시 대개 자신의 문화는 문명화된 것이고, 상대문화는 원시적이고 퇴보한 것으로 여긴다.[22] 선교지의 문화를 무시하고 비기독교적인 것으로 간주하는 접근은 문화 식민지적 선교방식이 되며, 인종 차별, 문화 차별, 문화 우월주의에 빠진다.[23] 배타적인 감정을 조장하여 외국 종교로 남게 되어 선교를 기대할 수 없게 된다. 반면 현지 문화에 대한 맹목적 추종은 선교의 핵심을 잃게 되거나 혼합주의의 위험이 온다. 현지 전통문화에 대한 무비판적 상황화로 인한 복음의 변질을 막는 적절한 비판적 상황화가 필요하다.[24]

---

22 김성욱, 「개혁주의 선교 신학」(서울: 이머징북스, 2013), 29-30.

23 이재완, 「선교와 문화 이해」(서울: CLC, 2008), 233.

24 폴 히버트, 김동화 이종도 이현모 정흥호 역, 「선교와 문화인류학」(*Anthropological Insights for Missionaries*, 서울: 조이선교회, 2008), 263.

언어, 생활방식의 변화, 관계성의 변화 등으로 문화충격을 극복하지 못하면 정서불안, 독재자, 부정적인 사람, 질병으로 연결되어 사역은 불가능하게 된다.

1) 문화 파도타기

수많은 문화의 다양성 안에서 선교사는 다른 문화를 배우고 익숙해져야만 사역할 수 있게 된다. 문화 파도타기에 실패하면 결국은 절대 사역은커녕 그곳에서 살아갈 수도 없다. 언어는 성실하게 배워야 하고, 생활은 환경에 익숙해지는 노력을 반드시 해야 한다.

2) 성육신적 문화적응

자신의 문화에 대한 우월의식을 버리고, 문화의 다양성 관계성 등 새로운 문화에 대한 겸손함, 개방성, 수용성의 자세로 자신에 대해 기대감을 최소화하는 성육신적 문화 이해가 필요하다.

3) 성경 문화와 현지 문화의 대립

문화를 수용하는 자세가 필요하나 현지 문화가 성경 문화와 대치될 때 현지 문화를 무조건 수용해도 배척해도 큰 어려움을 겪게 된다. 매우 겸손한 자세로 인내하며, 삶으로 가르치며, 설득하고, 변화시켜 나가야 한다. 성육신적 선교의 자세가 아니면 반드시 문화충돌에 직면하게 된다.

4. 성육신적 선교사역

영원불변의 복음이 선교지의 문화를 만나 적절한 상황화를 이루어, 복음을 받는 현지인의 교회를 이루어, 선교사가 아닌 그리스도가 주인이신 온전한 교회를 이루어야 한다. 주도권, 재정적 위력으로 강압적 사역으로 선교사와 현지인과의 선긋기(Linedrawing) 선교[25]는 지양되어야 한다. 이제는 숫자로 하는 선교가 중단되어야 하며, 힘 있는 보내는 교회와 선교사의 갑을관계, 현지 교회 이름의 한국화, 현지인을 향한 반말, 결정의 권한 문제 등 공평한 Patron-Client 관계로 개선되고, 동행하는 선교로 전환되어야 한다.[26]

사무엘 에스꼬바르(Samuel Escobar)와 르네 빠디야(Rene Padilla) 같은 라틴 선교학자들은 한국 선교계를 '관리적 선교(managerial missions)'를 시행하고 있다고 했다. 동원하고, 배치하고, 감독하는 탁월한 계획을 진행한다. 그러나 관리는 선교의 기초가 아니다. 항상 인격적이며, 관계적이고, 성육신적이어야 한다.[27] 예수 그리스도와 같이 종의 마음과 자세로 용납하고 환대하는 자로 성육신 선교사이신 예수 그리스도의 우선순위와 일치하는 사역을 해야 한다. 성육신하심이 곧 영혼 구원을 위한 선교가 본질이며 목표이기에 모든 선교사는 예수 그리스도의 성육신 선교(Incarnation), 동일시 선교(Sympathize, Identification), 섬김 선교(Diakonia)를 한순간도 잊지 않고 그 길을 가야 한다.

---

25 조용성, 『변화하는 글로벌 선교』(서울: 쿰란출판사, 2013), 316–322.

26 오석환, "한국 선교를 위한 4가지 제언," 『한국선교 KMQ. 2020』, 봄호.

27 조나단 봉크, "선교와 섬김 예수님께 배운다," 『GMS 2018 세계선교대회 자료집』, 53.

성육신 선교사이신 예수 그리스도는 기록물이나 자서전도 남기지 않았고 전쟁을 치르지도 중요한 공직을 갖지도 않았다. 다만 제자들을 세우시고 마지막에는 모든 것을 위임하여 보내시고,[28] "…내가 하는 일을 그도 할 것이요 또한 그보다 큰일도 하리니 이는 내가 아버지께로 감이라(요 14:12)." "아버지께서 창세 전부터 나를 사랑하시므로 내게 주신 나의 영광을 그들로 보게 하시기를 원하옵나이다(요 17:24)."[29]라고 말씀하시면서 위대한 사역을 맡기셨고 영광도 나누시기를 원하셨다.

선교사들은 혼자서 모든 사역을 독차지해서 시행하고 모든 업적과 공로를 스스로 독차지해서는 안 된다. 선교지 사람들을 훈련하여 세워 교회를 이루게 하고, 그들에게 위대한 사역을 감당케 하여 업적과 공로, 존귀와 영광을 그들이 받도록 함이 주님을 본받는 성육신적 선교의 아름다운 열매임을 알고 사역해야 한다. 선교사는 산모가 아니라 산파가 되어야 하기 때문이다.

나가면서

예수 그리스도의 성육신(Incarnation)은 초문화적 존재(Supracultural Being)이신 하나님이 인간의 문화 속에 오셔서 인간과 직접적인 소통(communication)을 이룬 사건이다. 이처럼 선교사는 모델 성육신 선교사이신

---

28 요한복음 20장 21절. "아버지께서 나를 보내신 것 같이 나도 너희를 보내노라"
29 요한복음 14장 12절, 17장 24절.

예수 그리스도를 본받아 낮아짐, 상황화, 하나됨으로 타문화권 선교지의 소중한 사람들과 소통하는 성육신적 선교를 이루어야 한다.

우리의 선교는 이제 보내신 분의 뜻을 따라서 보내신 분의 방식으로, 즉 성육신적 선교이어야 한다.

참고문헌

김선일. "선교적 교회란 무엇인가?" 「한국 선교 KMQ」 2016, 가을호.

김성욱. 『개혁주의 선교 신학』. 서울: 이머징북스, 2013.

데이비드 J. 보쉬. 김만태 역. 『변화하는 선교』. *Transforming Mission*, 서울: CLC, 2017.

방동섭. 『선교 없이 교회 없습니다』. 서울: 생명의말씀사, 2010.

찰스 반 엥겐(Charles Van Engen). 박영환 역. 『미래의 선교신학』. *Mission on the Way*. 서울: 도서출반 바울, 2006.

오석환. "한국 선교를 위한 4가지 제언." 「한국 선교 KMQ」 2020, 봄호.

오스왈드 스미스. 김동완 역. 『선교사가 되려면』. *The Challenge of Missions*. 서울: 생명의말씀사, 2011.

이재완. 『선교와 문화 이해』. 서울: CLC, 2008.

조나단 봉크. 선교와 섬김 예수님께 배운다. 「GMS 2018 세계선교대회 자료집」.

조용성. 『변화하는 글로벌 선교』. 서울: 쿰란출판사, 2013.

폴 히버트. 김동화·이종도·이현모·정흥호 역. 『선교와 문화인류학』. *Anthropological Insights for Missionaries*. 서울: 죠이선교회, 2008.

4부

성육신 목회의
실제

최윤석 목사

주님의 구원하신 은혜가 크고 감격스러워 평생 주님 섬기기로 했다. 인하대학교에서 경제학을 공부한 후 개신대학교대학원과 총신대학교 신학대학원, 아세아연합신학대학교 대학원(Th. M.)에서 신학을 공부하였다. 20대에 사이판에서 교회 개척 선교를 하였으며, 교회가 좋고 성도 섬기는 일이 행복해서 2002년 9월 아내와 자녀들과 함께 천안 아산에 주님의교회를 개척했다. 개척 당시부터 전도에 열심하였고, 이웃 개척 교회에 전도해 주는 목회의 기쁨을 누렸다. 건강하고 바른 교회를 통해 개인과 가정을 하나님 나라 비전으로 세워 가고, 일터와 학교 나아가 지역사회와 우리나라, 열방에 복음을 전하여 하나님 나라를 회복해 가는 꿈을 안고 있다. 신실하고 헌신적인 성도들과 함께 천안 아산 주님의교회를 건강하고 좋은 교회로 제자훈련사역으로 든 든히 세워 가고 있는 중이다. 지역 미자립 교회의 목회자를 세우는 사역에 뜻을 두고, 개척 분립을 준비하고 있다.

GM 코칭위원. 주님의교회 담임.

성육신 목회의
제자훈련 적용

I. 시작하면서

교회에서 제자훈련의 중요성은 아무리 강조해도 지나치지 않다. 제자훈련은 교회 성장과 더불어 성숙을 위한 훈련이며, 교회의 본질이기 때문이다. 그러므로 교회마다 담임목사부터 확신과 비전을 가지고 제자훈련을 진행해야 한다. 교회는 성장과 성숙, 이 두 가지 요소가 다 필요하다.

세계의 건강한 많은 교회의 통계를 중심으로 저술된 Christian A. Schwarz의 『자연적 교회 성장』(*Natural Church Development*)에 의하면[1] 질적으

---

1 크리스티안 A. 슈바르츠, 『자연적 교회 성장』(*Natural Church Development*, NCD:2016). 이 책 국내판 서문을 고 옥한흠 목사님이 쓰셨다. 이렇게 추천하고 있다.
"솔직히 말하면 나는 이 책을 손에 들고 '맞았어! 바로 이거다'라고 하며 큰 소리를 치고 싶은 충동을 여러 번 느꼈다. 책을 읽으면서 정신을 잃을 정도로 흥분하는 일은 평생을 통해 몇 번 있을까 말까 한 것인데 슈바르츠가 나에게 그런 경험을 한 번 더 하게 한 것이다."
아마도 옥 목사님도 목회를 하시면서 성장과 성숙이 같이 가는 것이 맞다는 것을 알고, 검증할 책을

로 건강한 교회는 교회 성장을 추구하지 않아도 반드시 양적으로 성장하게 되어져 있다는 것이다.

II. 제자훈련의 성육신적 원리

제자훈련은 사람들을 전도해서 훈련시키고, 양육하면서 장성한 분량으로 세워 나가는 것이다. 불신자들을 전도해서 그리스도인이 되게 하고, 그들이 예수 그리스도를 닮아 가도록 성숙시키는 데 그 초점이 있다. 이런 면에서 예수 그리스도의 성육신의 낮아지심을 돌아보면서 그분을 닮아 가는 목회를 지향하고, 신학적으로 연구하고자 하는 GM선교회의 방향성과 잘 조화된다고 볼 수 있다.

예수 그리스도의 성육신은 지극히 높으신 창조주 하나님께서 피조물인 사람으로 낮아지심이다. 예수 그리스도께서는 성육신을 통해 우리에게 하나님을 알고, 하나님께 이를 수 있는 구원을 이루는 길을 열어 주셨다. 하나님의 아들이 인간의 죄를 용서하시고, 영생을 주시기 위하여 사람의 모습으로 이 땅에 오셨다는 소식만큼 더 놀랍고, 아름다운 이야기가 있을까?

> 아들을 낳으리니 이름을 예수라 하라 이는 그가 자기 백성을 그들의 죄에서 구원할 자이심이라 하니라(마 1:21).

찾으신 것 같다.

말씀이 육신이 되어 우리 가운데 거하시매 우리가 그의 영광을 보니 아버지의 독생자의 영광이요 은혜와 진리가 충만하더라(요 1:14).

성육신으로 낮아지신 예수 그리스도는 우리의 삶의 전 영역에 모범을 보여 주셨다. 그리고 자신을 따라오라고 말씀하셨다.

인자가 온 것은 섬김을 받으려 함이 아니라 도리어 섬기려 하고 자기 목숨을 많은 사람의 대속물로 주려 함이니라(마 20:28).

예수 그리스도로 인하여 변화된 사도 바울도 우리 주님의 뜻을 잘 알고 부단히 예수님을 따르는 훈련, 예수님을 닮아 가는 훈련을 통해 성육신적 삶을 살 것을 강조하였다.

육체의 연단은 약간의 유익이 있으나 경건은 범사에 유익하니 금생과 내생에 약속이 있느니라(딤전 4:8).

성경은 우리 각자만 훈련하는 것이 아니라, 다른 사람들도 장성한 분량에 이르기까지 훈련시켜 나가야 한다고 말씀하신다.

그러므로 너희는 가서 모든 민족을 제자로 삼아 아버지와 아들과 성령의 이름으로 세례를 베풀고 내가 너희에게 분부한 모든 것을 가르쳐 지키게 하라 볼지어다 내가 세상 끝날까지 너희와 항상 함께 있으리라 (마 28:19-20).

이와 같은 제자훈련을 지역 교회에서 진행하는 틀을 제시하고자 한다. 국내에서는 이미 작고하신 옥한흠 목사님을 위시해서 많은 분이 제자훈련의 좋은 모범을 보여 주고 있다.[2] 하지만 하나의 틀만이 무조건 옳다고 말하기보다는, 각자의 독특한 목회 환경 속에서 기본 틀을 가지고 적절하게 적용해 나가야 할 것이다.[3]

III. 제자훈련 사역

본 교회에서는 전도-확신반-양육반-제자훈련반-리더훈련반이라는 기본 틀을 가지고 제자훈련을 지향해 나간다.

1. 전도함으로 그리스도인이 되게 하라

예수 그리스도는 우리에게 사람들에게 복음을 전파하라고 말씀하신다. 모든 복음서가 한결같이 전도로 마무리되고 있다.[4] 따라서 제자훈

---

2 옥한흠, 『평신도를 깨운다』, 『이것이 목회의 본질이다』, 『길』(국제제자훈련원). 옥한흠 목사님의 좋은 책이 너무 많이 있고, 그 외에 배창돈, 『기적의 제자훈련』(국제제자훈련원) 등도 도움이 많이 된다. 그 외에도 외국 저자로는 존 스토트, 『제자도』(IVP), 데이비드 왓슨, 『제자도』(두란노), 달라스 윌라드, 『잊혀진 제자도』(복있는사람), 밥 포스터, 『불타는 세계 비전』(네비게이토) 등 조금만 돌아보면, 참고 할 수 있는 제자도와 제자훈련에 관한 양서가 국문 번역과 영문 등으로 많이 있다.

3 필자의 경우는 젊은 시절 사이판에서 조선족, 한족을 중심으로 한 교회 개척 사역을 해 본 경험이 있다. 그 후에도 다시 국내에 들어와서 교회 개척을 해서 오늘날에 이르고 있다. 선교단체의 제자훈련은 복음적인 요소가 다소 강한 반면에, 교회에서 진행되는 제자훈련은 교회론이 탄탄하고, 안정되어 있다. 이 두 가지가 합쳐지면 시너지 효과가 있다는 확신을 가지고, 그동안의 선교단체의 경험과 신학공부를 연결하면서 제자훈련을 진행하고 있다.

4 마태복음 28장 19-20절; 마가복음 16장 15절; 누가복음 24장 48절; 요한복음 20장 21절. 주시하

련의 시작은 전도부터 시작한다.

각 교회는 반드시 진지하게 복음을 제시할 수 있는 훈련과 구원 상담을 통해 예수 그리스도를 마음에 영접할 수 있도록 하는 적절히 훈련과정이 필요하다. 본 교회에서는 사영리를 중심으로 진행되고 있다.

> 영접하는 자 곧 그 이름을 믿는 자들에게는 하나님의 자녀가 되는 권세를 주셨으니(요 1:12).

2. 확신에 찬 그리스도인의 삶을 살도록 하라

예수님을 마음에 영접함으로 하나님의 자녀로 거듭난 그리스도인은 영생을 얻었고, 하나님의 자녀가 되었다는 사실을 말씀 훈련을 통해 분명한 확신을 갖도록 해야 한다.

> 또 증거는 이것이니 하나님이 우리에게 영생을 주신 것과 이 생명이 그의 아들 안에 있는 그것이니라 아들이 있는 자에게는 생명이 있고, 하나님의 아들이 없는 자에게는 생명이 없느니라(요일 5:11-12).

특별히 이 과정을 통해서는 '신분 변화'에 대한 확신을 가지도록 하면서, 구원받았다는 확신, 예수의 이름으로 기도하면 응답받는다는 확

다시피 마태복음 28장을 지상명령으로 말하고 있는데, 존 스토트는 요한복음 20장을 대위임령으로 주장한다. 존 스토트, 크리스토퍼 라이트, 『선교란 무엇인가』(*Christian Mission in the Modern World*, IVP:2018).

신, 마귀와의 싸움에서 승리한다는 확신 등의 주제를 다루어야 하는데, 무엇보다도 '교회'에 대한 분명한 확신을 심어 주어야 한다.

교회는 그의 몸이니 만물 안에서 만물을 충만하게 하시는 이의 충만함이니라(엡 1:28).[5]

3. 풍성한 그리스도인의 삶을 살도록 하라

주님과 동행하는 삶이 얼마나 풍성한 삶인지를 깨닫고, 지속적으로 주님과 동행하는 삶을 살도록 격려해야 한다.

나는 포도나무요 너희는 가지라 그가 내 안에 내가 그 안에 거하면 사람이 열매를 많이 맺나니 나를 떠나서는 너희가 아무 것도 할 수 없음이라 (요 15:5).

무엇보다도 하나님의 말씀을 붙잡고 살도록 해야 한다. 그리고 성령 충만한 가운데 성령의 인도하심을 받으며 살도록 격려하면서, 교회를 잘 섬길 수 있도록 '새 가족 섬김이 훈련' 등으로 마무리 한다.[6]

---

[5] 확신반 훈련 교재로는 네비게이토 출판사의 『그리스도인의 확신』을 사용한다. 그런데 아무래도 선교단체 교재이기 때문에, 반드시 마지막 시간에는 교회 자체로 마련된 교재를 가지고, '교회의 확신'을 꼭 심어 준다.

[6] 양육반 교재 역시 네비게이토출판사 교재를 사용하고 있다. 『그리스도인의 생활 지침』을 사용하고, 마지막 시간에는 '교회를 섬기는 생활'에 대하여 훈련한다.

4. 선한 영향력을 끼치는 그리스도인의 삶을 살도록 하라

이 과정을 "제자훈련반"이라고 부른다. 앞에서 준비해 온 모든 과정을 바탕으로 본격적인 제자훈련 과정으로 대략 36주간을 진행한다. 중간에 방학을 가지면서, 기본적으로 일반 학교의 학기와 맞춰서 진행해 나간다. 이 과정을 통해서는 주님의 지상명령을 성취하는 전도와 제자화 사역에 동역하는 일꾼을 세우면서, 무엇보다도 주님을 닮아 가는 성숙한 자들로 세워 나간다.[7]

> 우리가 다 하나님의 아들을 믿는 것과 아는 일에 하나가 되어 온전한 사람을 이루어 그리스도의 장성한 분량이 충만한 데까지 이르리니(엡 4:13).

5. 장성한 분량으로 세워져 가는 그리스도인의 삶이 되도록 지속적으로 훈련하라

교회의 전체적인 프레임은 '확신반-양육반-제자훈련반'으로 하되,

---

7 이름처럼 "제자훈련반"이 교회의 모든 제자훈련에 있어서 가장 중요한 과정이라고 할 수 있다. 대략적으로 1년을 꼬박 담임목사와 함께 훈련해야 하기에 모두 헌신이 필요하다. 긴 과정이므로 교재(text)를 선정하는 데도 주의를 기울여야 한다. 형편이 되면, 담임목사가 직접 쓰면 좋지만, 많은 준비가 필요하리라 본다. 본 교회에서는 사랑의교회 교재, 네비게이토 교재(SCL) 등을 사용하였고, 근래에 와서는 평택대광교회 교재(배창돈 목사)를 사용하고 있다. 각 교재마다 일장일단이 있는데, 평택대광교회 교재는 단순하면서도 현장 교회에 잘 적용할 수 있다는 장점이 있다. 각 교회의 형편에 맞춰서 사용하거나, 직접 만들어서 훈련하면 될 것이다. 사실은 이러한 교재보다도 중요한 것이 '점검'이다. 한 주간의 삶을 지속적으로 점검해 갈 때, 변화가 나타난다. 본 교회에서는 가장 기본적인 예배, 성경 읽기(적어도 일 년에 일독 이상), 기도시간 채우기(적어도 하루 1시간 기도), 생활 숙제 등으로 점검해 나간다. 이러한 점검 속에서 가르치는 자와 배우는 자 모두 변화와 성숙이 있다.

제자훈련 후에도 리더십이 지속적으로 예수님을 닮아 가며, 선한 리더십을 발휘할 수 있도록 지속적인 훈련으로 진행해 나가야 한다.

한 해의 기간을 정해 놓고 '사역훈련'이라는 명목으로 진행해도 되지만, 일정 기간을 정해 놓고, 계속해서 훈련해 나가는 과정이 필요하다. "성경학교, 교리학교, 기도학교, 전도학교, 선교학교" 등 교회의 형편과 사정에 맞춰서 진행하면 된다.

예수 그리스도의 성육신의 교리는 매우 단순한 것처럼 보이지만, 주님의 낮아지심과 주님의 모범을 보여 주는 모든 것이라고 할 수 있다. 우리는 주님을 한 번에 다 닮아 갈 수 없다. 어제의 나를 회개하고, 부지런히 훈련하면서 그분을 닮아 가는 지속적인 훈련으로만 가능할 것이다. 이런 면에서 제자훈련은 주님을 닮아 가는 훈련, 성육신 제자훈련이라고 할 수 있다.

참고문헌

김형국. 『제자훈련, 기독교의 생존 방식』 서울: 비아토르, 2017.

배창돈. 『기적의 제자훈련』 서울: 국제제자훈련원, 2008.

옥한흠. 『길』 서울: 국제제자훈련원, 2006.

_____. 『이것이 목회의 본질이다』 서울: 국제제자훈련원, 2006.

_____. 『평신도를 깨운다』 서울: 국제제자훈련원, 1998.

이평강. 『셀 리더 순장 목자 도움서』 서울: 두란노, 2019.

채이석, 이상화. 『건강한 소그룹 사역 어떻게 할 것인가?』 서울: 소그룹하우스, 2009.

하진승. 『영적 재생산의 삶』 서울: 네비게이토 출판사, 2005.

한국대학생선교회. 『순 모임 이렇게 한다』 서울: 순출판사, 1988.

홍성건. 『섬기며 다스리는 사람』 서울: 예수전도단, 2008.

고든 맥도날드. 홍종락 역. 『영적 성장의 길』 서울: 두란노, 2005.

달라스 윌라드. 윤종석 역. 『잊혀진 제자도』 서울: 복있는사람, 2008.

데이빗 왓슨. 문동학 역. 『제자도』 서울: 두란노. 2006.

랄프 네이버. 정진우 역. 『당신도 영적 지도자가 될 수 있다』 서울: NCD. 2005.

리로이 아임스. 네비게이토 역. 『당신도 영적 지도자가 될 수 있다』 서울: 네비게이토 출판사, 2006.

조엘 코미스키 외. 주지현 역. 『소그룹이 희망이다』 서울: NCD, 2011.

존 스토트, 크리스토퍼 라이트. 『선교란 무엇인가』 서울: IVP, 2018.

존 스토트. 『제자도』 김명희 역. 서울: IVP. 2010.

존 오트버그. 최요한 역. 『내 영혼은 무엇을 갈망하는가?』 서울: 국제제자훈련원, 2015.

플로이드 맥클랑. 김진선 역. 『제자도의 본질』 서울: 토기장이. 2010.

David Platt. *Radical*. New York: Multnomah, 2010.

황유석 목사

황유석 목사는 예수님을 만나고 가슴이 뜨거워 20대 초반 필리핀 선교사로 10년 사역하다가, 2002년 수원 은혜교회를 개척했다. 거의 매일 동네에 다니며 전도하여 감당할 수 없을 만큼 교회가 성장하고 있다. 하나님이 보내 주신 한 분 한 분의 성도들과 기쁨과 슬픔을 함께 하며, 더불어 행복한 주님의 가족을 감사하며 섬기고 있다. 예수님의 마음으로 장애인을 섬기는 (사)보듬자리와 함께하며, C채널 TV설교를 통하여 하나님의 비전을 전하고 있다. 주의 은혜로 같은 지역에 두 교회를 개척 분립하였고 계속해서 분립 운동을 펼쳐 나갈 것이며, 본인이 다시 교회 개척을 꿈꾸기도 한다. 저서로는 쉽다 시리즈로 『레위기는 쉽다』, 『사도행전은 쉽다 I, II』가 있으며, 양육 도서로는 『행복한 가정교회』, 『새신자 성경공부 인도법』, 『행복한 큐티학교 교재』 결혼을 앞둔 예비부부를 위한 『결혼! 하나님이 만드신 거룩한 제도』 등이 있다.

GM 코칭위원. 수원 은혜교회 담임.

성육신 목회의
설교 적용

I. 시작하면서

1. 한국 교회에 요구되는 비전

목회는 방법보다 신학이 중요하다. 지금 한국 교회는 어디로 가야 하는지, 무엇을 해야 할지를 고민하고 있다. 필자는 한국 교회가 새로워지기를 원한다. 한국 교회가 새로워지기 위해 필요한 것은 '꿈'이다. 그 꿈은 하나님의 우주적 비전 곧 예수 그리스도 안에서 통일된 하나님 나라를 실현하기 위한 것이며, 그것은 구원받은 자들을 하나님의 기업으로 세우신 교회를 새롭게 만드는 것이 되어야 한다.[1] 이것이 곧 건

---

[1] 장일권, 『성경의 맥』(수원: 도서출판 케쉐트, 2019), 99.

강한 교회를[2] 세우는 길이다. 그리고 이러한 건강한 교회를 세우기 위한 목회 신학은 성육신 목회라고 할 수 있다. 필자는 그 가운데 성육신적 목회를 위한 설교에 대하여 살펴보려고 한다.

2. 교회의 비전

필자가 꿈꾸는 건강한 교회에 대한 비전은[3] 첫째, 성도의 삶과 사역에 균형이 있어야 하고, 둘째, 축복과 헌신의 균형이 있어야 하고, 셋째, 리더의 섬김과 성도의 존경이 균형을 이루어야 하고, 넷째, 하나님을 높이는 것과 사람을 세우는 것의 균형이 있어야 하고, 다섯째, 아는 것과 사는 것에 균형이 있어야 한다.

이것이 필자가 꿈꾸는 하나님을 섬기는 백성을 가진 성육신적 교회의 모습이다.[4] 지금 이 시대는 목회 방법이 아닌 성육신 목회 신학이 필요한 시대다.

---

2 건강한 교회는 교회의 본질에 충실한 교회다. 본질에서 벗어난 것은 허사이기 때문이다. 그러면 교회의 본질은 무엇이어야 하는가? 그것은 그리스도와의 생명적, 유기적 연합을 바탕으로 하는 성도의 교통이다(김지호, 『교회론』, 서울: CLC, 1998, 66).

3 주병수는 "건강한 교회 성장을 위한 양육시스템 비교 연구와 적용 방법(미간행 박사학위논문, 총신대학교 목회신학전문대학원, 2007)"에서 건강한 교회의 요소로 "① 필요에 따른 전도, ② 사역자를 세우는 지도력, ③ 인격적인 교제의 소그룹, ④ 체계적인 양육과 훈련, ⑤ 은사 활용과 재배치"를 들었다.

4 장일권, 『성경의 맥』, 93.

II. 본 교회의 다섯 가지 비전

1. 목회 신학의 필요성

목회자마다 목회 신학이 꼭 있어야 한다. 그 신학의 기저에 반드시 있어야 할 점을 강조하는 바 우리에게 회복되어야 할 것이 있다. 그것은 주님을 더 사랑하지 못해서 흘리는 눈물이 회복되어야 한다. 내게 맡긴 영혼을 더 사랑하지 못해서 흘리는 눈물이 회복되어야 한다. 우리 주님께서 흘리신 눈물, 곧 성육신적 목회를 위한 눈물을 흘릴 수 있어야 한다.[5]

2. 목회 신학의 방향 및 본 교회의 다섯 가지 비전

예수 그리스도의 정신을 따라 영혼을 사랑하고 성육신적 교회를 세우는 목회신학이 필요하다. 그리하여 하나님이 기뻐하시는 건강한 교회가 세워져야 한다. 이를 위해서는 제자를 만들고 사역자를 세우는 교회로, 평신도를 사역자로 세우는 교회로 변해야 한다. 훈련받은 평신도들이 훈련받지 못한 평신도를 섬기는 교회로, 헌신하는 평신도들이 새로운 성도를 양육하고 훈련하고 섬기며 교회를 이끌어 가는 교회로 변해야 한다. 불신자를 전도하는 교회, 청년이 모여드는 교회, 남자들이

---

[5] 주님께서 예루살렘 성을 보시며 우셨고(눅 19:41-42), 나사로의 무덤 앞에서 우셨으며(요 11:35), 겟세마네 동산에서 심한 통곡과 눈물로 간구와 소원을 올리셨는데(히 5:7), 이 모든 눈물은 영혼 사랑, 영혼 구원을 위한 성육신의 눈물이었다.

주도적인 교회로 변화되어야 한다. 장애인을 비롯한 이 땅의 연약한 자들을 섬기는 교회, 어르신을 섬기는 교회, 우리 교회 부흥을 넘어 한국 교회 전체를 섬기는 교회로 변해야 한다.[6] 필자는 이런 성육신적 교회가 되기 위해서 다섯 가지 비전을 정했다.

1) 첫 번째 비전: 불신자를 전도하자

불신자들은 복음을 듣고 싶어 한다. 복음만이 사람을 살린다. 불신자를 전도하는 가장 확실한 방법은 복음을 전하는 것이다. 비록 인간의 둔한 혀로 복음을 전하지만 복음을 전하면 하나님께서 강하게 역사하셔서 불신자들이 하나님 앞으로 돌아온다.

2) 두 번째 비전: 청년을 살리자

청년들이 다니고 싶은 교회가 되려면,

첫째, '예수님이라면 어떻게 하실까?'를 날마다 고민하는 교회가 되어야 한다.

둘째, 직분이 중요할수록 더 낮아지고, 더 겸손해지고, 더 온유해져야 한다.

셋째, 중직을 맡는 것을 두려워하고, 맡은 직분을 두렵고 떨림으로 감당해야 한다.

넷째, 사람의 눈치를 보는 교회가 아니라, 하나님의 눈치만 보는 교

---

6 장일권이 『성경의 맥』(수원: 도서출판 케쉐트, 2019, 99)에서 지적했듯이 성육신하신 그리스도께서 종이 되어 섬기시다가 마침내 죽음으로 자기 목숨을 내어 주신 것처럼, 겸손히 낮아져 사랑으로 섬기는 성육신적인 목회를 할 때 이 땅에 건강한 교회가 세워질 것이다. 이러한 자세로 목회를 하는 길만이 건강한 교회가 세워지고 교회가 회복될 수 있는 대안이 될 수 있다.

회가 되어야 한다. 돈, 명예, 권력이 교회를 좌지우지하는 교회가 아니라 성령이 역사하는 교회가 되어야 한다.

다섯째, 성경을 아는 지식이 많은 교회가 아니라 성경을 삶으로 소화시키는 교회가 되어야 한다.

3) 세 번째 비전: 남자를 살리자

남자들이 주도적인 교회가 필요하다. 남자 대 여자 비율이 50:50, 아니면 55:45가 되어도 좋을 듯하다. 교회마다 남자를 살리기 위해 신령한 고민을 해야 한다.

4) 네 번째 비전: 어르신을 섬기자

노인들이 꿈을 꾸는 교회가 되어야 한다. 사람들은 어르신들이 '옛날 얘기'만 할 것이라고 생각하지만, 어르신들에게 성령이 임하면 달라진다. 하나님이 사람을 쓰실 때에 '나이'는 아무 의미가 없다. 어르신들을 공경하는 교회가 되어야 한다.

5) 다섯 번째 비전: 장애인을 섬기자

장애를 갖고 이 땅을 살아가는 성도 중 헌신하고자 하는 분이 많이 있다. 그래서 성가대도 임명하고, 커피 자판기 사역도 할 수 있도록 섬겼다. 장애를 가진 분이 일을 맡으면 성실하게, 책임감을 가지고 최선을 다해 일하는 모습을 볼 수 있다.

III. 다섯 가지 비전을 실현하기 위한 설교

본 교회의 다섯 가지 비전을 실현하기 위해 다양한 방법을 시도하고 있지만, 그 가운데 설교에[7] 대해서만 나누려고 한다. 말씀이신 예수 그리스도를 선포하는 설교는, 말씀이 육신이 되신 예수 그리스도의 성육신 신학과 의미를 가장 잘 드러내는 것이다. 설교는 하나님의 본질이며, 본체이신 예수 그리스도를 오늘 이곳의 상황에 맞게 드러내는 성육신 목회 사역의 핵심이다.

1. 보편적인 언어

1) 믿지 않는 사람들도 이해할 수 있는 언어로 설교한다

기독교 신앙을 가진 성도에게 익숙한 언어가 아닌, 교회 문화를 잘 모르는 불신자도 알아들을 수 있는 언어로 바꾸는 데 시간을 사용하고 있다.[8] 이렇게 하는 것이 성육신 설교 사역이라고 생각한다.

---

7 설교는 하나님의 말씀을 전파하는 것인데, 이 말씀은 피조물인 인간을 보고 대화하시는 창조주 하나님의 말씀이므로 인간이 하는 설교 가운데는 부단히 하나님의 말씀이 선포되고, 이는 진정한 교회의 징표가 된다(Otto Weber, 김영재 역, 『칼빈의 교회관』[*Die Treue Gottes in der Geschichte der Kirche*], 서울: 이레서원, 2001).

8 존 스타트(John R. W. Stott)에 의하면 설교란 단순히 본문을 해석하는 것이 아니라 그것을 들을 필요가 있는 사람들에게 메시지를 전하는 것이기 때문에 설교는 성경의 내용을 들을 필요가 있는 자와 연결하는 다리 놓기라고 할 수 있다. 따라서 설교자는 이 점에 있어서 진지한 노력이 필요하다(존 스타트, 정성구 역, 『현대 교회와 설교』[*Between Two Worlds*], 서울: 생명의 샘, 1998, 154).

2) 공감할 수 있는 예화

예화는 대부분의 사람들이 누구나 경험할 수 있는 삶의 현장에서 찾는다. 예화를 옛날이야기나 외국에 어떤 사람들에게서 가지고 오는 것이 아니라 성도의 일상의 삶에서 충분히 경험할 수 있는 일에서 가지고 와야 한다. 설교 중 예화가 우리의 일상에서 얼마든지 일어날 수 있는 일을 사용해야 공감대를 얻을 수 있다.[9] 공감은 예수 그리스도의 성육신 원리의 핵심이다.

3) 균형 있는 해석과 적용

본문 해석과 삶의 적용을 균형 있게 하기 위해 고민이 필요하다. 설교할 본문을 읽고 또 읽고, 읽고 또 읽는 것을 반복한다.[10] 어떤 설교를 할지 핵심을 파악한다. 그 후에는 설교할 내용을 일상의 삶에 적용해 본다.[11] 그리고 목요일이 되면 하루 종일 설교의 내용을 다듬고 또 다듬는다. 그렇게 본문 해석을 마무리한다. 그리고 기도하고, 고민하며 감성의 옷을 입힌다. 가급적이면 설교 원고를 철저히 준비하려고 애쓴다. 하지만 설교할 때에 설교 원고를 의지하지 않으려고 부단히 노력한다.

---

9 이민건은 "청소년 청중이 공감하는 설교 연구(미간행 박사학위논문, 총신대학교 목회신학전문대학원, 2020)"에서 설교에 있어서 설교자와 청중 사이에는 반드시 공감이 있어야 하고, 공감이 형성될 때 청중은 설교에 능동적으로 경청하게 되며, 그 말씀을 들으면서 변화가 일어난다는 점을 지적하였다. 공감의 문제에 대하여는 위 논문을 참고하면 유익할 것이다.

10 시들로우 박스터(J. Sidlow Baxter)는 성경 본문에 사로잡힐 때까지 성경을 읽으라고 권면 한다(리차드 알렌 보디, 권순 역, 『설교 해부학』[Inside the Sermon], 서울: CLC, 1994, 11–22).

11 정창균에 의하면 설교란 성경 본문을 오늘의 회중을 위하여 해석하는 것이며, 그것은 성경의 본문과 오늘의 회중과 구체적 관련을 맺게 하는 것이다. 그것은 청중을 성경 본문 속으로 끌어들이는 것이요, 본문을 청중의 구체적인 삶 속에 관여시키는 것이다. 이렇게 하는 이유는 설교의 목적이 청중의 변화를 유발하기 위함이기 때문이다(정창균, 『고정관념을 넘어서는 설교』 수원: 합동신학대학원출판부, 2002, 54–56).

4) 설교자가 된다는 것

설교를 준비하는 것보다 설교자가 되는 것이 더 중요하다. 목회하며 항상 마음에 두는 말이 있다.

"좋은 설교를 하는 목사이기보다 내 삶이 한편의 설교이고 싶다."

"사역은 실력이나 재능으로 하는 것이 아니라 인격으로 하는 것이기 때문이다."[12]

IV. 마치면서

"내 삶이 한편의 설교이고 싶습니다."

이 글에는 어떤 방법이나 전략은 없다. 그저 '어떻게 하면 하나님이 기뻐하시는 목회를 할 수 있을까? 어떻게 하면 한 사람이라도 예수 믿게 할 수 있을까?'에 대한 필자의 소견이다. 필자는 이것이 성육신적 설교라고 생각한다. 필자의 선배 목사님께서 "목사로 살면 말로 사는 것이지만, 말은 살았으나 삶이 살아 있지 않으면 헛되다."고 하셨다. 내 삶이 한편의 설교이고 싶은 간절함이 있다.

---

12 존 스타트(John R. W. Stott)에 의하면 설교 행위 밑에는 완전한 신학이 놓여 있고 그 뒤에는 완전한 삶의 모습이 서있기 때문에 설교 행위는 설교자의 인격으로부터 분리될 수 없다. 또 목사는 양떼를 섬기는 것과 교훈을 가르치는 두 가지 책임이 있지만, 우리의 우선적 책임은 하나님과의 인격적 교제와 그에 대한 충성 등에 관한 것이다(존 스타트, 정성구 역, 『현대교회와 설교』 서울: 생명의 샘, 1998, 286).

참고문헌

김지찬. "하나님의 말씀과 성령으로 돌아가라: 한국 교회 설교의 위기를 극복하려
　　　면." 「성경과 신학」 제61권(2011), 301-302.

김지호. 『교회론』. 서울: CLC, 1998.

이민건. "청소년 청중이 공감하는 설교 연구." 미간행 박사학위논문, 총신대학교 목
　　　회신학전문대학원, 2020.

장일권. 『성경의 맥』. 수원: 도서출판 케쉐트, 2019.

정창균. 『고정관념을 넘어서는 설교』. 수원: 합동신학대학원출판부, 2002.

주병수. "건강한 교회 성장을 위한 양육시스템 비교연구와 적용방법." 미간행 박사
　　　학위논문, 총신대학교 목회신학전문대학원, 2007, 41-59.

Bodey, Richard Allen. edited. 권순 역. 『설교 해부학』. *Inside the Sermon.* 서울: CLC,
　　　1994.

Calvin, John. *Institutes of the Christian Religion 4*, ed. John T. McNeil, tr. Ford Lewis
　　　Battles, Philadelphia: The Westminster Press, 1960.

Stott, John R. W. 정성구 역. 『현대 교회와 설교』. 서울: 생명의 샘, 1998.

Weber, Otto. 김영재 역. 『칼빈의 교회관』. *Die Treue Gottes in der Geschichte der Kirche.*
　　　서울: 이레서원, 2001.

안만호 목사

40대 초반까지는 잘 몰랐는데, 40대 중반부터 아내의 언행심사가 점점 나와 엇박자가 되었다. 어라! 아이들도 이상하고, 성도도 다들 별나구나!

하나님을 잘 알고 싶어 신학을 공부했는데, 사람들의 심리가 궁금해서 심리학을 공부했다. 그러면서 '아! 나는 이런 인간이고 아내는 저런 사람이구나.' '딸은 그런 과고 아들은 거기 출신이구나.' '큰 손주는 저렇게 살겠구나.' 조금씩 보이기 시작했다. 60이 넘어 우리 좋으신 하나님께서 틀림이 아닌 다름의 미학을 알게 하여 주심을 감격하며, 주님 나라 사모하며, 눈에 넣어도 이쁘기만 한 성도들과 감사하며 살고 있다. 공저로 『카리스 종합주석』이 있으며, 공감과 소통을 위한 퍼실리테이션 분야의 책을 출간하고 있다.

GM 연구위원. 새광염교회 담임.

성육신
공감 상담

I. 시작하면서

1. 일반은총 영역으로서의 상담

"목사님, 딸이 이상해요. 물어보면 씩씩거리고요."

"목사님, 아내가 무슨 말만 하면 화를 내요. 무서워 죽겠어요"

"목사님, 취업을 못하고 있으니 허무하고 우울해서 살고 싶지 않네요."

성도는 어려움에 처하면 목사의 도움을 받고 싶어 한다. 상담은 도움을 필요로 하는 사람이 전문적인 훈련을 받은 사람과 대면해서, 삶의 다양한 분야에 대한 해결, 행동 및 감정 등을 향상시켜 인간의 삶의 질을 높이는 것을 목적으로 한다. 개혁주의 내부에는 여전히 상담의 필요성에 대해 고민하는 그룹이 있음에도, 오늘날 상담은 사회적으로나 교회에서도 보편화되고 있다.[1] 개혁주의 관점에서의 상담학은 일반은총의 영역에 속한다. 개혁주의 신학자들은 만인에게 차별 없이 공통적으로 베푸시는 일반은총과 구원받는 자에게 베푸시는 특별은총을 구분한다.[2] 일반은총은 학문과 예술 분야에서 만개할 것이라고 했던 아브라함 카이퍼의 예언이 상담학 분야에도 적용되고 있다.[3]

2. 우리 시대 상담의 중요성

현대 사회를 살아가고 있는 인류는 삶의 복합성, 장래에 대한 불확실성, 가치관의 혼란, 의사 결정과 선택의 어려움, 취업의 곤란과 실직문제, 결혼과 이혼 및 가정 문제, 길을 잃은 교육 문제, 피상적인 인간관계에 따른 소외감과 고독의 문제, 고령화 등으로 인해 심리적인 불안, 일상적인 긴장 등, 다양한 고통을 겪고 있다. 현대인은 당면하는 이러한 문제를 극복하기 위해 상담을 필요로 한다.

---

1 서구에서는 상담사가 AI 시대에 가장 유망한 직업 중 하나로 거론되고 있다.

2 일반은총은 칼빈 이후 벌코프(Berkhof), 찰스 하지(Charles Hodge), 카이퍼(Kuyper), 바빙크(Bavinck) 등에 의해 주장되었다. 칼빈에 따르면 자연과학, 논리학, 수학, 그 밖의 학술의 분야가 신적 위엄과 지혜를 드러낸다고 하였고(『기독교강요 상권』 김종흡 외 3인 공역(서울: 생명의말씀사, 1995), 104-105. 일반은총은 일반계시처럼 창조와 함께 주어졌다. 문화, 예술, 학문 등 인간의 삶 전 영역을 포괄한다.

3 박태현, 아브라함 카이퍼의 일반은총론 소고(小考), 리폼드뉴스, 2015. 02. 09.

II. 공감 상담

1. 왜곡된 감정

상담에서 가장 중요시되는 부분이 감정이다. 상담의 많은 부분에서
감정이 향상되면 어려움이 해결되기 때문이다. 감정[4]은 어떤 현상이나
사건을 접했을 때 마음에서 일어나는 느낌이다.[5] 동양철학에서 감정은
인간의 본성, 인격을 규정하는 근원이며, 감정을 이성보다 중요한 것으
로 간주한다.[6] 서양 철학에서 감정은 이성의 합리성을 방해하는 저급
한 인식이나 정념으로 이성에 의해 통제되어야 할 것으로 여겨졌다. 심
리학에서는 인간의 심리적 행복과 삶의 질, 성격과 동기 그리고 욕망과
행위 촉발력 등의 문제와 관련하여 결정적으로 영향을 미치는 요인을
감정으로 규정했다.[7] 감정을 인격의 요소인 지정의(知情意)에서는 정의
영역이며, 지덕체(智德體)의 덕의 영역으로 볼 때는, 감정을 인격의 핵심
요소인 덕으로 보는 것도 무리가 없을 듯하다. 이렇듯 인간에게 중요한
감정에 대해 성경의 관점은 어떠할까?

---

4 감정은 중국 고대의 문헌마다 각각 다르게 정의되고 있다. 예를 들어, 감정에 대해 좌전은 "호오희
노애락(好惡喜怒哀樂, 「좌전」, 「소공(昭公)」 25년, 1,674쪽)"이라 하여 여섯 가지 감정을 말하고, 「예
기」 「예운(禮運)」편에서는 "희노애구애오욕(喜怒哀懼愛惡欲 「예기」 「예운」, 606쪽)"이라 하여 일곱
가지 감정을 말하고, 「중용」 1장은 "희노애락(喜怒哀樂)"이라 하여 네 가지 감정을 말하고 있다. 정
경수, "순자 도덕철학의 감정론," 전남대학교 대학원 박사학위논문, 2016, 1, 재인용.

5 "감정," Doopidia 두산백과.

6 정경수, 17.

7 이승환, 『감정의 인식론적 고찰』(파주: 한국학술정보, 2014), 4.

성경은 인간을 하나님의 형상으로 정의한다.[8] 하나님의 형상으로 창조된 인간은 하나님의 뜻을 소원으로 받아, 그 뜻을 이루며 살아가는 존재이다(빌 2:13). 하나님은 자기 형상을 따라 창조된 인간에게 하나님의 뜻을 이루라고 문화명령을 주시면서, 하나님께서 창조한 세상에 존재하는 만물을 다스리라는 청지기 사명까지 주셨다. 하나님께서는 이 다스림을 섬김으로 적용시켜, 섬김을 통해 하나님 나라를 건설하게 하셨다.[9]

그런데 불행하게도 인간은 사탄의 유혹에 넘어가 하나님께서 금하신 선악과를 먹음으로 생명의 근원이신 하나님을 떠나, 사망에 이르게 되었다. 타락 과정에서 마귀는 전략적으로 아담과 하와를 유혹하였다. 마귀는 인간으로 하여금 하나님께서 정하신 '섬김의 삶'을 살지 못하게 하여 서로 반목하고 갈등하며 '분쟁하는 삶'을 살게 했다. 마귀가 사람으로 하여금 하나님을 떠나게 한 전술은 왜곡이다. 마귀는 먼저는 인간의 감정을 왜곡시켜, 아담이 하나님에 대해 부정적인 감정에 사로잡히게 하였고, 하나님의 뜻인 거룩한 소원을 왜곡시켜 세속적 욕심에 사로잡히게 했다. 마귀는 인간을 부정적인 감정과 욕심에 사로잡히게 함으로 모든 관계를 분쟁의 관계로 만들어, 섬김으로 완성되어야 하는 하나님 나라를 세우지 못하게 한다.[10] 따라서 인간 회복을 위해 타락으로 왜곡된 감정을 바로잡는 것이 중요한데, 필자는 왜곡된 감정이 공감 상담을 통해 일반은총 영역에서도 일정 부분 회복될 것으로 여긴다.

---

8 창세기 1장 26절.

9 장일권, "성육신적 문화사역의 실제와 적용," 2020. 2. 24. GM선교회 발제문, 8.

10 Ibid. 8–9.

2. 공감 상담

상담자가 지녀야 할 자질로 공감을 선택한 이유는 우리 시대가 공감을 절실하게 필요로 하기 때문이다.[11] 최근 우리 사회에서 일어난 크고 작은 일, 예컨대 세월호, 촛불, 미투, 박사방 사건, 2020년 총선에서 막말 등 정치, 경제, 사회, 문화적 다양한 영역에서 일어난 사건은 상대방을 배려하지 않고 공감하지 못해서 나타나는 현상이다.[12]

공감 부족은 현대 사회의 특징이다. 현대인의 인간 상호 간의 교류와 관계를 맺는 방식이 과거와 현저하게 달라졌다. 현대인에게는 직접 교류를 통해 상대의 생각이나 느낌에 쉽게 다가갈 수 있는 기회가 많이 주어지지 않는다. 그럴 필요가 없고 그렇게 하지 않아도 된다고 생각한다. SNS를 비롯한 다양한 정보매체를 이용하여 소통하기 때문이다. 그런데 역설적으로 정보매체의 발달은 인간을 소외시키고 격리시킨다. 제레미 리프킨(Jeremy Rifkin)은 "과연 인간의 영속적인 생존이 가능할까?"를 물으면서, 이 물음에 대한 답으로 "호모 엠파티쿠스(Homo empathicus)"라는 공감적 인간관을 제안한다.[13]

공감이라는 독일어 Einfühlung이라는 용어는 1873년 독일의 미학자 로베르트 비쉐(Robert Vischer)가 미학 심리학과 형태 지각에 관한 논의에서 처음 사용하였다. 'Einfühlung'은 'ein(안에)'과 'fühlung(느낀다)'이라는 단어가 결합한 것으로서 '안으로 들어가서 느끼'는 감정 활동의 한

---

11 염은열, 『공감의 미학, 고려속요를 말하다』(서울: 역락, 2013), 13–34.

12 오세윤, 『공감으로 소통하는 공동체』(파주: 法文社, 2016), 39–71.

13 Jeremy Rifkin, 『공감의 시대』(*The Empathic Civilization*, 파주: 민음사, 2010), 55.

영역[14]이다. 상대방의 마음속에 들어가 그 사람의 입장에서 세상을 보고 반응하는 감정 활동에는 동일시와 공감이 있다.[15]

공감은 자신이 상대방의 생각과 감정을 느끼면서도 자신과 상대방이 다른 인격이라는 사실을 인지하는 것이다. '공감'은 자신과 다른 사람을 구별하면서도 다른 사람의 입장에서 그 사람의 생각, 감정, 이야기가 무엇을 의미하는지를 알아차리고 느낀다.[16] '공감'은 타인에 대한 정서를 공유하면서, 동시에 자아를 존중한다. 그런 면에서 사랑은 공감을 통해 느끼는 일체감이다. 공감 부족은 사랑 부족이다. 사랑이 없으면 공감은 불가능하다. 사랑은 최상위 공감 감정이다.[17] 사랑없는 공감은 울리는 꽹과리일 뿐이다.

칼 로저스(Carl R. Rogers)는 "공감은 다른 사람의 사적인 지각 세계에 들어가서 거기에 철저히 거함을 뜻한다. 이는 일시적으로 그 사람의 삶을 살며, 판단하지 않고 그 속에서 부드럽고 섬세하게 옮겨 다니면서 그가 거의 인식하지 못하는 의미까지도 감지함을 말한다. 그 개인이 두려워하는 요소를 긍휼히 여기는 눈으로 바라보면서 당신이 감지한 그의 세계를 전달해 주는 것도 포함한다."[18]고 함으로, 공감적 상담을 위

---

14 채송아, 2010, "현상학적 지각이론에 의한 화예 공간 설치에 관한 연구—메를로-퐁티의 신체지각 이론을 바탕으로" 숙명여자대학교 대학원 석사학위논문. 현상학에서는 존재하는 것 '그 자체'에만 집중하며, 가설을 세우지 않고, 있는 현상, 즉 있는 그대로의 본질을 추구하는데, 인간의 의식활동의 진행순서를 지각, 감정, 사유, 행동으로 보는데, 공감은 감정의 영역이다.

15 이상억 외 9인, 『목회상담 실천 입문』(서울: 학지사, 2009), 68.

16 Ibid.

17 황태연, 『감정과 공감의 해석학』(서울: 청계, 2015), 40.

18 Carl R. Rogers, "Empathic: An Unappreciated Way of Being," *The Counseling Psychologist* Vol.5 (1975), 4.

270   **4차산업혁명 시대의 교회 1: 성육신 목회 플랫폼 처치**

한 심리치료의 근거를 마련했다. 따라서 정신장애는 공감 장애이고, 내담자의 핵심 감정을 공감하는 것이 회복의 시작이다. 상담을 통한 치유와 변화의 과정에서 공감은 내담자의 문제나 고통을 진정시키는 차원을 넘어서 회복되고 변화하고자 하는 내담자의 소망을 스스로 발견하고 이해하며 수용할 수 있도록 만들어 주는 역할을 한다.[19]

공감 상담 과정을 통해 라포, 수용, 신뢰, 치유와 회복, 지지와 안내, 화해와 해방, 양육과 역량강화 등 다양한 변화가 일어난다. 이러한 공감 과정이 가장 잘 나타나는 곳이 예수 그리스도의 공감 사역이다.

III. 성육신 공감 상담

1. 성육신 공감

성경은 공감의 교과서다. 공감의 대표적인 모델은 성자 하나님의 성육신 사건이다. 예수님은 하나님의 신분으로서, 사람을 공감하기 위해 사람이 되셨다. 예수님은 사람이 누리는 기쁨, 고통과 슬픔, 굶주림과 목마름, 질병, 사망까지 경험하셨다. 예수님은 우리와 완전한 공감을 이루셨다(갈 2:20). 우리를 무조건적으로 힘을 다해 목숨을 다해 사랑하셨기에 가능한 일이다.

---

19 김성지, 2018, "치료적 공감에서의 심상 시뮬레이션 효과," 가톨릭대학교대학원 박사학위논문, 5-6. 공감에는 정서 전염과 의식적 정서 공유가 있는데, 가장 어려운 과정은 의식적 정서 공유다.

그러므로 우리에게 큰 대제사장이 계시니 승천하신 이 곧 하나님의 아들 예수시라 우리가 믿는 도리를 굳게 잡을지어다 우리에게 있는 대제사장은 우리의 연약함을 동정하지[20] 못하실 이가 아니요 모든 일에 우리와 똑같이 시험을 받으신 이로되 죄는 없으시니라 그러므로 우리는 긍휼하심을 받고 때를 따라 돕는 은혜를 얻기 위하여 은혜의 보좌 앞에 담대히 나아갈 것이니라(히 4:14-16).

예수께서 인간의 형편과 처지를 몸소 체험하시고자 인간의 몸으로 성육신하신 것이 공감의 완전한 모델이다. 예수 그리스도의 성육신적 공감은 사람의 인격, 영성, 삶을 변화시키는 최고의 도구다.

너희 안에 이 마음을 품으라 곧 그리스도 예수의 마음이니 그는 근본 하나님의 본체시나 하나님과 동등 됨을 취할 것으로 여기지 아니하시고 오히려 자기를 비워 종의 형체를 가지사 사람들과 같이 되셨고 사람의 모양으로 나타나사 자기를 낮추시고 죽기까지 복종하셨으니 곧 십자가에 죽으심이라(빌 2:5-8).

상담자가 품어야 할 마음은 예수 그리스도의 마음이다. 예수님은 근본이 하나님의 본체이셨으나 사람과 같이 되심으로, 사람과 완전하게 공감하셨다. 예수님은 성육신 공감을 통해 인간의 연약함을 체험하시고, 인간의 본능인 죄의 소욕을 느끼셨을 것이고, 인간의 허무를 아셨

---

[20] NIV에서는 이 "동정"이 '공감'을 의미하는 'emphasize'로 번역되어 있다. 개역개정성경에서는 동정을 체휼이라고 번역했다.

고, 인간의 삶을 경험하시면서, 인간을 진리의 길, 구원으로 이끄셨다.

2. 성육신 공감 상담의 예

요한복음 3장

요한복음 3장에 니고데모가 예수님을 찾아와 대화하는 장면이다. 니고데모가 "하나님께로부터 오신 선생, 하나님이 함께하시지 아니하시면…" 예수님은 "거듭나지 아니하면 하나님 나라를 볼 수 없느니라(라포)," "사람이 늙으면 어떻게…두 번째 모태에 들어갔다가" "물과 성령으로…(안내)," "어찌 그러한 일이 있을 수 있나이까?" "인자도 들려야하리니(확장)." 니고데모와 주님의 공감 대화는 3장에 전체적으로 소개되는데, 예수 그리스도의 신실한 제자로 변화된 니고데모는 예수님을 비난하는 대제사장과 바리새인들 앞에서 당당하게 예수님을 변호하고(요 7:51), 목숨 걸고 예수님의 장례를 치루었다.

요한복음 4장

주님: 물 좀 달라.

여인: 당신은 유대인으로서 어찌하여 사마리아 여자인 나에게 물을 달라 하나이까.

주님: 네가 만일 하나님의 선물과 또 네게 물 좀 달라 하는 이가 누구인 줄 알았더라면 네가 그에게 구하였을 것이요 그가 생수를 네게 주었으리라.

여인: 주여 물 길을 그릇도 없고 이 우물은 깊은데 어디서 당신이 그 생수

를 얻겠사옵나이까.

주님: 네 남편을 불러 오라.

여인: 나는 남편이 없나이다.

주님: 너에게 남편 다섯이 있었고 지금 있는 자도 네 남편이 아니니 네 말이 참되도다.

여인: 메시아 곧 그리스도라 하는 이가 오실 줄을 내가 아노니 그가 오시면 모든 것을 우리에게 알려 주시리이다.

주님: 네게 말하는 내가 그로라.

여인: (여자가 물동이를 버려 두고 동네로 들어가서 사람들에게 이르되) 내가 행한 모든 일을 내게 말한 사람을 와서 보라 이는 그리스도가 아니냐.

요한복음 4장의 상담은 예수님께서 진리에 목마르고, 진정한 예배를 드리고 싶고, 외롭고, 사람들과 만남이 두려운, 마음의 상처가 많은 한 여인과 대화한다. 이 여인은 이른 아침에 무리를 지어 함께 물을 긷는 다른 여인들과 달리, 사람을 피해 한낮 무더운 시간에 혼자서 우물가를 찾았다. 예수님은 이 여인의 문제를 알고 인종적, 사회적, 종교적 장벽을 넘어 그녀에게 공감한다. 당시는 유대인과 사마리아인들은 교류하지 않았고, 남녀가 우물가에서 대화가 불가능했다. 그런데 예수님은 우물가에서, 물 긷는 여인에게 "물을 좀 달라."는 언어적, 참여적 공감으로 여인과 상담관계를 성립시키고 있다. 예수님이 건넨 한마디 공감 언어가 여인과 무한한 수용적 공감을 이루고 친밀한 신뢰를 형성했다.[21]

---

21 양혜은. "요한복음에 나타난 예수님의 상담기법 연구." 제주대학교 대학원, 석사학위논문, 2004, 37.

예수님은 여인의 현재 상황으로 내려가 그녀를 수용한다. 물을 달라고 청하는 이유를 궁금해 하는 여인에 대해 예수님은, 사람들을 피해 물 길러 와야 하는 여인의 마음속에 영원한 생명을 향한 갈망으로 초점을 변화시킴으로 여인의 마음속에 잠재되어 있으면서도 깨닫지 못했던 영생에 대한 꿈을 일깨우시면서, 여인을 깊은 영적 차원으로 인도하신다. 여인은 "그 물을 저에게 좀 주십시오."라고 하여 예수님에 대한 신뢰가 생기고, 예수님은 여인의 마음속에 잠재되어 있던 영적 각성이 이루어지도록 돕는다.

이때 예수님은 "남편을 불러 오너라."고 하여 여인의 숨기고 싶은 민감한 부분을 직면케 한다. "남편이 없다."는 여인의 반응에 대해 예수님은 "남편 다섯이 있었고, 지금 있는 남편도 네 남편이 아니니 네 말이 참되다."고 여인을 정죄하지 않고 전적 공감하며 수용하신다. 여인은 예수님의 말씀이 열려, 예수님이 메시아이심을 깨닫고, 곧장 마을 사람들에게 돌아가 메시아를 만났다고 전하였다. 이 사례에는 공감 상담의 요소들인 라포, 수용, 신뢰, 직면, 회복, 성장 등의 요소가 다양하게 나타나고 있다.

요한복음 8장

요한복음 8장은 주님, 서기관과 바리새인, 음행 중에 잡혀온 여인과 대화하는 장면이다.

"선생이여, 이 여자가 간음하다가 현장에서 잡혔나이다."

"몸을 굽히사 손가락으로 땅에 쓰시니(라포)."

"묻기를 마지 아니하는지라."

"너희 중에 죄 없는 자가 먼저 돌로 치라(쌍방 수용)."

"여자여 너를 고소하던 그들이 어디 있느냐? 너를 정죄한 자가 없느냐?(안내)"

"없나이다."

"나도 너를 정죄하지 아니하노니 가서 다시는 죄를 범하지 말라(용서, 해방, 사면)."

예수님의 여인과 대화 과정을 통해 여인의 사해 주시고, 미션까지 주신다(미션). 여인의 변화에 대해서는 더 말해 무삼하리요!

요한복음에 나타난 예수 그리스도의 공감 상담은 프로세스를 가진다. 라포로 시작하여 다음 단계로 나아가, 예수 그리스도의 신실한 제자가 된다.

IV. 공감 상담자

마이클 램버트에 의하면(Michael Lambert) 상담자가 통제할 수 없는 내담자의 독특한 요소가 전체의 40%를 차지하고 있으며 상담자와 내담자의 동맹과 관련된 요소가 30%, 내담자의 기대와 희망이 15%, 상담자 개인 요인이 15%였다.[22] 상담 과정에서 변화 요인은 내담자 요인이

---

22 양유성 역, 『기독교 상담신학: 치유와 성장을 위한 삼위일체적 고찰』 (서울: CLC, 2014), 124.

55%가 되고 상담자 요인이 45%이다.[23] 상담자 요인이 내담자 요인에 비해 10% 정도 적다하더라도 상담자 자신이 잘 준비되면 연쇄적으로 상담자를 비롯하여 내담자까지 직·간접적으로 영향을 끼칠 요인이 크다. 상담자는 상담에서 사용하는 상담의 이론과 모델을 직접 결정할 뿐더러 내담자와 관계의 주체도 된다. 게다가 상담자 개인의 심리적 성숙과 발달이 어떤 상담의 이론적 접근이나 접근법보다 더 중요하다고 보면, 상담자의 질적 수준이 곧 상담의 향방을 가른다고 봐도 무방할 것이다.

상담자의 요인 중에서도 상담자의 공감적 태도가 중요하다. 필자의 개인적 경험을 비추어 볼 때에도 상담을 더 잘해 보려고 모인 임상 사례 발표 같은 곳에서조차 상대방을 향한 비공감적 언행으로 인해 오히려 상담자에 대해 실망하고 상처받는 경우가 적지 않았다. 공감의 핵심인 사랑 대신 비난이 일상화된 슬픈 현실이다.

V. 마치면서

머리 좋은 사람은 많은 것 같은데, 가슴 좋은, 사랑 가득한 사람이 부족하다. 회복의 은총은 가슴 좋은 사랑의 공감으로부터 시작된다. 예수 그리스도께서 본을 보이신 성육신 공감 상담은 사람이 스스로가 죄인인 것을 깨닫고, 회개에 이르며, 구원의 은총을 누리며, 성화의 삶으로

---

23 이재창, "전문상담자 교육과 훈련에 관한 연구," 『상담과 심리치료』 vol. 8 no. 1 (1996. 6.), 1-26.

나아간다. 공감은 구원받는 그리스도인을 예수 그리스도의 온전한 제자로 양육하는 필수 도구다. 목회자는 예수 그리스도의 성육신 공감을 모델로 성육신 공감 상담자로 일생을 살아야 할 사람이다.

참고문헌

Calvin, John. 김종흡 외 3인 공역.『기독교강요 상권』. 서울: 생명의말씀사, 1995.

김두진. "인격의 감정과 감정 돌봄 고찰." 대구가톨릭대학교 대학원 박사학위논문, 2020.

김현정. "상담자 발달수준과 자기 위로능력 및 역전이 관리능력과의 관계,"「학생생활 연구」. 제13집, 2005.

박태현. "아브라함 카이퍼의 일반은총론 소고(小考)."「리폼드뉴스」, 2015. 02. 09.

김성지. "치료적 공감에서의 심상 시뮬레이션 효과." 가톨릭대학교대학원 박사학위논문, 2018.

버지니아 토드 호울맨. 양유성 역.『기독교 상담신학: 치유와 성장을 위한 삼위일체적 고찰』. 서울: CLC, 2014.

양혜은. "요한복음에 나나탄 예수님의 상담기법 연구." 제주대학교대학원 석사학위논문, 2004.

염은열.『공감의 미학, 고려속요를 말하다』. 서울: 역락, 2013.

오세윤.『공감으로 소통하는 공동체』. 파주: 法文社, 2016.

이승환.『감정의 인식론적 고찰』. 파주: 한국학술정보, 2014.

이재창. "전문상담자 교육과 훈련에 관한 연구."『상담과 심리치료』vol.8 no.1. 1996.

장일권. "성육신적 문화사역의 실제와 적용." GM선교회 발제문. 2020, 2, 24.

채송아. "현상학적 지각이론에 의한 화예 공간 설치에 관한 연구-메를로-퐁티의 신체지각 이론을 바탕으로." 숙명여자대학교대학원 석사학위논문, 2010.

황태연.『감정과 공감의 해석학』. 서울: 청계, 2015.

Jeremy Rifkin.『공감의 시대』. *The Empathic Civilization*. 파주: 민음사, 2010.

Carl R. Rogers. "Empathic: An Unappreciated Way of Being," *The Counseling Psychologist* Vol. 5. 1975.

고상석 목사

고상석 목사는 4대 기독교 가문에서 태어나, 독실한 신앙의 할머니 영향을 받아 믿음으로 성장했다. 청년시절 부모님의 사업 부도, 폐결핵으로 죽음의 위기에서 하나님의 긍휼하심과 치유를 경험했다. 당시 섬기던 교회 담임목사님의 권유와 주님의 부르심으로 목회자의 길을 걷게 되었다. 분당 새에덴교회의 부목사로 섬기다가, 2009년 광주중앙장로교회로 부임하여 목회자를 깊이 신뢰하고 따르는 성도들과 '하나님 중심,' '말씀 중심,' '교회 중심'으로 교회와 지역사회를 섬기고 있다. 성도를 더 잘 섬기고 싶어 풀러신학교에서 목회학 박사학위를 받았다. 광신대학교에서 강의 전담 교수로 목회자 양성을 위해 헌신하고 있다.

GM 코칭위원. 광주중앙장로교회 담임.

전통 교회에서의
성육신 목회

I. 시작하면서

한국 교회의 미래는 어떠한가? 4차산업혁명이 도래하는 이 시대에 우리가 던져야 할 질문이다. 깨어 있다면, 한국 교회의 미래가 밝지 않다는 것을 어렵지 않게 인지할 수 있다. 내적으로는 세속주의, 기복주의, 도덕적 해이, 극한 갈등이 교회를 벼랑 끝으로 내몰고 있다. 세상이 교회를 걱정하며 개혁을 말하는 아이러니를 매일매일 곳곳에서 목격할 수 있다. 이런 상황에서 코로나19 바이러스가 4차산업혁명과 궤를 같이하면서 교회의 생태계를 근본적으로 무너뜨릴 모멘텀(momentum)이 되리라는 것은 미래학자가 아니라도 상식으로 판단할 수 있다.

필자는 거센 세속의 쓰나미에도 흔들림 없이 교회가 교회 되게 하는 것이 무엇인지를 고민하면서, GM선교회가 표방하는 '성육신적 목회'와 '플랫폼 처치'를 기반으로, 전통 교회에 청빙을 받아 목회한 것을 더

듣어 보면서, 그동안 해 왔던 사역이 성육신적 목회였음을 밝히고, 성육신 목회가 미래 교회의 해답이라는 사실을 제시하려고 한다.

II. 성육신적 목회 활성화 전략

예수님은 하나님이지만 인간의 몸을 입고 우리 가운데 머무심으로 성육신하신 것처럼, 목회도 성육신화되어 성도의 삶으로 들어가야 한다.

1. 본 교회 접촉점

한국 교회의 성장 요인에 관해 여러 가지로 말할 수 있겠지만, 가장 큰 요인은 사명감이 투철한 목회자가 하나님께 대한 사명으로 영혼 구원에 대한 열정과 성령의 역사로 이루어져 있다고 볼 수 있다.

필자는 전통 교회에 청빙을 받아 전력을 다해 성육신적으로 낮아지는 모습으로 전교인 대심방을 시작했다. 성육신적 목회를 통해 시험 들어 쉬고 있는 성도의 심령을 달래고 상처가 있어 교회를 옮기려 하는 성도를 일깨워 회복시키는 일을 감당했다.

그 후에 실시하게 된 두 번째 핵심 사역을 새벽기도로 잡고 예수님처럼 새벽 미명부터 깨어 하루를 시작하자며 전 교인에게 기도를 강조하게 되었다. 그 결과로 새벽 부흥이 배가되는 뜨거운 열기가 형성되었다.

2. 성육신적 목회 관계 수립

1) 교회의 관계

교회를 세워 가는 데 있어 가장 중요한 것은 목회자의 리더십이다. 목회자의 리더십은 곧 그 목회자가 어떤 사람이냐의 문제와 직결된다. 목회에서 '무슨 일을 하느냐'가 아니라 '어떤 사람이 되느냐'의 문제가 더 중요하다.[1] 필자는 성도와 목회자와의 관계, 성도 간의 관계 회복에 중점을 두고 사역을 시작하였다.

2) 당회와의 관계

예수 그리스도께서 성육신하여 인간과 소통하였던 것처럼, 필자도 성육신적 목회의 자세로 권위주의를 철저하게 탈피하고 당회원의 이야기를 경청하면서 소통하는 당회를 만들어 갔다. 시간이 지나면서 당회원이 서로 한마음으로 의견을 모으고 교회를 아끼고 사랑하는 교회 친화적이 되었고, 기도하는 분위기가 형성되었다.

3) 교역자들과의 관계

필자는 성육신적 관계는 교회 질서상 수직적인 부분도 필요하지만, 동역자로서 수평적 관계가 잘 이루어져야 한다고 생각했다. 부교역자들이야 말로 교육과 행정 예배의 돌봄을 담당하며 무엇보다 담임목사의 목회 방침을 따라 교회 부흥에 앞장서야 하는 손발과 같은 그룹이

---

1 Peter Scazzero & Warren Bird, 최종훈 역, 『정서적으로 건강한 교회』(*Emotionally Healthy Church*, 서울: 이레서원, 2005), 55.

기 때문이다.

그래서 교역자 그룹에게 영성과 전문성은 필수적이며 그 과정을 위해 과중한 업무를 피하고 해마다 교역자 수양회를 열고, 사역을 점검하고 교역자 간 단합을 통해 허심탄회한 대화의 장을 마련하고 있다.

3. 성육신적 목회 활성화 전략

1) 예배 갱신을 통한 활성화 전략

예배는 교회의 핵심 요소일 뿐만 아니라, 성육신 목회의 중요한 부분이다. 존 파이퍼(John Piper)는 예배에 관해 그의 책, *Let The Nations Be Glad*에서 "인간 역사를 통틀어 하나님이 가지신 궁극적인 목표는 모든 족속과 방언과 백성과 나라로부터 구속받은 자의 즐거움을 위해 그의 영광을 선포하고 드러내는 것"[2]이라고 언급하고 있다. 예배는 우리 신앙과 삶에 있어 가장 중요한 요소이며 교회 사역에 있어 중심이 되어야 한다.

(1) 주일 오전 예배

필자는 전통 예배에 두 가지를 접목하였는데, 주일 예배를 3부 예배로 늘려 오후 1시에 드리는 3부 예배는 청년이 중심이 되어 열린 예배 형식으로 자유로운 찬양과 기도 분위기를 형성하였다. 그리고 특별한 절기 예배는 영·유아로부터 노년에 이르기까지 모든 세대가 함께 연합

---

2 John Piper, *Let The Nations Be Glad*(Grand Rapids: Erdmans, 1997), 219.

예배로 드리게 해 온 가족이 함께 기쁨으로 참여하고 은혜를 받는 모습을 보게 되었다.

(2) 주일 밤 예배

예배를 시작하기 30분 전부터 젊은 청년과 학생을 주축으로 뜨거운 찬양을 시작했으며, 학생과 청년으로만 구성된 '시온성가대'를 새로 구성해 주일 밤에 고정적으로 섬길 수 있도록 하였다. 그 결과 지금 주일 밤 예배는 연세가 있는 성도뿐 아니라 어린아이에 이르기까지 고루 함께 예배드리는 현장으로 변화되었다.

(3) 수요 예배

수요 예배의 부흥과 활성화를 위해 수요 오전 예배를 신설하였다. 그 결과 수요일 저녁 예배에 나오기 힘든 노년 성도와 가정에서 남편이 교회 다니지 않아 눈치 보며 혼자 신앙생활 하는 주부, 또 밤에 직장을 다니는 성도가 수요 오전 예배로 몰려들었다. 여기에 문화 사역을 더해 수요일 오전 예배를 마치고 식사 후에는 쉐마노인대학 프로그램을 통하여 주변 지역민까지 함께 요가와 음악, 퀼트, 바둑, 한글교실 등을 무료로 수강하고 있다.

2) 전도를 통한 활성화 전략

예수 그리스도께서 성육신하신 목적은 영혼 구원이다. 영혼 구원은 전도를 통해 이루어진다. 이에 본 교회는 "새 생명 전도축제"를 진행하고 있다. 새 생명 전도축제는 전반기와 후반기를 나누어 두 차례에 걸쳐 진행하는데, 이 일을 위해 먼저 전도발대식을 통하여, 참여자들의 마음을 다잡고 태신자를 작정하며 교회 정면에는 특대형 현수막을 설치해 영혼 구령에 대한 열정에 도전을 받도록 하고 있다. 그리고 구역별로 마을 기도회를 진행하게 해서 영혼 작정에 대한 최대치를 독려하며 전교인 1만 시간 기도라는 큰 목표를 두고 매일 저녁기도회와 특별새벽기도회를 통하여 전도하는 분위기를 조성한다. 그 결과로 매년 600명 이상의 새로운 사람이 교회를 방문하고, 그 가운데 약 10% 이상 새 가족이 정착하고 있다.

3) 새 가족 사역을 통한 활성화 전략

매주 주일마다 새 가족 성경공부를 7주 과정으로 진행하고 기본적인 교리를 가르친다. 교구로 올라가게 될 새 가족 마지막 교육에서는 담임목사를 비롯한 모든 교역자와 섬겼던 평신도 사역자 간에 실제적인 교회생활과 구역 활동에 대해 새 가족과 나누는 교육을 한 후 교구로 파송한다.

4) 성육신 목회 비전

기도를 통해 다음 해 사역과 구체적인 비전을 놓고 기도하면서, 그것을 잘 정리해 각 사역 분야별로 계획을 세워 정책 당회에서 발표하고 공동의회에 제시해 성도의 동의를 얻어 사역해 오고 있다.

이에 대한 방향성으로 말씀 우선주의 목회와 서로 하나 됨을 실현하는 목회 그리고 예방 목회를 강조한다. 예방 목회는 제직 세미나와 이단 세미나를 모든 제직을 대상으로 1년에 두 차례 진행하는데 모두 이

수하지 않으면 다음 해에 제직으로 세우지 않는다는 원칙을 세워 실시하고 있다.

또한 복음 전하는 일과 새 신자 양육에 전력하고 있으며 복음 전도를 위해서는 사랑 나눔 전도축제와 총동원 주일, 무결석 주일 등을 통해 부흥을 도모하며, 사랑 나눔 바자회, 콩나물, 전(煎) 나눔 등을 통해 지역민들에게 이웃 사랑을 실천하고 있다. 이러한 이웃 섬김은 교회에 대한 평판으로 직결되어 전도하는 데 큰 영향력을 발휘하고 있다.

그리고 다음 세대를 위한 투자와 육성을 확대해 가고 있는데, 공교육에서 채우지 못한 인성교육과 예절교육, 과학학교, 농장학교, 음악학교 등을 주중에 운영하여 아이들에게 올바르게 성장하여 고운 인성을 함양할 수 있도록 돕고 있으며, 다음 세대 복음화에도 좋은 효과를 보여 주고 있다.

4. 성육신적 목회 활성화 사역의 결과

교회 성장학자인 도널드 맥가브란은 교회 성장의 요구를 "하나님 나라의 확장"이며 잃은 자를 찾으시는 하나님의 열정에 대한 인간의 성실한 응답으로 보고 있다.[3] 교회 활성화를 위한 시도로써 주중에 전도대원과 양육 위원이 나가서 어려운 이웃을 직접 돕고 섬기며 취약 계층의 주민에게는 친히 반찬을 준비해 드리고, 지역 지자체와 연계하여 사랑의 식당을 통해 섬긴 결과, 교회가 지역 주민으로부터 호평을 받게

---

3 최종규, "한국 교회 문제점 고찰(총신대학교 신학대학원 총학회, 1996)," 261.

되었다.

또한 새 가족들을 비롯한 노인과 어린이를 대상으로 쉐마노인대학, 쉐마비전스쿨을 실시한 결과로 다양한 연령층이 교회 구성원으로 잘 세워져서 균형 잡히고 건강한 교회로 성장해 가고 있다.

III. 성육신 목회의 실제적 방안

성육신 목회의 핵심은 하나님 사랑과 이웃 사랑이다. 사랑의 이중 계명을 실천하기 위해 무엇보다 먼저 예배가 살아 숨쉬는 교회가 되어야 한다. 개혁 교회의 중심적인 신앙지침서였던 제2 스위스 신앙고백에 보면, 교회를 가리켜 "교회란 그리스도를 통하여 주어진 은혜의 동참자들이 말씀과 성령에 의하여 예수 그리스도 안에서 참 하나님을 바르게 알고 섬기며 예배하는 무리들의 공동체"라고 명시하고 있다.[4] 예배가 살아 숨쉬는 교회가 되기 위해서는 예배 갱신이 반드시 필요하다.

또 성육신적 교회는 건강한 교회라고 말할 수 있다. 건강한 교회에는 반드시 온전한 봉사와 성숙한 성도가 뒤따라야만 할 것이다. 건강한 교회는 무엇보다 성경적인지 살펴보아야 한다. 성경적인 교회는 어떤 교회인가?

첫 번째로 하나님을 향한 공동체가 되어야 한다. 그리스도의 몸에

---

4 정장복, 『예배학개론』 (서울: 예배와 설교 아카데미, 1999), 118.

비유되는 교회는 언제나 하나의 교회가 되어야 한다.[5] 두 번째로 세상을 향해 나가는 공동체가 되어야 한다. 건강한 교회는 세상에서 부름받은 하나님의 백성이요 세상으로 보냄받은 예수 그리스도의 제자로서의 교회를 말한다.[6]

1. 온전한 봉사

필자는 구원받은 자로서의 확신을 가지도록 하는 방편은 봉사에 있다고 본다. 구원의 확신은 마음에서 시작해서 행동으로 나타나기 때문이다. 구원받은 공동체인 교회 내의 모든 직분은 하나의 어휘인 '디아코니아'로 나타나고 있다. 결국 하나님 백성의 공동체인 우리 자신을 주장하려는 의지를 버리고 섬김과 봉사의 삶을 살아가야 한다.[7] 신앙의 가치는 진리를 실천하는 데 진정한 가치가 있기 때문이다.

2. 성숙한 성도

한국 교회의 평신도가 제대로 그 역할을 감당하고 있는가에 관하여 옥한흠 목사는 궁극적으로 평신도는 교회의 객체가 아닌, 주체여야 한

---

5 Alvin J. Lingren, 박근원 역, 『교회 개발론』(*Emotionally Healthy Church*, 서울: 대한기독교서회, 1997), 36–40.
6 옥한흠, 『다시 쓰는 평신도를 깨운다』(서울: 국제제자훈련원, 2000), 78.
7 김세윤, 『예수와 바울』(서울: 두란노, 2001), 108.

다는 점을 강조하고 있다.[8] 성숙한 성도는 자신이 하나님의 백성으로서, 하나님의 선택을 받은 하나님의 소유된 자로서 주의 몸 된 교회를 섬기고 있는가? 하나님께 예배하는 삶이 확실한가? 복음 증거와 어려운 이웃을 돕고 섬기는 봉사가 뒤따르는가? 이러한 것을 살펴보아야 할 것이다.

3. 다음 세대 세우기

건강한 교회를 세우기 위해서는 다음 세대가 잘 자라야 한다. 그러기 위해서 다음 세대를 위한 기독교 교육은 필수적이다. 필자는 가정에서의 신앙 교육을 중요하게 여김으로 부모가 자녀에게 교회를 자랑하고, 성도를 칭찬하라고 가르친다.

또한 청년의 삶과 동떨어진 교회 교육이 되어서는 안되며, 청년 사역의 활성화를 위해 청년 예배의 독립, 청년부서의 독립, 장소와 소그룹 활동 등을 인정하고 제공하는 것이 중요하다.[9]

마치면서

과거뿐 아니라 현 시대 그리고 예측할 수 없는 불안을 담고 찾아올

---

8 옥한흠, 「이것이 목회의 본질이다」(서울: 국제제자훈련원, 2004), 14–19.
9 박광수, "균형 잡힌 청년부 성장을 위한 효과적인 방안: 일산승리교회 청년부 중심으로(D. Min. diss., Fuller Theological Seminary, 2015)," 27.

미래도 교회가 교회로서 본질을 지키며, 부흥하는 것은 다른 데 있는 것이 아니라 '성육신적 사역'에 있다고 확신한다. 다가올 미래 문명을 도구로 사용하는 것은 그리스도의 성육신 정신과 일치한다. 그러나 문화 사역에 방점을 두고 성육신의 본질을 외면하면, 교회는 세속화의 물결에 산산이 부서져 물거품이 부유하게 될 것이다. 하나님께서 우리 구원을 위해서 자기를 비워 종의 형체를 가지시고 사람이 되신 '성육신'이 목회와 사역의 본질이 되어야 한다. 그러면서도 죄 없이 사시고 여전히 하나님이셨던 것처럼 세속 정신에 대항해야 한다. 미래 한국 교회가 사는 길은 모든 교회가 그리스도의 성육신 정신으로 돌아가 '하나님 사랑'과 '이웃 사랑'을 실천하는 데 있다. 더 이상도 더 이하도 아니다.

필자는 GM선교회가 4차산업혁명이라는 환경 속에서 '성육신적 플랫폼'을 통해서 교회를 세워 나갈 때 교회가 시대정신에 휘둘리지 않고, 주님께서 원하시는 교회로 서서 시대적인 사명을 감당할 수 있다는 것을 그동안의 성육신적인 목회를 경험으로 확신한다.

참고문헌

김성진. 『건강한 교회의 12가지 특징』. 서울: MSC, 2005.

김세윤. 『예수와 바울』. 서울: 두란노, 2001.

박광수. 균형 잡힌 청년부 성장을 위한 효과적인 방안: 일산승리교회 청년부 중심으
로. D. Min. diss., Fuller Theological Seminary, 2015.

옥한흠. 『다시 쓰는 평신도를 깨운다』. 서울: 국제제자훈련원, 2000.

옥한흠. 『이것이 목회의 본질이다』 서울: 국제제자훈련원, 2004.

정장복. 『예배학개론』. 서울: 예배와 설교 아카데미, 1999.

Alvin J. Lingren. 박근원 역. 『교회 개발론』. *Emotionally Healthy Church*. 서울: 대한기
독교서회, 1997.

John Piper. *Let The Nations Be Glad*. Grand Rapids: Wm. B Erdmans, 1997.

Peter Scazzero&Warren Bird. 『정서적으로 건강한 교회』. 최종훈 역. 서울: 이레서원,
2005.

구원받은 자로서의 확신을 가지도록 하는 방편은 봉사에 있다고 본다. 구원의 확신은 마음에서 시작해서 행동으로 나타나기 때문이다. 구원받은 공동체인 교회 내의 모든 직분은 하나의 어휘인 '디아코니아'로 나타나고 있다. 결국 하나님 백성의 공동체인 우리 자신을 주장하려는 의지를 버리고 섬김과 봉사의 삶을 살아가야 한다. 신앙의 가치는 진리를 실천하는 데 진정한 가치가 있기 때문이다.

임홍길 목사

임홍길 목사는 진실한 믿음과 사랑의 공동체를 통하여 거룩한 하나님 나라를 세우는 꿈을 꾸며 지난 2000년 5월 군산진실교회를 개척하였으나 목회 여정은 쉽지 않았다. 교회법이나 국가법에 연루되어 아픔이 끊임없이 이어지게 되었다. 교회법으로 교회, 노회, 총회 재판을 10여 차례, 국가법으로는 민사, 형사, 행정 재판을 20여 차례 소송 당사자가 되었다. 이로 인하여 교회법이나 국가법에 깊은 관심을 갖게 되었다.

그래서 학, 석사과정은 경영학을 전공하였지만 박사과정은 법정에 선 것을 경험으로 "교회 분쟁 판례 연구"라는 제목으로 학위 논문을 쓰게 되었다. 교회 분쟁에 관한 다양한 경험과 이론을 바탕으로 신학교에서 헌법을 강의하게 되었고, 힘들고 지쳤던 목회 현장은 날로 행복한 목회로 변화되고 있다.

GM 문화행정위원. 진실교회 담임.

성육신 목회와 교회 정치
성육신 정치로 교회 정치를 새롭게 할 수 있다!

I. 서론

정치의 사전적 정의는 "통치자나 정치가가 사회 구성원들의 다양한 이해관계를 조정하거나 통제하고 국가의 정책과 목적을 실현하는 일"이다. 국가는 토머스 홉스나 존 로크의 주장처럼 우연의 산물이 아니다. 사람을 자기의 형상대로 창조하시고 대리 왕으로 세우신 것은 하나님 나라를 이루시기 위해서다. 타락 이후에 짐승과 같은 본성을 제어하여, 인간 삶이 가능하도록 국가를 주시고, 권력자들을 하나님의 사자로 세웠다(롬 13:4). 국가의 의무는 악을 보응하고 선을 장려하는 것이며, 시행방식은 칼, 즉 물리적인 권세다(롬 13:4).

그리스도의 성육신과 그의 사역으로 이루어진 종말의 공동체인 교회 역시 정치와 무관할 수 없다. 주께서 재림하셔서 새 하늘과 새 땅을 완성하시면 교회는 완성된 그 나라의 백성이 될 것이다. 그러면 더는 정치가 필요하지 않게 될 것이다. 그때에는 하나님께서 만유 안에 만유 (all in all)가 되시기 때문이다(엡 4:6; 골 3:11).

그러나 주님이 오시기 전까지는 교회 역시 이해관계를 조종하거나 통제하여 하나님의 나라에 그 목적을 실현하는 정치가 필요하다. 그것은 교회가 '이미(already)' 하나님의 백성으로 부름을 받고 종말의 생명을 누리고 있지만, 완성은 '아직 아니(not yet)'기 때문이다. 그러나 교회에 주신 권세는 세속 권세와 같은 칼의 권세가 아니라 영적인 권세다.

그러므로 교회 정치의 핵심은 그리스도의 '성육신'에 있다. 하나님이신 그분이 피조물로 육체를 입으시고, 죄 없으신 몸을 십자가에 내어 주시므로 이루어진 공동체가 교회이기 때문이다. 이 때문에 교회 정치의 생명은 그리스도의 '성육신적 정치'에 있다고 할 수 있을 것이다. 그렇지 않고 교회가 세속 정치처럼 물리적인 힘을 휘두른다면 중세의 로마 교회의 위계적 권력과 같이 되어 교회를 타락으로 이끄는 첩경이 될 것이다. 하지만 애석한 것은 교회 정치가 세속 정치와 다를 바가 없다는 말이 자주 목회자의 입에 오르내린다. 때론 귀를 의심하고 씻고 싶을 때도 있다. 무엇이 문제인가. 필자는 장일권 목사의 "성육신 목회 사역의 실제와 적용"이라는 글을 바탕으로, 교회 정치도 성육신 정치가 되어야 한다고 주장하고자 한다.

II. 교회 정치란 무엇인가?

1. 교회 정치의 의의

인류의 공동사회가 최소한의 안녕을 유지하려면 공동기준이 필요하고, 그 기준에 따라 다스리는 기구가 필요하다. 그 기준을 어떻게 세우고 조직하느냐 하는 것이 인류사회가 봉착하게 되는 문제로 이것이 정치요, 곧 치리다.[1]

교회는 그리스도께서 위임하신 복음 사역을 더욱더 촉진하기 위해서 조직이 필요하다. 그래서 교회는 예수 그리스도를 머리로 한 몸이요, 성도는 그 지체로서 어떻게 하면 서로 잘 결합하여 하나를 이룰 수 있고, 어떻게 해야 각각의 회중이 가장 잘 조직될 수 있는가를 생각한 것이 교회 정치 형태다.

2. 교회 정치의 형태

교회의 정치 형태는 첫째, 교황 정치(로마 가톨릭교회, 헬라 또는 동방정교회), 둘째, 감독 정치(감리교회), 셋째, 자유 혹은 회중 정치(침례교회), 넷째, 조합정치(독립교단연합회), 다섯째, 장로회 정치(장로교회), 여섯째, 에라스티안 정치 혹은 국가 교회 정치(영국성공회, 독일교회), 일곱째, 무교회

---

1 임택진 『장로회 정치해설』(서울: 한국장로교출판사, 1994), 185.

정치(퀘이커파와 다비파) 등 일곱 가지가 있다.[2]

III. 예수님이 실천하신 성육신적인 정치 형태

1. 예수님의 정치 성향

예수님은 복음을 통하여 하나님의 나라가 이 세상에 쇄신되길 추구하셨고, 자신을 따르는 제자들에게도 그렇게 가르치셨다.

예수님은 모든 권위에서 자유로우신 분이시다. 모든 정치 권력과 주권 위에 높으신 만왕의 왕이시다. 빌라도에게 "위에서 주지 아니하셨더라면 나를 해할 권한이 없었으리니(요 19:11)"라는 말씀 속에 모든 세속 권력 위에 계신 그리스도의 절대 주권을 엿볼 수 있다.

그런데도 주님께서는 성육신의 목적을 따라 십자가를 지시므로 구원을 성취하셨다. 주님은 로마에 대항한 사람들을 규합하여 물리적인 힘으로 대항하거나. 정치자금을 모아 독립을 쟁취하기 위해 투쟁하는 자들에게 후원금을 보내거나, 자신의 신적인 권능을 제국의 군사들을 몰아내는 데 사용하지 않으셨다. 주님은 고난의 생을 사시고, 마지막에 심한 고문을 당하시고, 골고다에서 십자가를 지셨다. 주님께서 십자가에서 '다 이루었다'라고 말씀하신 것은, 성육신의 목표가 성취되었음을 선언하시는 것이다. 즉 종말의 구원자로서의 사명을 감당하신 것이다.

---

2 대한예수교장로회총회 『헌법』(대한예수교장로회총회출판사, 2009), 147.

만왕의 왕이신 예수께서 세속적인 권력의 형벌에 대항하지 않고 응하심으로 하나님의 뜻을 이루신 것이다. 예수님의 성육신, 고난, 죽으심은 칼의 권세가 아니라 영적인 권세로 구원을 이루신 것을 보여 주신 것이다.

예수님은 이 땅의 지배 권력에 순종하신 것이 아니라 다만 하나님께만 순복하신 것이다. 그것이 성육신하신 목적이기 때문이다. 예수님의 정치 성향은 이 세상에 속한 것이 아니고, 섬김과 겸손으로 십자가에 죽기까지 나타나는 성육신 리더십이었다.

2. 예수님의 성육신적인 실천

최근 한국 교회가 급속도로 퇴락되어 가고 있다. 거기에는 여러 가지 이유가 있겠지만 그중에 가장 영향을 끼친 것이 있다면 교회 분쟁일 것이다. 분쟁은 교회가 예수님의 성육신이 진정한 영적인 권세라는 본질적인 진리를 등한시하거나 망각했기 때문이다. 모든 다툼의 근원은 왜곡된 감정 즉 정욕과 욕심에서 나온다(빌 2:3; 약 4:1).

허영에서 나오는 다툼과 분쟁을 극복할 수 있는 길은 단 한 가지다. 그리스도의 성육신 정신으로 돌아가는 일이다(빌 2:3). 자기 권리가 침해되고, 억울함이 있을지라도 교회를 살리고, 노회를 살리고, 총회를 살리기 위해서 자기를 희생하는 용기가 성육신적 정치다. 예수님의 제자들은 좌·우편에 앉게 해 달라고 권력을 요구하였다(막 10:35-37). 예수님은 이런 제자들에게 "너희 중에 누구든지 크고자 하는 자는 너희를 섬기는 자가 되고 너희 중에 누구든지 으뜸이 되고자 하는 자는 모든 사람의 종이 되어야 한다."고 가르쳤다(막 10:43-44). 예수님께서는 구속 역사를 이루시기 위하여 자기를 포기하셨고, 섬기는 자가 되어 주셨고, 십자가를 짊어지심으로 실천적인 본이 되어 주셨다. 이러한 예수 그리스도의 가르침에 귀를 기울이고 실천하는 것이 성육신 목회, 성육신 정치라고 할 수 있다.

IV. 합동 총회가 나아갈 방향

1. 총회의 의의와 직무

총회 헌법 12장 총회 제1조에서 총회의 정의는 "총회는 대한예수교장로회의 모든 지교회 및 치리회의 최고회니 그 명칭은 대한예수교장로회 총회라 한다." 교회들이 모여 노회를 이루고, 총회를 이루는 것은, 교회의 통일성 때문이다. 그러므로 총회는 한 신앙고백 아래서 하나의 몸이라는 고백으로 이루어진 연합 회의체이다.

총회 헌법 제12장 제5조 총회의 권한에 의하면 총회는 교회 헌법(신조, 요리 문답, 정치, 권징 조례, 예배 모범)을 해석할 전권이 있고 교리와 권징에 관한 쟁론을 판단하고 지교회와 노회의 오해와 부도덕한 행위를 경책하며 권계하며 변증한다.

총회의 직무로는 헌법 제12장 제4조 총회는 소속 교회 및 치리회의 모든 사무와 그 연합 관계를 총찰하며, 하회에서 합법적으로 제출하는 헌의와 청원과 상고와 소원과 고소와 문의와 위탁 판결을 접수하여 처리하고, 각 하회록을 검열하여 찬부를 표하고 산하 각 교회 간에 서로 연락하며 교통하며 신뢰하게 한다.[3]

총회는 교리적 의문에 대한 최종 답변을 제공할 책임과 권리가 있다. 총회는 노회와 교회가 진리를 파수하는 데 동력이 되어 주고, 국가와 이단 세력에 의한 도전이 올 때 실제적인 보호막이 되어야 한다. 그 뿐만 아니라 총회의 권위는 성경 아래에 두어야 한다.

2. 합동교단 총회의 현 주소

2015년 2월에 「기독신문」이 창간 50주년 및 지령 2000호 기념으로 총회 소속 목회자 500명을 대상으로 조사한 "목회자 의식조사" 결과를 발표한 바에 의하면 조사 결과 "총회에 대해 어느 정도 신뢰하는가"라는 물음에 '신뢰한다(24.6%)'보다 '신뢰하지 않는다(29.8%)'가 조금 더 앞선다.

응답자의 신분별 분석을 보면 담임목사들은 신뢰한다는 응답을 많이 한 반면(26.3%), 40대 이하(32.0%)와 부교역자(33.3%)의 경우 총회에 대한 신뢰에 부정적인 평가를 더 많이 했다. 젊을수록 총회에 대한 불신이 크다는 것을 알 수 있다.

이제 총회가 전국 교회의 관심과 신뢰를 회복하기 위해서는 총회 본연의 의무를 충실히 이행해야 한다. 그래서 총회의 어떤 결정과 지시에도 수긍할 수 있는 권위를 인정받아야 할 것이다.

---

3 대한예수교장로회총회, 『헌법』(서울: 대한예수교장로회총회출판사, 2009), 173-174.

3. 총회가 나아갈 방향성 제안

1) 진리를 파수하는 총회가 되어야 한다

총회는 진리 편에 서서 법과 결의와 원칙, 양심과 상식을 좇아 속히 판단을 내려 주어야 한다. 지금 교회마다 젊은이가 떠나는 이유가 무엇인가? 진리의 최후 보루라고 하는 교회, 노회, 총회가 세속에 깊이 물들었기 때문이다.

총회는 외적으로 사회와 국가에 대해서도 책임감을 느껴야 하며, 그에 대한 총회의 역할을 수행해야 한다. 총회는 국가 공동체와 민족 공동체의 기본적 상황에 대해 깊은 관심을 가지고 그 속에서 빛과 소금으로서의 사명을 감당해야 한다.

총회는 때로 선지자적 발언을 통해 국가의 부도덕과 권력자들의 일탈을 지적하고 질책해야 한다. 차별금지법이나 이슬람 법, 동성애 법 등 창조 섭리에 반하는 악법에도 강력한 저지가 필요하다. 그리고 진리를 왜곡하는 이단 세력의 발흥을 철저하게 물리쳐야 한다. 이를 위해 총회 차원에서 이단대책위원회 산하에 전국 노회별로 이단대책위원을 두어 보다 더 체계적으로 대응하고, 자료를 제공해야 한다. 총회는 진리를 왜곡하고, 교회 생태계를 파괴하는 그 어떤 세력에 굴하지 않고, 단호하게 대처하여 진리를 파수해야 한다.

2) 공교회성을 지키는 총회가 되어야 한다

(1) 헌법과 결의를 지켜야 한다

본 교단은 헌법에 근거하여 거룩한 공동체, 공교회의 질서와 가치를 유지하고 있다. 정치 제8장 제2조 제2항에 의하면 "각 치리회는 독립한 개체가 아니요. 서로 연합한 것이니 어떤 회에서 어떤 일을 처결하든지 그 결정은 법대로 대표된 치리회로 행사하게 하는 것인즉 전국교회의 결정이 된다."라고 했다.

총회는 공교회의 질서를 무너뜨리는 어떤 행위도 용납해서는 안 된다. 총회는 중대한 결정일수록 회원들의 의견을 충분히 반영하여야 한다. 최근 전자 투표를 통해 다수의 의견으로 결정하는 것이 다행스러운 일이다. 총회의 결정은 최종적이기 때문에 회원들은 성경과 헌법과 양심에 따라 가장 신중하고 합리적으로 내려야 할 책임이 있다. 그리고 총회는 헌법과 결의에 의해서 철저히 이행하고 지도 감독해야 한다.

(2) 공교회의 성장을 도모해야 한다
① 지역 교회 간 형제 의식으로 상생해야 한다

지역마다 중·대형 교회가 존재한다. 작은 교회나 개척 교회에서 수년 동안 양육되어 일꾼으로 세울 만하면 이런저런 사유로 규모가 큰 교회로 수평 이동한다. 이렇게 큰 교회는 작은 교회에 빚을 지게 된다. 그러므로 큰 교회는 작은 교회에게 빚진 자의 심정으로 협력하여 상생해야 한다. 이런 측면에서 총회적으로 미래자립 교회가 속히 일어설 수 있도록 동일 노회 내에서 장로를 한시적으로 파송하여 시무하는 것을 연구할 필요가 있다.

② 자료를 공유해야 한다

총회 차원에서 체계화되고 검증된 각종 자료를 총회 홈페이지에 게재하면 요긴하게 사용할 수 있을 것이다. 자료에는 전도(양육), 새 가족 교육, 제직 교육, 주일학교 교육, 신학자료, 성경적(절기) 설교, 교회 분쟁 사례 해결 방안 등을 들 수 있다.

(3) 세대 간 소통의 필요성

총회에 3-40대 총대가 총회에 진출하여 각 위원회 구성의 일정 비율을 차지하도록 제도적인 규정이 필요하다. 이들에게 생산적이고 건설적인 의견이나 극대화된 정책을 끌어내어 고령화되어 가는 총회나 한국 교회를 새롭게 변혁할 필요성이 있다.

(4) 총회정책연구위원회의 필요성과 역할

총회가 공교회성을 갖추기 위해서는 각 분야의 이론과 실제를 겸비한 전문성을 가진 상설화된 기구인 총회정책연구위원회를 둘 필요가 있다.

104회기 총회에서 대사회적 현안에 대하여 대응하기 위한 대책위원회로 미래정책전략개발위원회, 반기독교세력대응위원회, 이슬람대책위원회, 교회생태계특별위원회, 재개발특별위원회를 두어 활동하고 있다. 그리고 교회자립개발원이나 구제부를 통해 미래자립 교회의 어려움을 겪는 목회자에 대하여 관심을 기울이고 있다. 그뿐만 아니라 화해

중재위원회를 두어 분쟁 중인 노회 구성원들에 대한 갈등을 해결하려고 힘쓰고 있다.

또한 신학부나 이단대책위원회를 통해 진리를 수호하고 있고, 기타 여러 상비부를 통해 총회 산하 모든 노회와 교회를 지원하고 있다. 이와 같은 각종 위원회와 상비부가 존립하고는 있지만 사실 목회자에게 크게 도움이 되지 못하고 있는 실정이다. 그 이유는 목회자가 총회에 대해 무관심하기 때문이다. 그래서 획기적인 변모를 줄 수 있도록 각종 위원회와 상비부를 아우르고, 평가하며 더욱더 나은 정책을 제시할 컨트롤 타워 같은 총괄하는 위원회가 필요하다.

이 위원회로 하여금 교단이 나아갈 방향을 선명하게 정하고, 그에 따른 정책을 연구하여 제시하도록 하여야 한다. 위원회 조직은 어떤 정치적인 색을 띠지 않고, 그 분야에 식견이 풍부한 자로 선정하여야 한다.

VI. 결론

많은 사람이 사리사욕에 눈먼 그리스도인의 행위를 보면서, 한국 교회의 미래가 어둡다고 한다. 이 모습은 평신도보다는 교회 지도자의 그릇된 욕망에서 비롯된 것이다. 해결 방법은 간단하다. 모든 목회자가 그리스도의 성육신을 깊이 이해하고 실천한다면, 이런 왜곡된 감정이 회복되고, 선순환적인 구조가 목회를 비롯하여 교단에까지 이루어지게 될 것이다.

그리스도의 성육신은 치우침 없는 공의와 사랑이다. 우리 총회가 공의를 세우는 일에 그리고 하나님의 사랑을 실천하는 일에 힘쓰면 영적인 권세가 세워질 것이다. 그러면 상회의 영적인 다스림으로 하회는 더욱 더 진리 안에서 거룩한 교회로 자리잡게 될 것이다. 성육신의 정신이 정치에 적용되면 한국 교회는 다시 희망의 노래를 부를 수 있을 것이다.

참고문헌

대한예수교장로회총회. 『헌법』 서울: 대한예수교장로회총회출판사, 2009.

소재열. 『교회정관법 총칙』 말씀사역, 2017.

소재열. 『대한예수교장로회총회 헌법 권징조례 해설』 브엘북스, 2019.

임택진. 『장로회 정치 해설』 서울: 한국장로교출판사, 1994.

이현호 목사

이현호 목사는 신앙의 조상으로부터 4대 신앙을 물려받았다. 어릴 적부터 예수님이 좋아 목회자의 꿈과 비전을 가지고 자라왔다. 개혁신학연구원과 총신대학교 신학대학원을 졸업했다. 신학대학원을 졸업하기 전에 많은 교역자가 견디지 못하고 떠난 오송생명교회에 부임했다. 목사도 아닌 전도사가 담임교역자로 부임하여 첫 주일예배를 드리면서 깊은 회개의 은총을 맛보았고, 그 후 그 자리에 있던 성도 중에 장로가 되어 교회를 섬기는 분도 있다. 당시 오송은 시골이었고 교회에도 어려움이 많았으나, 주님을 사랑하는 성도와 교회를 든든하게 세워 가던 중 오송이 신도시가 되면서 교회도 질적으로나 양적으로 많이 성장하여 그 지역의 중심 교회가 되었다. 그러나 대형 교회를 지향하지 않고 교회 개척분립을 위해 준비하고 있다. 23년이 흐른 지금까지 고집스럽게 오직 예수만 외치는 목회를 하고 있다.

GM 코칭위원. 오송생명교회 담임.

성육신 영성의
목회 적용

I. 시작하면서

목회 현장에서 영성과 목회는 불가분리의 관계다. 목회 사역은 영적 사역이기 때문이다. 목회의 위기는 목회 영성의 위기라고 해도 과언이 아닐 것이다. 한국 교회의 회복과 부흥은 목회자의 성육신적 목회 영성의 회복이라고 할 수 있겠다. 진정한 성육신 영성의 회복이 시작될 때, 한국 교회는 초대교회와 같은 역사와 부흥이 시작될 수 있다.

목회 현장에서 나타나는 목회자의 성육신적 목회 영성의 본질은 우리 신앙의 기초인 예수 그리스도의 성육신 영성을 목회에 적용하는 데 있다. 필자의 목회 현장의 예를 통해 진정한 성육신 영성 목회의 회복과 그 적용을 살펴보고자 한다.

1. 기독교 영성

'영성'이란 라틴어 spiritualitas를 한국어로 번역한 것으로, spiritualitas를 가장 먼저 사용한 사람은 초대교회 교부 터툴리안(Tertullian, 160-220)이었다.[1] 영성이라는 단어는 성경에 직접적으로 언급되지는 않으며, 구약에서는 하나님의 영을 지칭하는 루아흐(רוח)가[2] 378회 나타나며[3], 신약에서는 루아흐가 프뉴마(πνεύμα)[4]로 번역되었는데, 137회 나오며 이중 93회가 성령을 지칭한다.[5]

구약과 신약을 통해 영성의 근원은 성령 하나님으로 이해할 수 있는데, 팍스(M. Fox)는 기독교 영성을 "생명의 영으로 충만한 삶"[6], 쉐이퍼(L. S. Chafer)는 "참된 영성이란 성령 충만한 자 안에서 또는 그를 통해 나타나는 성령의 발현이다."[7]라고 하였다.

2. 성육신 영성

영이신 하나님께서 인간의 몸을 입고, 예수라는 이름으로 오신 사건

---

1 유해룡, 『하나님 체험과 영성수련』(서울: 장로회신학대학교출판부, 1999), 15.

2 루아흐는 하나님의 영, 성령, 바람, 숨, 호흡, 생명, 하나님의 능력 등을 의미한다.

3 김진규, "영적 성장을 위한 기독교 영성 목회의 방향성 연구," 총신대학교 일반대학원 박사학위 논문, 2015, 15.

4 프뉴마는 바람, 호흡, 생명, 영혼 등의 뜻을 가지고 있다.

5 Ibid. 16.

6 Ibid. 17.

7 L.S.Chafer, 최치남 역, 『신령한 사람』(He that is spiritual, 서울: 생명의말씀사, 1985), 5.

이 성육신이다.[8] 영성의 영역을 지·정·의를 포함한 이 세상에서의 일상 생활과 모든 삶으로 보면[9] 예수 그리스도의 성육신 영성은 성육신하신 예수 그리스도께서 전 생애를 통해 보여 주신 모든 삶의 영역이었다.

3. 성육신 영성 목회

필자는 성육신하신 예수 그리스도의 삶이 영성 목회의 본질이며, 방법으로 여기는 까닭에, 예수 그리스도의 성육신적 영성 목회를 목회 모델로 삼았다. 본 장에서는 예수 그리스도의 성육신 영성 목회를 목회 현장에서 적용하고 있는 설교, 기도, 돌봄, 전도, 비전을 중심으로 살펴보고자 한다.

II. 성육신 영성의 목회적 적용

1. 성육신 영성 목회의 근본: 설교

성육신 영성 목회는 말씀이 육신이 되신 예수 그리스도를 선포하는 것으로 출발한다. 성령은 말씀을 통해 역사하신다.

---

8 Kenneth O. Gangel, 정현 역, 『Main Idea로 푸는 요한복음』(*Holman new testament commentary: John*, 서울: 도서출판 디모데, 2004), 28.

9 Bardly P. Holt, 엄성옥 역, 『기독교 영성사』(*Thirsty for God: a brief history of Christian spirituality*, 서울: 은성출판사, 2002), 22.

필자는 첫 목회지에서의 목표를 말씀을 통한 실종된 목회자의 리더십 회복에 두었다. 말씀이 바로 선포되면서 철저한 회개 운동이 시작되었다.

진리의 말씀 선포를 통해 교회를 교회답지 못하게 하고, 성도의 신앙을 병들게 했던 죄가 드러나면서, 성도는 말씀 앞에 철저하게 회개했다. 성도는 생명에 이르는 회개를 통하여 심령 속에 깊이 뿌리내린 숨겨진 죄를 회개하였고, 성령께서는 성도를 죄책감으로부터 해방시켜, 성도에게 큰 위로의 은총을 베푸셨다. 성도의 영적 체질이 변화되면서 교회가 반석 위에 세워져 갔다.

1) 성육신 영성의 근원인 오직 예수를 선포하다

기독교 영성의 핵심은 성육신하신 예수 그리스도이시다. 성육신 영성은 말씀이 육신이 되어 우리 가운데 임하신 예수 그리스도로부터 시작되었다. 필자는 믿음의 본질이요, 신앙의 기초인 오직 예수 신앙을 세우기 위해 목회 초기 사복음서를 중심으로 철저히 예수 그리스도만 선포했다. '오직 예수'가 교회 영성 목회의 중심이 되었다.

2) 급속하게 변한 목회 현장에서도 오직 예수만 선포하다

목회 10여 년이 지난 후 필자의 목회 현장인 오송 지역은 급속한 변화를 맞이하게 되었다. 신도시의 조성으로 아파트와 고급 주택가가 형성되면서, 지식층 및 젊은 성도가 대거 유입되었다. 이러한 현상은 새로운 목회 영성과 리더십을 절실하게 요구하는 상황이 되었다.

하지만 10여 년간 성도를 변화시키고, 체질화된 오직 예수만 선포하는 것을 멈출 수 없었다. 담대하게 오직 예수를 전하였을 때, 부담스럽고 두려웠던 지식인, 젊은 성도, 신앙생활을 처음 시작한 초신자에게도 하나님의 큰 은혜가 임했다. 오직 예수만 선포한 결과 은혜로 인하여 교회는 엄청난 변화에도 신도시에서 흔히 일어나는 갈등이나 분열은 없었다.

2. 성육신 영성 목회의 핵심: 기도

기도는 성육신 영성 목회의 핵심요소이다. 본 교회만의 특징 중 하나는 당회, 제직회, 권사회, 안수집사회, 각 남녀 선교회 등에서 보편적으로 사용하는 '회의'라는 말 대신, 모든 모임을 기도회로 지칭하고 있다. 장로기도회, 제직기도회, 권사기도회, 남·여선교기도회로 칭하고, 특별한 결의 외에는 회의 대신에 기도회로 이끌어 가고 있다.

3. 성육신 영성 목회적 돌봄: 심방

심방을 통한 돌봄은 성육신 영성 목회의 중요한 부분이다. 필자의 목회 심방은 철저한 준비로부터 시작된다. 가정 심방이 정해지면 설교 원고를 직접 준비한다. 심방 후에는 그 설교 원고를 그 가정에 기도의 제목으로 준다. 특히 등록 후 첫 심방은 가정에서 1시간 이상의 철저한 구원론 설교로 구원의 확신과 고백을 심어 준다. 그리고 안수기도를 통하여 목회자의 영적 리더십에 대한 순종을 실천할 수 있도록 양육 시간을 갖는다.

가정 심방을 위해 먼저 필자가 직접 붓으로 글을 쓰고 그림을 그린 심방 액자를 준비하여 선물한다. 잘 준비된 심방은 새 가족의 교회 정착률에 큰 영향을 끼친다.

4. 성육신하신 예수를 자랑하는: 전도

예수 그리스도를 자랑하는 것이 전도이며, 성육신 영성이다. 필자는 성도들보다 한발 먼저 나가 전도하기를 힘쓰고 있다. 교회와 목회자는 오직 예수를 세상에 전할 전도 방법을 고민하고 개발해야 한다.

1) 찾아가는 전도

지역이 개발되고 새로운 사람들이 유입되면서, 정주 여건이 잘 갖춰지지 않아 모든 것이 부족할 때, 새로운 도시로 이사 오는 분들에게 가장 필요한 것이 무엇일지를 고민하다가 해답을 찾아 실천으로 옮겼다. 버스정류장 위치와 버스 시간표, 관공서 위치와 연락처, 병원과 학교 유치원 등 지역정보지를 직접 작성하고 코팅하여 만든 후 이사 오는 가정에 찾아가 나누어 주기 시작했다. 필자는 아직도 매일 부지런히 나가 사람들을 만나고 기회가 주어지는 대로 전도하고 있다.

2) 찾아오는 전도

젊은 주부가 부엌칼을 갈지 못하는 것을 보고 매주 아파트 공터에 나가 칼을 갈아 주면서 전도하기 시작한 것이 본 교회가 개발하고 특화시킨 칼갈이 전도법의 시작이다. 칼을 무료로 갈아 준다는 안내문을 지역 커뮤니티에 올리고 그들이 관심을 가지고 찾아오게 하는 것이다.

칼을 가는 시간은 보통 15분 정도 걸린다. 이때 예수님 이야기를 하며 복음을 제시하고 필요한 정보를 나누게 된다. 격주로 지역 중심가에서 칼갈이 전도를 하고 있다. 또한 지역 교회와 원하는 교회에게 직접 전수해 주고 있다.

5. 성육신 영성 목회의 미래 : 감동과 비전

필자는 성육신적 영성 목회의 본질이 주님의 마음으로 양을 기르고 돌보며 양육하는 데 있다고 본다. 그래서 다음 세대를 감동케 하는 영성 목회(유아세례, 어린이 축복기도)를 하고 있다.

아기 때부터 교회와 목회자에 대한 인식이 긍정적이고 좋아야 한다고 생각한다. 이를 실천하기 위해서 매 주일 오직 한 아기만을 위한 유아세례를 거행하고 있다. 아기가 출생 후 처음으로 교회에 오는 그 주일에는 부모와 형제를 비롯하여 가능하다면 할아버지 할머니까지 함께 모여 그 아이의 유아세례를 축하하게 된다. 그리고 성도가 그 아이를 위해 일제히 일어나 손을 펴서 축복 찬양과 축복 기도 그리고 선물을 준다.

또한 부모는 매 주일 예배를 마치면 자기 어린 자녀를 안고 담임목사의 안수기도를 받는다. 다음세대를 기도와 정성으로 양육하고 있다. 또한 세대가 끊어지지 않도록 교육위원회에 투자를 아끼지 않고 지원하며, 최대한 교육에 열정이 있는 전문교육담당 부교역자를 청빙하려고 노력하고 있다. 교회는 이들이 교육 사역에 전념할 수 있도록 지원하고 있다.

III. 나가는 말

하나님께서는 준비된 교회에 새로운 사명을 부여하신다. 우리가 믿고 고백하는 하나님이 우리 가운데 성육신하셔서 우리에게 오셨고, 참 목자의 본을 보이심으로 우리에게 사명을 주셨다.

우리 목회자의 참 스승이요, 참 목자되시는 예수님의 말씀, 기도, 심방, 전도, 비전을 회복하면 목회 현장은 더욱 생기가 있을 것이다. 우리에게 주어진 사역 현장에서 예수님처럼 참 목자가 되기를 다짐하는 성육신적 사명을 가진 목자가 있다면 한국 교회의 미래는 밝고 희망적이라고 본다. 하나님의 부르심을 받은 이 땅의 사랑하는 목회 동역자들이 성육신 영성을 회복하여, 다시 한 번 목회 사역에 박차를 가할 수 있도록 작은 힘이 될 수 있기를 소망한다.

오직 예수.

참고문헌

김진규. "영적 성장을 위한 기독교 영성 목회의 방향성 연구." 총신대학교일반대학
　　　원 박사학위 논문, 2015.

유해룡. 『하나님 체험과 영성 수련』. 서울: 장로회신학대학교출판부, 1999.

Bardly P. Holt, 엄성옥 역. 『기독교 영성사』. *Thirsty for God: a brief history of Christian
　　　spirituality.* 서울: 은성출판사, 2002.

L. S. Chafer, 최치남 역. 『신령한 사람』. *He that is spiritual.* 서울: 생명의말씀사,
　　　1985.

Kenneth O. Gangel, 정현 역. 『Main Idea로 푸는 요한복음』. *Holman new testament
　　　commentary: John.* 서울: 도서출판 디모데, 2004.

회복을 염원하면서

예수님의 사역을 '성육신 목회'라고 정의한다면, 제자들의 사역이 성육신 목회였을 것이고, 한국 초대교회 선배들의 사역이 성육신 목회였을 것입니다. 언젠가부터 한국 교회 목회자에게서 성육신 목회 정신이 사라지면서 교회의 위기가 시작되었습니다. 한국 교회 성도는 물론이고 세계의 많은 교회가 한국 교회를 염려하며 기도하고 있습니다. 목회자가 회복되면 교회가 회복될 것입니다. 목회자의 회복은 성육신 목회의 회복입니다.

장일권, 한기승, 박춘근 목사의 거룩한 우정

장일권 목사께서 성육신 전도운동을 시작할 때, 미자립 교회 사모들이 교회를 부흥시켜 보겠다고 많이 참여했습니다. 장일권 목사는 사모들이 생활고로 정규 훈련 과정에 참가할 수 없는 형편임을 알고, 사모들에게 생활비를 지급하다가 적잖은 빚을 지기도 했습니다. 한기승 목사는 장일권 목사의 성육신 목회의 가치를 알고, 박춘근 목사에게 이를 발전시켜 보자고 제안했습니다. 박춘근 목사는 성육신 목회를 꿈꾸는 목회자들과 GM선교회를 조직해서 지금까지 물심양면으로 성육신 목회 운동에 헌신하고 있으며, 이 책이 나오도록 산파 역할까지 해 주셨습니다.

편집위원의 아름다운 헌신

편집위원은 집필진의 글을 통일성, 다양성, 학문성, 현장성을 살리기 위해 자주 모여서 온라인으로도 빈번하게 의논하였습니다. 류명렬 목사는 편집진이 편집회의로 모일 때마다 상다리 부러지도록 대접하고 위로해 주셨으며, 박주석 목사는 논문 각 권을 성육신 목회의 관점에서 편집해 주셨습니다. 윤광원 목사는 논문 한 편, 한 편을 학문적으로 완성도를 높여 주었으며, 이우승 목사는 각 논문의 중복된 부분을 고급스럽게 다이어트해 주셨습니다.

앞서간 벗을 그리워하면서

예영커뮤니케이션의 대표셨던 고 김승태 장로는 한국 기독교 문화 창조에 헌신하신 출판계의 거목입니다. 필자가 김승태 장로와 전국작은도서관 운동을 하면서 예영에 들락거릴 때, 먼발치로 김지혜 편집장을 봤습니다. 이 책을 만들면서 김지혜 편집장께서 난해하고도 빈번한 수정 요청을 기꺼이 수용해 주셨기에 이만한 작품이 탄생했습니다.

플랫폼 처치로 찾아뵙겠습니다

"성육신 목회 플랫폼 처치"라는 주제로 GM선교회 정기 세미나를 마치면서, "성육신목회 플랫폼 처치는 책으로 출판하면 좋겠다."는 필자의 한마디가 화근이 되어 "당신이 책을 만들어 보라."는 강압에 밀려 여기까지 왔는데, 책의 미비한 부분은 저의 부족입니다. 이 책을 읽어주신 독자들께 고마움을 전합니다. 다음에는 "플랫폼 처치"라는 주제로 찾아뵙겠습니다. 감사합니다.

_편집위원장 안만호 목사